Allgemeines Landrecht.

Register-Band.

Chronologisches

und

Sach-Register

zum

Allgemeinen Landrechte

für die

Preußischen Staaten,

herausgegeben

von

Dr. C. F. Koch.

(Mit Bewilligung der Herren A. Nauck und Comp.)

Berlin. 1855.

J. Guttentag.

(T. Trautwein'scher Buchverlag.)

I. Chronologisches Register.

Von den Abkürzungen bedeutet: Beschl. = Beschluß; Circ. = Circulare, worunter auch die s. g. „allgemeinen Verfügungen" begriffen sind; Concl. = Conclusum oder Entscheidung der Gesetz-Commission; Dekl. = Deklaration; Ed. = Edikt; Eig.-O. = Eigenthums-Ordnung; Entsch. = Entscheidung oder Erkenntniß des Gerichtshofes zur Entscheidung der Kompetenz-Konflikte; G. = Gesetz; Instr. = Instruktion; K. O. = Kabinets-Ordre oder Königl. Erlaß; Ldt.-Rez. = Landtags-Rezeß; Pat. = Patent; Pl.-B. = Plenar-Beschluß des Ober-Tribunals; Pr. = Präjudiz des Ober-Tribunals, worunter jede Entscheidung desselben hier begriffen ist; Publ. = Publikandum; Rgl. = Reglement; R. = Rescript, worunter hier alle Erlasse, Bescheide und Schreiben einer Centralbehörde, mit Ausnahme des Ober-Tribunals, verstanden werden; Regul. = Regulativ; V. U. = Verfassungs-Urkunde; V. = Verordnung. — In beiden Abtheilungen bezieht sich die Römische Ziffer auf den Band; die Arabische auf die Seite.

1561 bis 1758.

Oppelnsche Landes-Ordnung von 1561, II, 721.
Konf.-O. von 1573, III, 175, IV, 332.
Pol.-O. v. 18. Januar 1592, III, 106, 116.
Adj. z. Magd. Pol.-O. vom 20. Decbr. 1601, III, 116.
Kommiss.-Vertrag vom 25. Juni 1612, II, 721.
V. v. 17. Septbr. 1652, IV, 1003.
Ldt.-Rez. v. 26. Juli 1653, Art. 27, I, 798.
Ldt.-Rez. v. 26. Juli 1653, Art. 42, I, 126.
Schäferordn. vom 8. October 1670, II, 1062.
Kard. Hess. Sporteltaxe v. 13. Februar 1680, II, 721.
Reichsgutachten vom 30. Juli 1688, IV, 1003.
V. vom 6. August 1688, IV, 1003.
Sanctio pragmatica v. 10. April 1693, II, 719.
V. v. 30. Novbr. 1697, III, 13.
Danz. Wechs.-O. v. 1. März 1701, III, 854.
V. vom 16. Januar 1706, I, 27.
R. vom 19. März 1708, I, 39.
V. vom 11. December 1710, IV, 316.
= = 7. Februar 1711, IV, 316.
= = 28. Juni 1713, IV, 1003.
= = 28. August 1715, IV, 318.
Berg-O. v. 21. Mai 1719, IV, 606.
Ed. vom 27. November 1719, II, 1058.
Hyp.- und Konk.-O. vom 4. Febr. 1722, §. 127, II, 875.
Pat. vom 18. August 1727, IV, 505.
Vorpomm. Proz.-O. v. 16. Dec. 1733, §. 75, II, 690.
Ed. vom 10. September 1735, IV, 480.
= = 8. Mai 1739, III, 13.
Eig.-O. v. 26. Novbr. 1741, II, 725.
Ed. vom 14. Juli 1742, IV, 480.
= = 21. Mai 1743, IV, 480.
K. O. vom 6. Febr. 1745, I, 575.
Vorfluth-Ed. vom 20. December 1746, I, 5, 398, 403.
K. O. vom 28. Januar 1747, I, 575.
Instr. vom 20. Mai 1748, I, 575.
Regl. vom 19. Juni 1749, III, 723.
K. O. vom 9. Mai 1750, I, 575.
Regl. vom 15. Juli 1750, III, 58.
Circ. vom 27. Septbr. 1751, III, 175.
Wege-Regl. v. 25. Juni 1752, IV, 476, 479.
Ed. vom 12. März 1754, I, 142.
R. vom 6. Mai 1754, I, 575.
Ed. v. 25. November 1754, IV, 245.

Dorfordn. v. 7. Febr. 1755, IV, 480.
Ed. v. 30. April 1755, III, 583.
K. O. v. 20. October 1755, I, 575.
= = = 30. April 1756, I, 575.
Circ. v. 9. Juli 1756, I, 576.
K. O. v. 3. März 1758, IV, 242.

1763.

Ed. v. 4. August, II, 657, 681.
R. v. 24. November, III, 36.

1764.

Ed. v. 29. März, I, 783.
= = = = §. 10, Nr. 17, I, 789.
Wege-Regl. v. 24. Juni, IV, 479.
Bauer-Ordn. v. 30. December, III, 105, 214, 302.

1765.

Pr. vom März, II, 28.
R. vom 20. März, III, 36.
Ed. v. 30. April, I, 485, 498.
= = 7. Juni, IV, 479.
= = 3. November, IV, 383.
R. v. 8. November, III, 63.
Mäkler-Ordn. v. 15. Novbr., III, 924.

1766.

Pr. v. April, II, 28.
Ed. v. 11. April, III, 583.
Berg-O. v. 29. April, IV, 604.
Ed. v. 2. Decbr., I, 756, 757.

1767.

Wege-O. v. 11. Januar, IV, 480.
Dekl. v. 3. Octbr., IV, 479.
Circ. v. 22. Octbr., I, 576.

1769.

Pr. v. J. 1769, II, 28.
Berg-O. v. 2. Januar, IV, 629.
Wege-O. v. 23. Januar, IV, 479.
Berg-O. v. 5. Juni, IV, 603, 615.
Wege-O. v. 19. Novbr., IV, 480.

1770.

Ed. v. 8. Febr., III, 31.
= = = = §. IV, I, 231.

1771.

B. v. 25. April, I, 753.

1773.

B. v. 18. Januar, I, 142.
Ed. v. 6. Juli, I, 398.
Reg.-Instr. v. 4. Septbr., III, 282.

1775.

R. v. 30. Septbr., IV, 607.

1776.

B. v. 28. August, IV, 975.

1778.

Circ. v. 10. August, I, 757.

1779.

B. v. 4. Febr., IV, 975.

1780.

Pr. v. J. 1780, IV, 317.
K. O. v. 4. April, I. 54.
Pr. v. 11. Octbr., II, 1062.

1781.

Pr. v. J. 1781, IV, 375.
Straßenbau-Mand. v. 28. April, I, 4, IV, 480.
Pat. v. 28. Mai, I, 54.
Concl. v. 7. Septbr., II, 421; III, 213.
= = 11. Decbr. III, 391.

1782.

Rgl. v. 12. Febr. III, 723.
Concl. v. 2. März, II, 975.
= = 12. Juli, II, 483.
= = 13. Septbr., IV. 316.
= = 2. August. IV, 317.
Ed. v. 17. Novbr., III, 175.
= = = = §. 78, III, 12.
B. v. 1. Decbr., IV, 975.

1783.

R. v. 15. Januar, III, 611.
K. O. v. 26. Mai, III, 190.
Pr. v. 20. Septbr. I, 398.
= = 21. Octbr., II, 1012.
Concl. v. 25. Novbr., II, 38.

1784.

Concl. v. 15. Octbr., IV, 374.
Publ. v. 12. Decbr., III, 616.

1785.

Concl. v. 8. Febr., I, 756.
= = 3. Mai, II, 644.
R. v. 21. Mai, II, 661.
Dekl. v. 22. Mai, II, 366.
= = 23. = I, 97.
= = 16. Juli, II, 818, 824, 833, 834, 837, 838.

1786.

Concl. v. 14. Mai, II, 28.
= = 6. Juni, III, 184.
= = 26. Octbr., III, 199.

1787.

Ed. v. 11. März, I, 117.

Pfand- u. Leih-Regl. v. 13. März, II, 797.
Dekl. v. 19. März, §§. 3. 4, IV, 868.
Concl. v. 23. Octbr., III, 459.
= = 20. Novbr., III, 583.

1788.

Forst.-Regul. v. 26. März, I, 585.
= = = = = §. 14, II, 1074.
Pr. v. 15. April, I, 574.
K. O. v. 16. April, III, 616.
Concl. v. 8. Juli, I, 808.
Ed. v. 9. Juli, §. 1, IV, 167.
Concl. v. 25. Octbr., III, 117.

1789.

Concl. v. 23. Januar, III, 426.
= = 24. = IV, 316.
V. v. 4. März, I, 142.
Concl. v. 6. Juni, I, 758.
K. O. v. 25. Septbr., I, 755, 756.
= = = 9. Octbr., III, 397.
R. v. 2. Novbr., I, 39.
Concl. v. 26. Decbr., I, 520, 758.

1790.

Dekl. v. 1. Febr., IV, 616.
K. O. v. 19. Febr., I, 691.
Concl. v. 13. März, IV, 424.
Fischer-O. v. 3. April, I, 455.
Concl. v. 8. Juli, III, 414.
K. O. v. 5. Novbr., I, 85.
Concl. v. 25. Novbr., IV, 762.
R. v. 29. Novbr., II, 515.

1791.

Rgl. v. 16. Januar, IV, 864.
R. v. 31. Januar, IV, 644.
Concl. v. 17. Febr., IV, 786.
Ed. v. 21. Febr., II, 1057.
Concl. v. 7. Mai, II, 691.

1792.

Kant.-Rgl. v. 12. Febr., §. 34—41, IV, 44.
— — §. 51, I, 570.
K. O. v. 18. April, I, 1.
Ed. v. 18. April, IV, 479.
K. O. v. 5. Mai, I, 1.
R. v. 5. Mai, I, 1.
Concl. v. 21. August, III, 214.
Dekret v. 25. Octbr., III, 444.
= = 14. Novbr., III, 444.

1793.

Concl. v. 12. Juli, IV, 1141.
Ed. v. 14. Juli, IV, 297, 303.
R. v. 2. Septbr., II, 138.
K. O. v. 17. Novbr., I, 1.
Concl. v. 3. Decbr., II, 163.
K. O. v. 18. Dec., I, 1, 526; IV, 108.

1794.

Publ.-Pat. v. 5. Febr., §. IX, I, 580.
Concl. v. 14. März, III, 399.
= = 20. Mai, III, 140.
R. v. 26. Mai, III, 638.
Ed. v. 20. Juni, §. 7, I, 732.
Concl. v. 26. Juni, III, 214.
R. v. 30. Juni, III, 388.
Concl. v. 1. Juli, I, 791.
R. v. 22. Septbr., III, 303.
= = 13. Octbr., IV, 787.
= = 20. = II, 95.
Concl. v. 25. Octbr., II, 1062, 1063.
Instr. v. 31. Octbr., IV, 272.
R. v. 17. Novbr., III, 102.
= = 24. = II, 1058; III, 10, 362.
Concl. v. 9. Decbr., III, 401.
= = 15. = II, 959.

1795.

R. v. 5. Januar, II, 959.
= = 23. Febr., IV, 738.
= = 9. März, IV, 845.
= = 19. = III, 58.
Concl. v. 24. März, II, 990.
Circ. v. 13. Juli, IV, 301.
= = 28. = IV, 301.
R. v. 25. Septbr., I, 17; II, 40.
Concl. v. 29. Septbr., III, 33.
= = 22. Octbr., I, 550.
R. v. 9. Novbr., III, 12.

1796.

R. v. 2. Januar, II, 152.
= = 11. = IV, 369.
= = 18. = IV, 802, 804.
= = 25. = II, 136.
Protektorium v. 9. Febr, III, 518, 525.
R. v. 15. Febr., I, 510.
G. v. 23. = IV, 417, 427, 428.
R. v. 23. = I, 53.
= = 7. März, IV, 803.
= = 14. = III, 314.
= = 29. = IV, 770.
= = 18. April, III, 313.
= = 2. Mai, IV, 774.
Wege-Regl. v. 4. Mai, IV, 479.
R. v. 14. Mai, IV, 802.
= = 23. = IV, 966.
= = 14. Juni, II, 28.
= = 11. Juli, III, 56.
= = 18. = III, 525.
Publ. v. 1. August, I, 577.
R. v. 1. August, IV, 232.
= = 15. = III, 21.
= = 5. Septbr., III, 128.

Rgl. v. 8. Septbr., I, 50.
= = 18. = III, 926.
R. v. 27. Septbr., II, 152.
= = 3. Octbr., II, 58.
= = 28. Novbr., IV, 845.
= = 6. Decbr., Nr. 6, IV, 784.
Circ. v. 10. Decbr., III, 58.
R. v. 27. Decbr., III, 58.

1797.

R. v. 2. Januar, IV, 808.
= = 13. = II, 996; III, 6.
= = 19. = III, 58.
= = 20. Febr., I, 798.
= = 13. März, I, 151 (Nachtr.).
Publ. v. 14. März, I, 761.
= = = = Nr. 4, II, 53, 55.
= = = = Nr. 5, II, 66.
= = = = Nr. 6, III, 59.
= = = = Nr. 7, III, 182.
= = = = Nr. 15, IV, 727.
Publ. Pat. v. 17. März, III, 312.
R. v. 13. April, IV, 798.
= = 18. = II, 4, 18, 68, 526.
Decisiv-R. v. 1. Juli, II, 678.
V. v. 14. Juli, I, 136, 674.
R. v. 28. August, IV, 785.
= = 4. Septbr., II, 848.
Circ. v. 14. Septbr., III, 64, 65.
Trauer-Regl. v. 7. Octbr., III, 130.
R. v. 9. Octbr., III, 303, 306, 526.
= = 23. = IV, 233.
= = 30. = I, 870; II, 24; III, 127.
= = 27. Novbr., II, 353, 392, 882.

1798.

Concl. v. 18. Januar, III, 924.
= = 23. = II, 913; IV, 612.
= = 24. = I, 39.
R. v. 5. Febr., II, 915; IV, 612.
= = 12. = I, 507.
Concl. v. 13. Febr., II, 34, 43.
R. v. 26. Febr., II, 43.
= = 5. März, III, 100.
K. O. v. 8. März, I, 54.
Concl. v. 13. März, III, 356.
R. v. 26. März, IV, 827, 828.
K. O. v. 12. Mai, I, 377.
= = = 29. = Nr. 5, IV, 70.
R. v. 18. Juni, II, 66, 869, 964.
= = 6. August, III, 432.
= = 13. = I, 793; IV, 1058.
= = 15. = III, 102.
= = 16. = II, 141.
V. v. 1. Septbr., III, 14, 381.
K. O. v. 4. Septbr., III, 18, 381.
R. v. 24. Septbr., Nr. IV, III, 408.
Dekl. v. 24. Septbr., I, 51, 459, 460; IV, 9.
R. v. 8. Octbr., III, 216.
Ed. v. 20. Octbr., III, 526.
R. v. 12. Nov., II, 40.
V. v. 17. = III, 816.
R. v. 3. Dec., III, 216.
V. = 18. = I, 577.
R. = 24. = III, 317.
V. = 30. = II, 1039.
Circ. v. 30. Decbr., Abschn. III, IV, 709.
— — Abschn. III, §. 2 u. 3, III, 361.

1799.

R. v. 4. Febr., IV, 246.
Concl. v. 15. Febr., IV, 267.
V. v. 26. Febr., IV, 875.
R. v. 4. März, IV, 770.
= = 12. = III, 230.
= = 13. = III, 63.
= = 15. = IV, 267.
= = 19. = II, 187.
= = 1. April, III, 171.
K. O. v. 18. Juni, II, 1069.
R. v. 24. Juni, III, 30.
= = 29. = III, 388.
= = 12. August, IV, 323.
Dekl. v. 14. August, I, 117.
R. v. 30. Sept., IV, 323.
V. v. 26. Oct., IV, 34.
K. O. v. 28. Oct., I, 798, 799.
R. v. 18. Nov., I, 798.
= = 26. = IV, 303.
= = 28. = IV, 803.
Pr. v. 6. Dec., II, 49.
K. O. v. 7. Dec., IV, 105.
Circ. v. 19. = Nr. 1, III, 416.
= = = = Nr. 3, IV, 806.
Dekl. = 23. = I, 577.
= = 31. = III, 616.

1800.

Pr. v. 31. Jan., I, 606.
R. v. 29. März, III, 199.
Rgl. v. 30. Mai, II, 368.
R. v. 23. Juni, III, 303.
= = 30. = II, 534.
K. O. v. 14. Juli, II, 1050.
R. v. 21. Juli, II, 152.
G. v. 31. August, II, 1054.
R. v. 29. Sept., II, 272.
Concl. v. 22. Oct., III, 119; IV, 817.
= = 23. = II, 49, 51.
= = 28. = II, 182.
R. v. 3. Nov., II, 49, 51.
= = 10. = III, 364.
Concl. v. 11. Nov., III, 400.
R. v. 17. Nov., II, 187; III, 56.
= = 24. = III, 9.
= = 26. = II, 325.

Anweis. v. 10. Dec., III, 817.
Circ. v. 11. Dec., III, 57.

1801.

Publ. v. 4. Januar, II, 355.
R. v. 26. Febr., II, 49.
= = 23. März, IV, 788.
= = 26. April, IV, 805.
Schul=Rgl. v. 18. Mai, II, 585; IV, 383.
R. v. 2. Juli, IV, 870, 872.
= = 11. = IV, 784.
K. O. v. 17. August, IV, 785.
Pr. v. 29. August, III, 216.
Concl. v. 1. Sept., III, 410.
R. v. 7. Sept., III, 407.
Pr. v. 8. Sept., II, 48.
Concl. v. 15. Sept., III, 242 (Nachtr.).
Circ. v. 3. Oct., II, 1070.
Apotheker=O. v. 12. Oct., III, 793.
R. v. 31. Oct., III, 303.
= = 12. Nov., III, 403.
= = 13. = IV, 256.
= = 23. = III, 793.
= = 11. Dec., II, 5.
Pr. v. 14. Dec., IV, 363.
Publ. v. 31. Dec., IV, 526.

1802.

V. v. 8. Januar, IV, 426, 427.
R. = 13. = II, 521.
Concl. v. 5. Febr., III, 401; IV, 257.
Publ. = 20. = I, 615; II, 267.
R. v. 23. Febr., IV, 268.
= = 1. März, II, 139.
Pr. v. 2. März, II, 19.
Circ. v. 16. März, IV, 269.
Deich=O. v. 23. März, §. 31, IV, 479.
R. v. 12. April, IV, 255.
Pr. v. 5. Mai, III, 138.
R. v. 31. Mai, III, 389.
= = 24. Juni, II, 11, 39.
Concl. v. 10. Juli, II, 488.
R. v. 9. August, II, 35 43, 186.
= = 6. Sept., IV, 741.
K. O. v. 24. Sept., II, 1069.
R. v. 6. Oct., II, 61.
= = 5. Nov., III, 268.
Publ. v. 18. Nov., I, 691.
K. O. v. 29. Nov., III, 19.
R. v. 9. Dec., IV, 616.

1803.

R. v. 10. Januar, III, 25.
Reichs=Dep.=Hauptschl. v. 25. Februar, I, 2, 545; IV, 4.
K. O. v. 15. März, III, 10.
V. v. 2. April, IV, 1072.
Dekl. v. 4. April, II, 810.
Publ.=Pat. v. 11. April, I, 22; III, 11.
G. v. 11. April, III, 812.
Dekl. v. 18. April, IV, 459.
K. O. v. 28. April, I, 459.
R. v. 2. Mai, III, 320.
G. = 10. = III, 812.
R. = 17. = IV, 426.
V. = 15. Juni, IV, 479, 482.
R. = 12. Sept., II, 749.
= = 12. Oct., IV, 616.
Pr. v. 31. Oct., I, 342, 525; II, 1074.
Circ. v. 7. Nov., I, 691.
Dekl. v. 21. Nov., III, 281, 282, 283; IV, 268.

1804.

Pr. v. J. 1804, II, 475.
= = 5. Jan., II, 118, 917.
R. v. 22. Jan., IV, 745.
Pr. v. 2. Febr., II, 1033.
Rgl. v. 14. Febr, IV, 97.
R. v. 12. März, IV, 624.
V. = 22. April, III, 61.
V. = 3. Mai, II, 532.
R. = 19. = II, 135, 136.
= = 26. = I, 770; IV, 1058.
K. O. v. 12. Juni, I. 152.
Pr. v. 16. August, II, 28.
R. v. 15. Sept., II, 884.
= = 17. = III, 391.
Dekl. v. 27. Oct., IV, 610.
— — §. 5, IV, 614.
K. O. v. 3. Nov., I, 113.
R. v. 7. Nov., I, 8.
Pr. v. 27. Dec., III, 628.

1805.

Pr. v. J. 1805, II, 31.
Circ. v. 2. Febr., I, 691.
Concl. v. 5. Febr., IV, 817.
K. O. v. 18. = IV, 313.
= = 23. = IV, 707.
R. v. 28. Febr., IV, 314.
Concl. v. 17. April, III, 172.
R. v. 25. April, IV, 803.
= = 29. = II, 30.
= = 4. Mai, IV, 766.
Pr. v. 10. Juni, II, 147, 148.
V. = 12. = IV, 419.
= = 21. = III, 143.
R. = 22. Juli, III, 403.
= = 24. August, III, 415.
Pr. = 13. Sept., III, 635.
K. O. v. 17. Dec., IV, 280.

1806.

Pr. v. J. 1806, I, 811; II, 171.
= = 26. Januar, I, 607.
V. = 4. Febr., I, 786; II, 386.
R. = 10. März, IV, 425.
= = 11. = III, 284.

Pr. v. 18. März, III, 83, 88.
K. O. v. 18. März, IV, 226.
= = 10. April, IV, 375.
R. v. 19. April, II, 136.
= = 26. = II, 184.
= = 10. Mai, II, 39.
= = 14. = IV, 819.
= = 17. = II, 62.
K. O. v. 3. Juni, IV, 241.
R. v. 17. Juli, IV, 232.
K. O. v. 4. August, IV, 222.
R. v. 30. August, II, 968.
= = 1. Sept., IV, 231.
K. O. v. 8. Sept., II, 355
Circ. v. 15. Sept., II, 355.
R. v. 20. Sept., III, 312.
Pr. v. 29. Sept., II, 111.
R. v. 6. Nov., III, 306.
Pr. v. 4. Dec., I, 85.
R. v. 19. Dec., IV, 316.

1807.

R. v. 8. April, II, 986.
= = 5. Mai, I, 318.
V. = 1. Juni, II, 387.
Ed. v. 9. Oct., I, 117, 153, 378; III, 580.
= = = = §. I, I, 376; II, 620.
= = = = §. I, II, VI u. VII; IV, 7, 8.
= = = = §. III, II, 513, 661; III, 473.
= = = = §. IV, II, 1107.
= = = = §. VI u. VII, I, 383, 389; III, 584.
= = = = §. VIII, II, 638.
= = = = §. IX, II, 518, 647, 692; III, 435.
= = = = §. X u. XI, III, 614.
= = = = §. XI u. XII, III, 513.
V. v. 29. Oct., II, 387.

1808.

Pr. v. J. 1808, III, 37.
Dekret v. 9. Januar, III, 444.
K. O. = 20. = II, 638.
V. v. 14. Febr., I, 383 (Nachtr.).
K. O. v. 28. März, IV, 103, 105.
Ed. v. 29. März, II, 1090.
K. O. v. 3. Mai, II, 639.
R. v. 6. Mai, I, 458.
= = 4. Juni, II, 918, 931.
G. v. 5. August, III, 812.
K. O. v. 10. August, III, 954.
Pr. v. 29. August, II, 383.
Dekl. v. 27. Sept., I, 783, 785.
Städte-O. v. 19. Nov., III, 690.
K. O. v. 23. Nov., I, 85.
V. v. 26. Dec., III, 434, 723.
= = = = §. 1, III, 402.
V. v. 26. Dec., §. 42, I, 356.
= = = = = = Nr. 1, IV, 23.
= = = = = 45, I, 30.
= = = = = 48, Nr. 2, IV, 392.
Reg.-Instr. v. 26. Dec., §. 37, I, 65.

1809.

Ed. v. 11. Febr., II, 387.
R. v. 5. März, Nr. 10, II, 639.
Dekret v. 25. März, III, 444.
V. v. 27. März, I, 383 (Nachtr.).
K. O. v. 28. März, I, 378; II, 115; IV, 690.
V. v. 5. Mai, II, 354.
= = = = §. 3, III, 940.
K. O. v. 24. Mai, IV, 241.
= = = 15. Juni, IV, 434.
R. v. 12. August, II, 639, 753, 822.
K. O. v. 19. August, III, 299; IV, 760, 845.
R. v. 26. August, II, 647; III, 434; IV, 218.
R. v. 20. Sept., II, 639.
K. O. v. 25. Sept., IV, 42.
R. v. 19. Oct., II, 184.
= = 27. = III, 599.
K. O. v. 30. Oct., IV, 241.
R. v. 12. Nov., II, 822.
= = 22. = II, 165.
Circ. v. 24. Nov., IV, 282.
K. O. v. 27. Nov., III, 20.
= = = 29. = IV, 71.
R. v. 29. Nov., I, 754.
= = 4. Dec., I, 786; II, 753, 822.
V. = 4. = II, 387.
R. = 6. = II, 639; IV, 845.
Pr. = 7. = II, 173; III, 75.
Ed. = 9. = II, 401; III, 855.
= = = = §. 2, I, 132; II, 820.
K. O. v. 28. Dec., II, 617.

1810.

Pr. v. J. 1810, II, 303.
Dekl. v. 5. Jan., II, 387.
V. v. 9. Jan., I, 383 (Nachtr.).
R. = 24. = II, 617.
V. = 12 Febr., III, 812.
Circ. v. 2. März, II, 639.
Regul. v. 17. März, III, 694.
R. v. 23. März, II, 786. 872.
K. O. v. 13. April, IV, 431.
R. v. 1. Mai, III, 496.
Ed. v. 28. Mai, I, 730.
Pr. v. 5. Juni, I, 787.
R. v. 7. Juli, IV, 755.
= = 10. = I, 377.
Ed. v. 12. Juli, IV, 395.
Pr. = 24. = II, 985.
V. = 25. = III, 445.
K. O. v. 27. Juli, IV, 103, 106.

R. v. 4. August, IV, 425.
= = 18. = II, 118.
= = 27. = I, 787.
K. O. v. 4. Oct., III, 13.
V. v. 27. Oct., I, 30.
Ed. vom 28. Oct., II, 1087, III, 581, 601, 603.
— — §. 2, I, 637.
— — §§. 6 ff., IV, 589, 590.
— — §. 7, IV, 592.
V. v. 30. Oct, IV, 348, 356, 359, 361, 375, 376.
Ed. v. 2. Nov., III, 812, 914,
— — §§. 1, 2, 16, 17, III, 821.
— — §. 17, III, 731.
Gesinde-O. v. 8. Nov., III, 476.
Ed. v. 20. Nov., §. 3, III, 754.
Pr. v. 13. Dec., II, 75.
Regl. v. 28. Dec., IV, 410, 423.
— — §. 8, 9, IV, 1004.

1811.

V. v. 8. Febr., I, 697; II, 782.
= = 28. = I, 715; II, 6, 13.
= = 18. März, I, 30, 760, 762; II, 355; IV, 42.
Pr. v. 18. März, II, 1021.
K. O. v. 20. März, IV, 288.
Mil.-Kirch.-Regl. v. 28. März, III, 59.
Dekl. v. 4. April, I, 787.
R. v. 9. April, III, 403.
V. = 2. Mai, IV, 237.
K. O. v. 3. Juni, IV, 48.
Pr. v. 18. Juni, I, 587.
K. O. v. 19. Juni, IV, 909.
R. v. 22. Juni, II, 787.
V. = 27. = §. 9, I, 238.
R. = 7. Sept., III, 69.
G. = 7. = I, 143; III, 914.
— — §§. 51, 52, II, 1093.
— — §. 53, II, 1094.
— — §. 54, II, 1100.
— — §. 55, II, 1095.
— — §. 120, IV, 604.
K. O. v. 9. Sept., IV, 308.
Ed. v. 14. Sept., I, 153; III, 112.
— — §. 1, I, 383.
— — §§. 1, 6, II, 689.
— — §§. 4—6, I, 396.
— — §. 6, II, 634, 703; III, 731.
— — §§. 6, 7, 11, 12, 14, III, 821.
— — §. 9, II, 1003.
— — §§. 11—18, II, 1057.
— — §. 15, II, 740.
— — §. 20, II, 576.
— — §§. 21, 22, II, 1056.
— — §. 23, II, 1055.
— — §§. 24, 55, 56, II, 639.
— — §. 26, II, 1074.
— — §. 27, II, 1040, 1043.
Ed. v. 14. Sept., §. 27—32, II, 1065.
— — §. 33, II, 1068.
— — §. 37, I, 455.
— — §. 44, II, 585.
Circ. v. 1. Oct., IV. 308.
R. v. 5. Oct., IV, 267.
K. O. v. 10. Oct., IV, 606.
V. v. 24. Oct., III, 813.
Pr. v. 26. Oct., I, 787.
R. v. 5. Nov., III, 177, 180, 492.
Ed. v. 7. Nov., §. 108, III, 946.
= = 15. = I, 400; II, 584; IV, 591.
R. v. 17. Dec., III, 200.
Dekl. v. 28. Dec., I, 764, 788.

1812.

R. v. 7. Jan., IV, 752.
K. O. v. 9. Jan., II, 975, 978; IV, 291.
Dekret v. 24. Jan., III, 444.
R. v. 28. Jan., III, 67.
Pr. v. 29. = III, 22.
Dekl. v. 19. Febr, II, 20.
Pr. v. 22. Febr., IV, 1062.
K. O. v. 29. Febr. I, 377.
R. v. 13. März, III, 312.
= = 17. April, III, 486, 490, 503, 504.
V. v. 20. April, III, 104.
Circ. v. 30. April, III, 818, 819.
R. v. 12. Mai, III, 450.
K. O. v. 20. Mai, II, 966.
R. v. 20. Mai, III, 805.
R. = 2. Juni, III, 301; IV, 762, 783.
= = 10. Juli, I, 426.
= = 20. = IV, 268.
= = 15. August, III, 981.
= = 22. = II, 879.
K. O. v. 24. August, II, 24.
Dekl. = 27. = II, 25.
R. v. 5. Sept., IV, 788.
K. O. v. 23. Sept., IV, 790.
= = 30. = IV, 252.
R. v. 16. Oct., I, 436.
= = 20. = III, 312.
K. O. 5. Nov., II, 585.
V. v. 24. = II, 959.
R. = 24. = II, 758.
K. O. v. 12. Dec., I, 780.

1813.

Pr. v. J. 1813, I, 800.
R. v. 5. Jan., I. 39.
Dekl. v. 14. Jan., I, 31.
Ed. v. 19. Jan., I, 786; II, 387.
R. = 26. = IV, 724.
Pr. = 1. März, I, 229.
V. v. 5. März, I, 786; II, 386, 387.
K. O. v. 19. April, I, 144; II, 1091.
Dekl. = 20. = I, 791, 792.

V. v. 21. April, IV, 66.
K. O. v. 28. April, II, 1020.
Pr. v. 31. Mai, I, 781.
R. v. 17. Juli, III, 313.
V. = 20. = §. 6, IV, 965.
R. = 17. August, II, 623.
Pr. v. 19. August, III, 825.
R. v. 28. August, I, 39.
Pr. v. 2. Sept., II, 644.
R. v. 27. Nov., IV, 267.

1814.

R. v. 4. Jan., III, 313.
= = 29. = I, 484.
V. = 15. = I, 452.
R. = 15. Febr., III, 453.
V. = 17. = IV, 886.
R. = 1. März, IV, 815.
Regul. v. 6. Mai, II, 966.
R. v. 17. Mai, I, 526.
K. O. v. 19. Mai, I, 366.
V. v. 24. Mai, III, 143.
Ed. v. 13. Juni, II, 1022.
R. v. 23. Juli, IV, 819.
= = 26. = III, 299.
= = 16. August, III, 211.
= = 27. = I. 795.
G. = 3. Sept., IV, 45.
= = = = §. 5, I, 570.
Ed. v. 7. Sept., II, 387.
= = = = §. 6, I, 786.
Publ. Pat. v. 9. Sept., I, 12.
= = = = §. 13, I, 790.
Circ. v. 1. Oct., IV, 920.
= = 10. = IV, 920.
R. v. 22. Oct., III, 403.

1815.

R. v. 7. Jan., III, 943.
= = 24. = I, 39.
Pr. v. 26. = I, 791.
K. O. v. 2. Febr., II, 287.
= = 7. = I, 482.
R. v. 7. Febr., IV, 883.
= = 23. = III, 303.
V. = 1. März, I, 786; II, 387.
= = 18. = I, 50.
Rgl. d. Wiener Congr. vom 19. März. I, 50.
Pr. v. 22. März, II, 752; III, 981.
= = 30. = II, 669.
R. = 24. April, IV, 262.
V. = 30. = IV, 220.
= = = = §§. 5, ff, III, 58.
= = = = §. 33, III, 596.
K. O. v. 5. Mai, I, 526.
R. v. 8. Mai, II, 26.
Hyp.=Pat. v. 22. Mai, II, 1039.
Ed. v. 15. Juni, §. 4, IV, 606.
R. v. 24. Juni, II, 660.
= = 8. Juli, III, 119.
Pr. v. 7. August, I, 98.
K. O. v. 17. August, III, 199.
= = 2. Septbr., I, 139, 219; III, 177.
R. v. 6. Sept., III, 449.
K. O. v. 25. Sept., III, 925, 939, 970.
= = 27. = III, 731.
= = 4. Oct., I, 385.
Patent=Regul. v. 14. Oct., Nr. 10, I, 301.
Pr. v. 21. Oct., III, 825.
= = 23. = I, 523.
K. O. v. 9. Nov., IV, 993.
R. v. 14. Nov., II, 758; IV, 752.
Pr. v. 14. = II, 453.
Landwehr=O. v. 21. Nov., §§. 74, 75, IV, 39.
R. v. 7. Dec., IV, 727.

1816.

K. O. v. 3. Jan., I, 754.
V. v. 8. Jan., III, 106, 166, 367, 371.
Pr. v. 10. Jan., II, 192; III, 852.
= = 5. Febr., I, 210.
R. v. 14. Febr., III, 300.
K. O. v. 24. Febr., IV, 517, 519.
Ed. v. 27. Febr., I, 13; III, 41.
Pr. = 14. März, II, 466.
R. v. 23. März, IV, 788.
G. = 3. April, I, 30.
R. = 13. = II, 979.
K. O. v. 14. April, III, 381.
R. v. 25. April, III, 999.
K. O. v. 27. April, IV, 128.
Maaß= u. Gewicht=O. vom 16. Mai, I, 253; IV, 1060, 1090.
Anweis. z. Anfert. v. Probe=Maaßen v. 16. Mai, III, 970.
— — §. 2, I, 410.
R. v. 18. Mai, I, 496.
Instr. v. 19. Mai, IV, 48.
Pr. v. 26. Mai, IV, 481.
K. O. v. 27. Mai, IV, 265.
Dekl. = 29. = Art. 51—59, II, 639.
= = = = = 76, 98, I, 383, (Nachtr.); III, 584.
= = = = = 78, IV, 382.
Regul. v. 29. Mai, III, 582.
R. v. 6. Juni, III, 389.
= = 8. = IV, 803.
K. O. v. 20. Juni, I, 54, 240.
R. v. 20. Juni, II, 468.
= = 20. Juli, IV, 8.
= = 3. August, III, 389.
= = 9. = III, 581, 603.
= = 24. = IV, 790.
V. = 30. = IV, 292.
R. = 8. Sept. II, 468.
= = 18. = III, 436.

R. v. 26. Sept., III, 601.
= = 28. = IV, 9.
= = 10 Oct., III, 200.
= = 15. = IV, 44.
= = 25. = IV, 268.
= = 28. = IV, 268.
K. O. v. 30. Oct., IV, 971.
Publ.=Pat. v. 15. Nov., §. 4, II, 671.
— — §. 10, III, 143.
R. v. 16. Nov., III, 69, 435.
K. O. v. 27. Nov., IV, 265.
V. v. 7. Dec., I, 136, 730.
K. O. v. 10. Dec., III, 57.
= = 19. = IV, 395.
R. v. 24. Dec., II, 327.

1817.

R. v. 3. Jan., IV, 45, 376.
= = 20. = IV, 267.
= = 21. = III, 536.
= = 25. = II, 197.
Pr. v. 29. Jan., I, 673.
K. O. v. 30. Jan., Nr. 2, III, 582.
V. v. 7. Febr., IV, 87.
Publ. v. 24. Febr., IV, 205.
Circ. v. 1. März, III, 817.
Pr. v. 3. März, II, 48.
Circ. v. 13. März, III, 817.
K. O. v. 18. März, III, 611.
Reg.=Inst. vom 23. März, §§. 34—36, IV, 160.
R. v. 6. April, II, 625.
= = 8. = IV, 47.
= = 11. = III, 437.
Pr. v. 16. April, III, 193.
R. v. 27. April, III, 731.
Pr. v. 3. Mai, II, 157, 158.
R. v. 20. Mai, I, 383, (Nachtr.).
= = 24. = II, 874; IV, 763.
= = 2. Juni. IV, 288.
K. O. v. 10. Juni. IV, 97.
Ausführungs.=O. v. 20. Juni, II, 570.
— — §. 3, Nr. 3, II, 581.
— — §. 4, Nr. 2, §. 43, Nr. 4, §. 50. II, 236.
— — §. 9, II, 569.
— — §. 11, II, 566.
— — §. 170, II, 1033.
Instr. v. 30. Juni, IV, 46, 57.
R. v. 1. Juli, I, 495.
Circ. v. 15. Juli, III, 817.
V. v. 1. August, I, 12, 85; II, 639.
R. v. 9. August, III, 633.
= = 15. = IV, 257.
= = 29. = III, 603.
= = 3. Sept., I, 383, (Nachtr.).
= = 9. = III, 608.
= = 13. = III, 584.
= = 16. Oct., III, 584, 620.
Reg.=Instr. vom 23. Oct., §. 1, Nr. 6, §§. 12, 18, IV, 217.
— — §. 2, III, 58.
— — §. 2, Nr. 6, §. 11, IV, 392.
— — §§. 2—7, 18, IV, 221.
— — §§. 2, 11, 17, 41, 42, III, 723.
— — §. 3, III, 402.
— — §. 11, I, 30, 356.
— — §. 12, IV, 238.
— — §. 17, Nr. 7—9, IV, 236.
— — §. 18, IV, 231, 263, 311, 366, 378.
— — §. 20, III, 615.
— — §. 39, Nr. 3, IV, 159.
— — §. 39, Nr. 6, IV, 104.
Ober=Präs.=Instr. v. 23. Oct., §. 9, IV. 366.
Konsist.=Instr. v. 23. Oct., IV, 221.
— — §§. 3, 4, 9, IV, 217.
— — §§. 6—8, IV, 393.
— — §. 9, IV, 311.
— — §. 12, IV, 395.
R. v. 24. Oct., III, 485.
= = 30. = III, 62.
= = 4. Nov., III, 313.
= = 10. = I, 482.
K. O. v. 13. Nov., IV, 91.
R. v. 14. Nov., II, 916.

1818.

Circ. v. 20. Januar, III, 805.
R. v. 2. Febr., II, 187.
= = 28. = III, 383.
V. v. 11. März, I, 33; II, 648; III, 444, 451.
V. v. 11. März, §§. 5—7, II, 650.
K. O. v. 14. März, IV, 169.
V. v. 16. März, III, 55.
R. = 27. = I, 221; IV, 91.
Pr. v. 6. April, I, 811.
R. v. 11. = IV, 727.
= = 14. = III, 609.
= = 18. = III, 284.
= = 21. = II, 516.
Dekl. v. 21. April, II, 639.
R. v. 23. April, IV, 728.
K. O. v. 7. Mai, I, 508; IV, 105.
R. v. 7. Mai, III, 64.
= = 9. = I, 221.
V. = 9. = II, 639.
R. = 22. = I, 482.
G. = 26. = §§. 2, 3, IV, 606.
= = = = §§. 17—19, IV, 536.
Zoll=O. v. 26. Mai, §. 108, I, 527.
= = = = §. 147, IV, 963.
Publ. v. 31. Mai, IV, 169.
Pr. v. 11. Juni, III, 852.
G. v. 3. Juli, IV, 1060.
R. = 10. = IV, 783.
= = 27. = II, 61.

R v. 7. August, III, 723.
= = 14. = IV, 728.
K. O. v. 26. August, III, 435; IV, 218.
V. v. 15. Septbr. II, 1088.
R. = 4. Novbr., I, 791.
= = 8. Decbr., III, 641.

1819.

R. v. 9. Jan., IV, 423.
K. O. v. 11. Jan., IV, 366.
R. v. 14. Jan., III, 56.
Pr. = 19. = II, 27.
R. = 5. = II, 492.
Steuer=O. v. 8. Febr., §. 58, I, 527.
— — §. 62. IV, 948.
— — §. 89. IV, 963.
R. v. 21. Febr., I, 400.
= = 31. März, III, 58.
K. O. v. 9. April, IV, 88.
R. v. 10. Mai, IV, 232.
= = 15. = III, 283.
= = 21. = III, 300, 301.
= = 4. Juni, I, 434.
V. = 16. = I, 97.
= = 17. = II, 671.
R. = 18. = IV, 229.
= = 6. Juli, III, 301.
= = 22. = III, 800.
= = 9. August, III, 428.
= = 23. = IV, 275.
= = 8. Septbr., IV, 91.
= = 13. = IV, 312.
Beschl. d. Bund.=V. v. 19. Septbr., IV, 422.
Instr. v. 21. Octbr., III, 802.
R. v. 1. Novbr., II, 26.
= = 11. = IV, 273.
= = 12. = II, 63.
Rgl. v. 18. Novbr., IV, 411.
Instr. v. 18. Novbr., IV, 422.
V. = 18. = IV, 592.
Circ. = 27. = III, 805.
R. v. 10. Decbr., III, 9.
= = 24. = III. 613.

1820.

Pr. v. J. 1820, II, 408.
K. O. v. 5. Jan., III, 582.
V. v. 17. Jan., II, 386.
= = = = §. 17, I, 527.
Dekl. v. 20. Jan., II, 876.
V. v. 20. Jan., IV, 973.
Pr. v. 7. Febr., IV, 262, 316.
R. v. 14. = I, 495; II, 181.
= = 3. März, III, 285.
= = 6. = III, 484.
= = 30. = III, 389.
G. = 30. = IV, 949.
R. = 10. April, II, 184.
Pr. = 17. = II, 644.
K. O. v. 17. April, III, 57.
R. v. 24. April, IV, 787.
Circ. v. 13. Mai, III, 804.
R. v. 23. Mai, III, 203.
Abgaben=G. v. 30. Mai, IV, 452.
— — §. 13. III, 604, 697, 723.
Gewerbesteuer=G. v. 30. Mai, §. 3 a, III, 822.
— — §. 40, IV, 917.
Instr. v. 30. Mai, IV, 13.
— — §§. 5, 59, I, 571.
— — §. 13, IV, 45.
— — §. 23, IV, 606.
V. v. 16. Juni, II, 839.
— — §. 2, I, 520.
— — §. 9, II, 849.
R. v. 26. Juni, II, 900; III, 286.
Dekl. v. 1. Juli, II, 649.
R. v. 8. Juli, III, 800.
V. = 16. = II, 489.
Beschl. d. Staatsministeriums v. 31. Juli, IV, 206.
K. O. v. 7. August, IV, 46.
R. v. 14. August, IV, 818.
= = 18. = III, 697.
= = 3. Septbr., III, 505.
= = 11. = II, 692; III, 435.
Dekl. v. 30. Septbr., II, 671.
R. v. 6. Octbr., III, 180.
= = 24. = III, 477.
= = 27. = I, 386; II, 750.
= = 27. Novbr., III, 199.
= = 29. = IV, 607.
= = 8. Decbr., III, 479.
= = 13. = III, 180.
= = 22. = III, 199.
= = 23. = IV, 624.
= = 31. = I, 697.

1821.

Pr. v. J. 1821, II, 359, 531.
R. v. 19. Jan., I, 310.
= = 25. = IV, 295.
= = 6. Febr., III, 476.
Pr. v. 18. Febr., II, 740.
K. O. v. 6. März, IV, 392.
R. v. 6. März, III, 609.
= = 9. = III, 189.
Staatsvertr. v. 15. März, §. 3, I, 39.
K. O. v. 19. März, IV, 47.
R. v. 23. März, III, 115.
= = 31. = IV, 617.
K. O. v. 3. April, IV, 171.
R. v. 13. April, II, 65.
= = 18. = III, 291.
K. O. v. 23. April, I, 255.
G. v. 23. April, I, 593; II, 622.
= = = = §§. 1, 4, II, 770.
= = = = §. 2, I, 244.
= = = = §. 4, I, 125; II, 790.

R. v. 24. April, IV, 168.
K. O. v. 3. Mai, II, 260; IV, 302, 769.
R. v. 11. Mai, III, 601,
= = 19. = III, 794.
= = 21. = III, 79, 87.
= = 23. = II, 934.
Gemeinh.=Theil=O. v. 7. Juni, II, 570.
— — §. 2, II, 1075.
— — §§. 2, 164, II, 1037.
— — §. 8, II, 863.
— — §. 15, II, 931.
— — §§. 147, ff., I, 103.
— — §. 164, I, 584; II, 1037.
— — §. 166, II, 1040.
— — §. 174, II, 1040.
G. v. 1. Juli, IV, 618, 622.
R. = 13. = III, 7.
= = 16. = II, 515.
Bulle v. 16. Juli, IV, 350, 356, 361, 362.
R. v. 27. Juli, I, 754.
K. O. v. 7. August, III, 296.
G. v. 7. August, §. 30, IV, 1034.
Pr. v. 20. August, IV, 595.
K. O. v. 23. August. III, 926.
R. v. 27. August, II, 515.
K. O. v. 5. Sept., I, 376, 377.
R. v. 10. Sept., IV, 785, 788.
= = 11. = IV, 27.
G. = 30. = II, 385; IV, 441.
= = = = §. 1, I, 782.
= = = = §. 7, I, 609, 781.
R. v. 1. Oct., III, 12.
Vergleichungs=Tab. v. 15. Oct., I, 258.
K. O. v. 25. Oct., I, 258.
Pr. v. 15. Nov., II, 890.
R. v. 4. Dec., IV, 784.
= = 11. = III, 728.
= = 28. = III, 6, 963.

1822.

R. v. 18. Jan., IV, 319.
Instr. v. 11. Jan., IV, 53.
R. v. 1. März, I, 795; III, 127; IV, 727, 728.
K. O. v. 5. März, IV, 50.
R. v. 6. März, IV, 26.
G. = 7. = §. 22, II, 392.
R. = 11. = I, 764; IV, 806.
R. = 6. April, I, 674.
K. O. v. 11. April, IV, 700.
= = 12. = IV, 282.
= = 15. = III, 405, 825.
R. v. 19. April, I, 96.
= = 18. Mai, II, 576.
G. = 22. = I, 89.
R. = 7. Juni, III, 476.
= = 14. = III, 284.
K. O. v. 20. Juni, III, 942.
R. v. 24. Juni, IV, 619.
V. v. 4. Juli, I, 706; II, 821, 822.
= = = = §§ 6—9, I, 713.
R. = 8. = I, 482.
G. = 11. = II, 753; III, 697; IV 382.
= = = = §. 10, lit. e, III, 694.
Instr. v. 16. Juli, IV, 46.
R. v. 17. Juli, II, 585.
K. O. v. 25. Juli, II, 293.
R. v. 1. August, III, 800.
= = 23. = IV, 327.
= = 11. Oct., III, 284.
= = 17. = IV, 252.
K. O. v. 17. Oct., IV, 229.
Regul. = 18. = II, 920.
K. O. = 20. = III, 320.
R. v. 22. Oct., IV, 105.
K. O. v. 3. Nov., II, 921.
R. v. 5. Nov., III, 697, 698.
= = 11. = IV, 619.
Pr. v. 15. Nov., II, 691.
R. v. 16. Nov., III, 794.
= = 28. = II, 567.
= = 2. Dec., III, 794.
= = 6. = III, 697.

1823.

V. v. 5. Jan., IV, 1060.
K. O. v. 9. Jan., IV, 605.
R. v. 24. Jan., III, 697.
= = 31. = II, 1013.
= = 3. Febr., II, 585.
= = 7. = II, 562.
= = 11. = II, 585.
= = 19. = IV, 713.
K. O. v. 21. Febr., II, 1022.
R. v. 26. Febr., III, 697, 699.
K. O. v. 12. März, III, 926.
R. v. 14. März, IV, 168.
= = 17. = IV, 47.
= = 21. = III, 728.
= = 1. April, III, 698, 699.
V. = 3. = I, 48; II, 44.
R. = 11. April, III, 398.
= = 14. = III, 802.
K. O. v. 16. April, III, 612.
R. v. 18. April, II, 187.
= = 21. = II, 276.
= = 28. = III, 612.
= = 2. Mai, IV, 866.
G. = 2. = III, 912.
R. = 9. = III, 698.
= = 12. = III, 728.
Publ. v. 18. Mai, IV, 32.
R. v. 5. Juni, II, 585.
= = 12. = III, 700.
= = 30. = III, 24, 410, 803.
Circ. v. 22. Juli, III, 817.
R. v. 31. Juli, II, 585.
= = 15. August, III, 697.

R. v. 22. August, I, 593; II, 622.
„ „ 25. „ II, 65.
„ „ 2. Sept., III, 699.
„ „ 6. „ IV, 205.
Pr. 8. Sept., III, 595.
R. v. 13. Sept., II, 32.
„ „ 16. „ III, 695.
Pr. v. 7. Oct., I, 576.
R. v. 13. Oct., III, 697.
Circ. v. 25. Oct., III, 818.
R. v. 17. Nov., I, 693.
„ „ 22. „ II, 1095.
„ „ 19. Dec., IV, 227.
„ „ 20. „ IV, 319.
„ „ 31. „ III, 699.

1824.

R. v. 12. Jan., II, 922.
„ „ 19. „ IV, 845.
„ „ 23. „ III, 612.
„ „ 5. Febr., IV, 236, 247.
K. O. v. 6. Febr., IV, 97.
R. v. 19. Febr., IV, 205.
„ „ 20. „ II, 275.
K. O. v. 26. Febr., IV, 58.
Instr. v. 26. Febr., III, 946.
R. v. 6. März, IV, 238.
„ „ 11. „ IV, 206.
„ „ 17. „ IV, 607.
„ „ 25. „ IV, 205.
Circ. v. 26. März, III, 817.
R. v. 27. März, III, 794.
Dekl. v. 3. April, II, 489.
Pr. v. 10. April, IV, 433.
K. O. v. 19. April, IV, 45.
R. v. 23. April, IV. 716.
„ „ 28. „ IV, 307.
G. „ 28. „ §. 26, IV, 917.
R. „ 14. Mai, III, 612; IV, 27.
„ „ 19. „ III, 804.
„ „ 21. „ III, 607.
„ „ 11. Juni, II, 40.
Pr. v. 17. Juni, IV, 529.
G. v. 27. Juni, II, 639.
R. „ 18. Juli, II. 964.
Circ. v. 21. Juli, IV, 402.
K. O. v. 30. Juli, IV, 60.
R. v. 31. Juli, III, 974.
„ „ 2. August, III, 316.
Circ. v. 13. August, IV, 393.
R. v. 25. August, III, 794.
„ „ 27. „ III, 699.
„ „ 30. „ II, 563, 742; III, 476.
R. v. 10. Sept., II, 585.
„ „ 18. „ II, 570; III. 812.
„ „ 24. „ IV, 615.
Circ. v. 17. Oct., III, 479.
R. v. 1. Nov., III. 699.
„ „ 10. „ III, 389.
R. v. 12. Nov., II, 585.
„ „ 16. Dec., IV, 101.
Regul. v. 18. Dec., IV, 567.
K. O. v. 21. Dec., I, 786; II, 386, 387.
R. v. 31. Dec., III, 448, 449.

1825.

R. v. 12. Jan., III, 702.
„ „ 13. „ III, 697.
K. O. v. 10. Febr., I, 85; IV, 57.
R. v. 14. Febr., IV, 122.
„ „ 28. „ III, 303.
Circ. v. 28. Febr., IV, 380.
R. v. 18. März, III, 611.
K. O. v. 20. März, IV, 117.
R. v. 23. März, III, 818.
K. O. v. 26. März, I, 730.
R. v. 30. März. IV, 619.
Pr. v. 6. April, III, 96.
„ „ 7. „ I, 768.
Instr. v. 13. April, IV, 57.
G. v. 21. April, II, 725, 1107.
Pens.-Rgl. v. 30. April, IV, 21, 108.
K. O. v. 14. Mai, IV, 387, 392.
R. v. 14. Mai, II, 581.
K. O. v. 11. Juni, I, 64; IV, 484,
Publ. Pat. v. 21. Juni, §. 4, II, 598; III, 580.
Pr. v. 8. Juli, IV, 481.
K. O. v. 9. Juli, IV, 172.
R. v. 22. Juli, II, 306; IV, 16.
K. O. v. 27. Juli, I, 755.
R. v. 31. Juli, IV, 47.
„ „ 1. August, I, 431.
„ „ 4. „ IV, 850.
„ „ 12. „ III, 698; IV, 866.
K. O. v. 17. August, III, 281.
R. v. 20. August, III, 484.
„ „ 24. „ IV, 1016.
K. O. v. 4. Sept., IV, 241.
R. v. 16. Sept., I, 297.
„ „ 30. „ III, 611.
„ „ 7. Oct., II, 259.
K. O. v. 25. Oct., I, 257.
R. v. 28. Oct., I, 391; IV, 122.
„ „ 29. „ IV, 172.
„ „ 4. Nov., II, 925.
„ „ 12. „ IV, 857.
Circ. v. 28. Nov., III, 795.
R. v. 28. Nov, II, 168.
Rgl. v. 1. Dec., III, 795.
Pr. v. 5. Dec., IV, 256.
R. v. 25. Dec., IV, 53.
Circ. v. 26. Dec., IV. 402.
K. O. vom 31. Dec., II, 365; IV, 91, 221, 222, 392.
— — No. V, VII, — IV, 159..
— — B, Nr, 8, 9, IV, 393.
— — D, d, II, 565.
Ob.-Präs.-Instr. v. 31. Dec., IV, 366.

Ob.-Präs.-Instr. vom 31. Dec., §. 2, Nr. 6, IV, 217, 221.
— — §. 2, Nr. 6, §. 12, IV, 369.
— — §. 4, IV, 104.
— — §. 11, Nr. 4, III, 690.
— — §. 11, Nr. 4 b, III, 813.

1826.

R. v. 9. Jan., IV, 111.
= = 18. = III, 697.
K. O. v. 22. Jan., III, 721. IV, 864.
= = 7. Febr., IV, 113.
R. v. 7. Febr., IV, 850.
= = 8. = III, 699.
= = 10. = III, 447, 479.
K. O. v. 25. Febr., III, 444.
= = 26. = IV, 169.
= = 27. = IV, 172.
R. v. 10. März, IV, 811.
K. O. v. 20. März, IV, 169.
Pr. v. 28. März, II. 284; III, 84.
R. v. 31. März, IV, 110.
Dekl. v. 31. März, III, 106.
Beschl. d. St.-Min.v. 7. April, IV, 121.
R. v. 9. April, IV, 116.
= = 14. = IV, 172.
= = 22. = IV, 386.
= = 12. Mai, IV, 110.
= = 18. = IV, 47.
= = 19. = IV, 66.
= = 25. = IV, 318.
K. O. v. 26. Mai, II, 753.
R. v. 31. Mai, II, 275.
Circ. v. 1. Juni, IV, 380.
R. v. 5. Juni, IV, 252.
= = 9. = IV, 788.
K. O. v. 28. Juni, II, 814.
= = 10. Juli, IV, 109.
= = 24. = I, 31.
Pr. v. 2. Sept., IV, 603.
R. v. 14. Sept., III, 699.
K. O. v. 15. Sept., IV, 242.
Publ. = 18. = IV, 273.
K. O. = 22. = II, 1090.
Beschl. d. St.-Min. v. 30. Sept., IV, 21.
R. v. 4. Oct., III, 536.
= = 13. = II, 804; III, 722.
K. O. v. 23. Oct., II, 1088; III, 744.
R. v. 28. Oct., III, 127.
K. O. v. 25. Nov., I, 257.
G. v. 28. Nov., II, 661.
Pr. v. 29. Nov., II, 1101.
R. v. 6. Dec., III, 702.
= = 10. = III, 722.
= = 23. = III, 722.

1827.

K. O. v. 31. Jan., II, 753.
R. v. 4. Febr., III, 293.
= = 8. = II, 1095,
R. v. 17. Febr., IV, 645.
K. O. v. 17. Febr., IV, 91.
R. v. 19. Febr., III, 722.
= = 2. März, IV, 1087.
K. O. v. 20. März, I, 730; IV, 1059.
Beschl. d. St.-Min. vom 21. März, IV, 128.
R. v. 26. März, IV, 395.
Circ. v. 29. März, IV, 398.
R. v. 2. April, IV, 394.
= = 20. = IV, 687.
Pr. v. 20. April, I, 548.
= = 24. = II, 442.
K. O. v. 5. Mai, IV, 115.
= = 12. = IV, 114.
R. v. 16. Mai, III, 699.
= = 1. Juni, IV, 109.
B. = 2. = I, 253. 802; IV, 1060.
Schles. Ldt.-Absch. v. 2. Juni, III, 485.
Pr. v. 6. Juni, II, 666.
B. = 9. = I, 33; II, 651.
R. = 11. = IV, 856.
= = 19. = II, 579.
K. O. v. 28. Juni, I, 253; IV, 1090.
R. v. 29. Juni, III, 1009.
K. O. v. 30. Juni, II, 639.
Beschl. d. St.-Min., v. 4. Juli, IV, 117.
B. v. 11. Juli, III, 444.
R. = 6. August, IV, 617.
K. O. v. 9. August, III, 494.
R. v. 13. August, IV, 765.
Pr. v. 29. August, IV, 729.
K. O. v. 3. Sept., IV, 124.
Circ. v. 17. Sept.. III, 798.
R. v. 29. Sept., IV, 221.
K. O. v. 14. Oct., II, 388.
Circ. = 24. = IV, 399.
K. O. = 29. = IV, 47.
= = 31. = IV, 72.
= = = = Nr. 8, 9, IV, 71.
Pr. v. 31. Oct., I, 766.
R. v. 11. Nov., III, 817.
K. O. v. 9. Dec, III, 794.
Circ. = 10. = IV, 123.
Publ. v. 16. Dec., III, 583.

1828.

K. O. v. 10. Jan., IV, 113.
R. v. 29. Jan.. II, 639.
K. O. v. 7. Febr., IV, 222.
R. v. 23. Febr., III, 699.
G. = 23. März, III, 445.
Pr. v. 26. März, I, 502.
= = 3. April, II, 176.
R. v. 6. April, III, 702.
= = 14. = IV, 125.
= = 24. = IV, 386.
= = 28. = II, 759.
K. O. v. 3. Mai, I, 97.
R. v. 5. Mai, III, 698.

Beschl. d. St.=Min. v. 8. Mai, IV, 110, 111.
K. O. v. 10. Mai, I, 802.
Pr. v. 26. Mai, II, 451.
R. v. 9. Juni, II, 922.
Pr. v. 20. Juni, II, 666.
R. v. 13. Juli, IV, 264.
Pr. v. 18. Juli, II, 870.
Beschl. d. St.=Min. v. 21. Juli, IV, 14.
K. O. v. 27. Juli, IV, 812.
G. v. 2. August, I, 90.
— — §. 6, III, 173.
R. v. 5. August, IV, 607.
Pr. = 7. = III, 289; IV, 709.
R. = 8. = IV, 208.
Pr. = 15. = II, 668.
R. = 23. = IV, 315.
K. O. v. 29. August, IV, 222.
R. v. 1. Sept., III, 435.
Pr. v. 19. Sept., III, 128.

1829.

Dekl. v. 21. Jan., III, 701.
Schles. Ldt.=Absch. v. 22. Febr., §. 15a, IV, 648.
R. v. 24. Febr., IV, 34.
= = 15. März, III, 477.
= = 27. = III, 701.
= = 26. April, III, 494.
K. O. v. 28. April, III, 445.
R. v. 29. April, I, 391.
= = 2 Mai, III, 70; IV, 624.
K. O. v. 13. Mai, II, 639.
Pr. v. 19. Mai, II, 34.
R. = 27. = IV, 312, 313.
= = 28. = IV, 105.
K. O. v. 6. Juni, I, 730.
R. v. 13. Juni, III, 5.
K. O. v. 14. Juni, IV, 23.
R. v. 29. Juni, IV, 236.
= = 6. Juli, IV, 788.
= = 13. = I, 591.
= = 16. = IV, 314.
= = 27. August, II, 922; IV, 302.
K. O. v. 1. Oct., IV, 71.
R. v. 10. Oct., II, 567.
= = 23. = IV, 308.
K. O. v. 11. Nov., II, 187.
= = 30. = I, 257.
= = 24. Dec., IV, 48.

1830.

K. O. v. 8. Januar, IV, 229.
R. v. 11. Jan., I, 495.
= = 15. = III, 702.
= = 21. = III, 284.
= = 28. = IV, 232.
Instr. v. 9. Febr., IV, 222.
V. v. 9. März, IV, 617.
Pr. = 13. = III, 357.
R. v. 19. März, III, 492.
K. O. v. 23. März, IV, 590.
Pr. v. 30. März, III, 358.
= = 16. April, III, 70.
R. v. 19. April, III, 479.
K. O. v. 27. April, IV, 285.
= = 30. = IV, 235.
R. v. 28. Mai, I, 424.
K. O. v. 20. Juni, I, 384.
R. v. 4. Juli, III, 1094.
= = 5. = I, 747; IV, 24.
= = 20. = III, 67; IV, 260.
= = 24. = III, 641.
= = 6. August, IV, 24.
= = 30. = II, 1094.
K. O. v. 4. Sept., III, 432.
R. v. 10. Sept., I, 780.
= = 14. = III, 605.
K. O. v. 20. Sept., IV, 4.
R. v. 28. Oct., II, 594.
Circ. v. 31. Oct., I, 384.
= = 12. Nov., I, 31.
K. O. v. 18. Nov., IV, 47.
Rgl. v. 20. Dec., II, 925.
R. v. 20. Dec., IV, 4.

1831.

Pr. v. J. 1831, III, 447.
R. v. 6. Jan., II, 594, 865.
= = 7. = III, 478.
Pr. v. 7. Jan., I, 599, 608.
K. O. v. 25. Jan., II, 949; III, 536, 597.
R. v. 3. Febr., III, 582.
Pr. = 9. = IV, 664.
R. = 24. Febr., I, 713.
= = 4. März, III, 435.
= = 8. = II, 565.
= = 10. = III, 702.
= = 19. = IV, 47.
= = 21. = IV, 280.
Pr. = 21. = I, 876.
K. O. v. 24. März, III, 882.
R. v. 25. März, IV, 743.
= = 26. = IV, 47.
K. O. v. 29. März, III, 445.
Dekl. v. 31. März, Nr. 1, I, 65.
R. v. 31. März, IV, 743.
K. O. v. 5. April, IV, 916.
R. v. 8. April, IV, 995.
Rgl. v. 20. April, IV, 179, 395.
R. v. 9. Mai, IV, 1001.
R. v. 6. Juni, III, 523.
K. O. v. 16. Juni, IV, 242.
= = 2. Juli, II, 639.
R. v. 6. Juli, II, 580.
K. O. v. 12. Juli, II, 57.
= = 14. = III, 584.
R. v. 29. Juli, II, 850.
Pr. v. 22. Sept., II, 1047.

R. v. 23. Sept., IV, 258.
= = 30. = IV, 275.
K. O. v. 8. Oct., II, 57.
R. v. 10. Oct., IV, 704.
K. O. v. 16. Oct., IV, 1083.
R. v. 17. Oct., IV, 275.
= = 21. = III, 385.
K. O. v. 24. Oct., IV, 642.
= = 25. = I, 378.
= = 31. = I, 590; IV, 780.
R. v. 31. Oct., IV, 8, 822.
= = 10. Nov., II, 593, 866.
K. O. v. 12. Nov., IV, 97.
Gutachten d. St.=Min. v. 16. Nov., I, 64, 65, 67.
R. v. 18. Nov., III, 605.
K. O. v. 21. Nov. I, 782.
= = 23. = III, 505, 508, 957, 959.
R. v. 28. Nov., I, 391.
= = 30. = I, 384; IV, 102.
K. O. v. 4. Dec., I, 64, 67.
Pr. v. 8. Dec., III, 331.
K. O. v. 13. Dec., III, 14.
R. v. 16. Dec., II, 276, 758.
= = 17. = III, 732.
G. = 18. = I, 577.
Schlef. Ldt. Absch. vom 30. Dec., Nr. 5, II, 562.

1832.

Pr. v. J. 1832, I, 814, 819, 823; IV, 479.
R. v. 12. Jan., III, 697.
= = 13. = I, 144.
= = 23. = III, 194; IV, 8.
= = 10. Febr., III, 268.
K. O. v. 11. Febr., I, 238; II, 287.
Mil.=Kirch.=O. v. 12. Febr., IV, 174.
— — §§. 1, 2, III, 181.
— — §§. 7—10, 16, 19, IV, 263.
— — §§. 47, 48, IV, 246.
— — §§ 59, ff, IV, 266, 268.
— — §§. 61—68, III, 59.
Circ. v. 16. Febr., IV, 300.
V. v. 19. Febr., II, 1103.
K. O. v. 21. Febr., IV, 28.
= = 8. März, IV, 484.
Rgl. v. 8. = IV, 393.
R. v. 9. März, II, 643.
= = 15. = IV, 231.
= = 25. = III, 480.
= = 29. = III, 536, 596.
Meß=O. v. 31. März, §. 7, III, 882.
R. v. 20. April, II, 294.
K. O. v. 14. Mai, III, 700.
R. v. 25. Mai, II, 1020.
= = 28. = II, 288.
= = 4. Juni, II, 291.
Pr. v. 8. = I, 390.
R. v. 12. Juni, III, 385.
= = 14. = III, 437.
Instr. v. 14. Juni, II, 568.
R. v. 23. Juni, III, 199.
K. O. v. 4. Juli, I, 30.
Bund.=Beschl. vom 5. Juli, Nr. 4, IV, 966.
R. v. 9. Juli, III, 608.
Circ. v. 15. Juli, IV, 395.
R. v. 16. Juli, I, 44; II, 291.
Ablös.=O. v. 19. Juli, II, 721.
R. v. 20. Juli, I, 59.
K. O. v. 24. Juli, III, 445.
R. v. 29. Juli, II, 293.
K. O. v. 4. August, I, 258, 780, 783; II, 390.
V. v. 8. August, I, 64, 65, 103; IV, 482.
K. O. v. 11. August, IV, 33.
= = 20. = II, 643; II, 1034, III, 445.
R. v. 27. August, II, 291.
= = 17. Sept., I, 90; II, 292, 822.
Pr. v. 17. Sept., I, 755.
Instr. v. 21. Sept., IV, 617.
R. v. 29. Sept., II, 491.
= = 1. Oct., III, 583.
= = 12. = II, 849.
= = 15. = III, 437.
= = 17. = I, 795.
= = 19. = IV, 327.
Pr. v. 27. Oct., II, 646.
R. v. 28. Oct., I, 591.
= = 6. Nov., II, 190.
= = 19. = II, 594.
= = 22. = II, 229.
Instr. v. 26. Nov., IV, 128.
R. v. 30. Nov., IV, 229.
= = 3. Dec., II, 63.
Instr. v. 18. Dec., III, 597.
V. v. 26. Dec., I, 103.
R. = 29. = II, 492.

1833.

Pr. v. J. 1833, I, 625; III, 400, 511.
R. v. 7. Jan., II, 739.
= = 11. = I, 507, 509, 520.
K. O. v. 14. Jan., IV, 213.
= = 21. = II, 32.
Pr. v. 26. Jan., I, 383 (Nachtr.); III, 584.
Pr. v. 2. Febr., I, 579.
K. O. v. 3. Febr., I, 802.
R. v. 8. Febr., IV, 327.
Publ.=Pat. v. 12. Febr., I, 834.
V. v. 12. Febr., I, 835.
= = 14. = §. 17, I, 54.
K. O. v. 17. Febr., I, 65; IV, 482.
= = 23. = IV, 107.
R. v. 25. Febr., II, 494.

Pr. v. 26. Febr., I, 507.
R. v. 1. März., I, 5.
K. O. v. 3. März, IV, 29, 32.
R. v. 12. März, IV, 311.
Pr. v. 21. März, II, 466.
R. v. 22. März, II, 293, 295.
Pr. v. 25. = III, 445.
= = 30. = II. 752, 992.
G. = 31. = §. 4, III, 611.
Beschl. d. St.=Min. v. 1. April, II, 293.
R. v. 4. April, III, 919.
Pr. = 4. = II, 147.
= = 6. = I, 311.
R. = 7. = II, 727.
Pr. = 9. = I, 860; II, 27.
= = 10. = IV, 235.
R. = 13. = II, 517.
Pr. = 19. = II, 1037.
R. = 23. = II, 845.
= = 24. = I, 48.
Pr. = 25. = II, 664.
R. = 25. = III, 300, 582.
Pr. = 30. = I, 359; II, 352.
R. = 1. Mai, III, 732.
= = 4. = III, 607.
= = 10. = III, 387.
G. = 13. = I, 862; II, 13, 14, 66, 949, 1107; IV, 232, 249, 372, 380, 868.
K. O. v. 29. April, III, 107.
Circ. v. 30. April, IV, 205.
V. v. 1. Juni, §. 1, Nr. 4, IV, 219.
R. = 5. = I, 382.
Pr. = 6. = I, 33.
K. O. v. 9. Juni, IV, 270, 271.
R. v. 10. Juni, II, 32.
K. O. v. 17. Juni, I, 768.
Beschl. d. St.=Min. v. 18. Juni, IV, 71.
K. O. v. 19. Juni, IV, 270.
R. v. 28. Juni, I, 402; II, 843.
K. O. v. 2. Juli, IV, 460.
G. v. 7. Juli, I, 298.
= = = = §. 2, II, 421.
K. O. v. 11. Juli, I, 88; II, 54.
Circ. v. 12. Juli, IV, 395.
R. v. 12. Juli, I, 591; II, 844.
= = 13. = III, 601.
K. O. v. 14. Juli, III, 445.
Pr. v. 15. Juli, I, 274.
K. O. v. 18. Juli, III, 713.
R. v. 19. Juli, II, 866.
= = 21. = III, 693.
= = 22. = III, 313; IV, 809.
K. O. v. 23. Juli, I, 425.
V. v. 23. Juli, IV, 1093.
R. = 29. = III, 389.
= = 2. August, I, 793.
Pr. v. 5. = II, 947.
K. O. v. 5. August, I, 5; IV, 276, 817.
Pr. v. 15. August, I, 210; II, 760.
K. O. v. 22. August, I, 65; IV, 482.
Pr. v. 26. August, III, 721.
R. v. 28. August, III, 67.
V. = 30. = III, 102.
R. = 2. Sept., III, 207.
= = 6. = III, 479.
= = 16. = II, 692.
= = 19. = III, 817.
= = 20. = II, 534.
= = 21. = III, 481.
= = 27. = IV, 301.
K. O. v. 29. Sept., I, 747.
R. v. 30. Sept., IV, 744.
V. = 5. Oct., III, 984.
K. O. v. 6. Oct., I. 590.
= = 17. = III, 72.
= = 23. = II, 618.
Circ. v. 28. Oct., III, 819.
R. v. 28. Oct., II, 65.
K. O. v. 3. Nov., §. 7, IV, 46.
= = 5. = III, 711; IV, 36.
R. v. 5. Nov, III, 171.
Pr. v. 5. = IV, 477.
= = 7. = III, 488.
R. = 11. = II, 14.
= = 16. = III, 606.
= = 18. = III. 481.
Pr. v. 4. Dec., I, 326.
K. O. v. 7. Dec., III, 85.
R. v. 9. Dec., IV, 329.
K. O. v. 11. Dec., IV, 1062.
V. v. 14. Dec., §. 5, Nr. 2, I, 165.
= = = = §. 10, I, 799.
= = = = §§. 21, 22, I, 489.
R. = 16. = II, 639; IV, 238.
K. O. v. 17. Dec., IV, 605.
R. v. 17. Dec., III, 86.
= = 20. = IV, 66.
K. O. v. 26. Dec., I, 65; IV, 483.
R. v. 26. Dec., I, 512.
Pr. v. 30. = II, 669.

1834.

Pr. v. J. 1834, I, 679; II, 298, 704; III, 96, IV, 783.
Pl.=B. v. J. 1834, II, 997.
Pr. v. 6. Jan., I, 576.
= = 12. = III, 611.
R. = 13. = IV, 371.
= = 17. = IV, 290.
K. O. v. 26. Jan., IV, 91.
= = 30. Jan., IV, 46.
= = 1. Febr., II, 14.
Pr. v. 3. Febr., III, 399.
= = 10. = I, 486.
R. v. 14. Febr., I, 494; II, 752; III, 71.
Pr. v. 15. Febr., II, 1039.
= = 21. = I, 486.
R. = 21. = II, 292.

R. v. 24. Febr., IV, 687, 716.
V. = 24. = IV, 60.
R. = 27. = IV, 241.
K. O. v. 28. Febr., IV, 248.
Pr. v. 3. März, II, 970.
V. I, v. 4. = II, 843.
— — §. 6, II, 466.
— — §. 11, II, 849.
— — §. 19, II, 452.
— — §. 22, II, 746.
— — §. 25, II, 666.
V. II, v. 4. März, II, 756, 872.
— — §. 1, IV, 768.
— — §. 2, I, 504; II, 520.
— — §. 2, Nr. 3, II, 517, 981.
— — §. 7, II, 841.
— — §. 8, I, 680.
— — §§. 11, 13, II, 260.
— — §. 17, II, 666.
— — §. 18, Nr. 2, II, 875, 876.
— — §. 19, I, 590.
— — §. 20, I, 679.
— — §. 21, I, 677.
R. v. 5. März, III, 602, 605.
K. O. v. 9. März, IV, 165.
Dekl. = 9. = IV, 86.
R. v. 10. März, IV, 808.
= = 11. = IV, 226.
Pl.=B. v. 14. März, I, 806.
R. v. 17. März, III, 405.
Pr. v. 19. = I, 96; II, 867.
R. v. 21. = III, 509.
= = 26. = III, 212.
= = 27. = III, 398.
Pr. v. 29. = I, 600.
R. v. 29. = III, 605.
Pr. v. 7. April, I, 486.
= = 8. = II, 970.
R. = 21. = IV, 68.
K. O. v. 24. April, IV, 72.
Pr. v. 28. April, I, 512.
= = 6. Mai, I, 579.
R. = 9. = III, 434.
= = 10. = II, 190.
Pr. v. 16. Mai, III, 721.
R. v. 20. = III, 702.
= = 24. = II, 1107.
Circ. v. 26. Mai, III, 480.
K. O. v. 29. = III, 695, 701.
Pr. v. 2. Juni, III, 170.
Rgl. v. 4. = IV, 403, 418.
R. v. 7. Juni, III, 722.
K. O. v. 10. Juni, IV, 378.
R. v. 16. Juni, IV, 715, 843.
K. O. v. 25. Juni, IV, 403.
V. v. 30. Juni, II, 863, 978; IV, 430.
— — §. 7, II, 601.
— — §§. 10, 11, IV, 236.
— — §. 24, II, 566, 610.
R. v. 6. Juli, II, 581.
K. O. v. 14. Juli, III, 102.
R. v. 17. Juli, II, 581.
K. O. v. 19. Juli, I, 139, 218; II, 56,
R. v. 9. August, III, 403, 607.
Pr. v. 16. = II, 1088.
R. v. 18. = IV, 727.
Pr. v. 22. = II, 1100.
G. = 23. = III, 445.
R. = 25. = III, 167.
= = 26. = III, 607.
= = 28. = III, 930.
R. v. 8. Sept., II, 978.
Pr. = 8. = III, 314.
R. = 9. = IV, 867.
Pr. = 9. = III, 85.
R. = 12. = III, 479.
= = 15. = II, 978.
Pr. = 24. = IV, 236.
R. = 3. Oct., II, 183, 850.
= = 11. = I, 593.
= = 15. = III, 723.
= = 18. = I, 591; III, 701.
K. O. v. 18. Oct., I, 65; IV, 482, 483.
Pr. v. 28. Oct., II, 1104.
R. = 31. = I, 591; III, 70, 300.
= = 4. Nov., III, 926.
K. O. v. 6. Nov., I, 698, 699; II, 32.
Pr. v. 7. Nov., I, 679.
R. = 8. = IV, 829.
= = 10. = III, 63, 693, 702; IV, 66.
Pr. = 12. = II, 1074, 1079.
= = 14. = II, 415.
R. = 14. = IV, 71.
= = 21. = IV, 223.
= = 22. = III, 85, 613.
Pr. = 29. = I, 524.
V. = 14. Dec., §. 27, I, 681.
R. = 16. = III, 608.
K. O. v. 16. Dec., II, 622.
R. v. 31. Dec., III, 398.

1835.

Pr. v. 5. Jan., I, 690.
= = 8. = I, 280.
R. = 19. = III, 640.
= = 23. = II, 949.
= = 26. = IV, 857.
Pr. = 28. = IV, 318.
R. = 4. Febr., I, 510.
Pr. = 5. = II, 871.
= = 7. = II, 260.
K. O. v. 7. Febr., II, 1095; IV, 790.
R. v. 7. Febr., II, 1095.
Pr. = 8. = III, 603.
R. = 11. = III, 497.
Pr. = 16. = II, 858, 865.
R. = 19. = IV, 276.
= = 21. = I, 698.
= = 22. = III, 697.

R. v. 2. März, I, 491, 509, 510; II, 825.
= = 8. = III, 605.
= = 16. = I, 501.
= = 18. = III, 799.
Circ. v. 19. März, III, 818.
Dekl. = 21. = II, 761.
= = = = §. 4, I, 594.
Pr. v. 23. März, II, 696.
= = 6. April, I, 844.
R. = 10. = IV, 309.
= = 11. = III, 605.
= = 14. = II, 182.
= = 15. = II, 843, 849; IV, 111.
Circ. v. 17. April, III, 818.
R. v. 24. April, IV, 262.
Circ. v. 24. April, IV, 380.
G. v. 26. April, I, 614, 874.
— — §. 2, I, 696.
Pr. = 27. = II, 690; III, 216.
R. = 27. = III, 435; IV, 218.
= = 1. Mai, III, 431.
= = 3. = II, 153.
= = 6 = II, 492.
= = 15. = IV, 36.
= = 31. = IV, 616.
V. = 6. Juni, §. 4, IV, 1083.
= = = = §. 5, IV, 1084.
R. = 10. = III, 458.
K. O. v. 10. Juni, I, 740.
Instr. = 12. = II, 762.
Pr. v. 15. Juni, III, 180.
G. v. 16. = II, 361.
R. = 21. = IV, 785.
Pr. v. 24. = I, 417.
R. v. 25. = III, 507.
= = 29. = III, 603, 700.
G. = 29. = II, 866.
— — §. 3, II, 582, 592.
— — §§. 4—7, II, 639.
— — §. 8, II, 594.
R. v. 3. Juli, I, 391; III, 126.
= = 4. = III, 479.
= = 13. = III, 397.
= = 18. = I, 774.
= = 26. = III, 582; IV, 72.
= = 7. August, III, 702.
V. = 8. = IV, 1072.
Circ. v. 13. August, II, 1095.
R. v. 14. August, II, 749.
V. = 17. = IV, 439.
= = = = §. 11, I, 306.
Pr. v. 21. = III, 477.
Circ. v. 30. August, IV, 395.
Pr. v. 3. Sept., II, 82.
K. O. v. 5. Sept., III, 436.
R. v. 7. Sept., II, 927; III, 609.
= = 11. = IV, 123.
Pr. v. 11. = II, 415.
R. v. 14. = III, 403, 405.
Circ. v. 17. Sept., IV, 305.
R. v. 17. Sept., I, 699.
Pr. v. 22. = I, 340.
K. O. vom 23. Sept., III, 925, 945, 958, 961, 981.
Pr. v. 25. Sept., I, 148.
= = 30. = III, 614.
K. O. v. 30. Sept., III, 912.
R. v. 7. Oct., III, 1098.
= = 10. = III, 697, 702.
Pr. v. 19. Oct., III, 201.
K. O. v. 19. Oct., IV, 114, 116.
= = 1. Nov., IV, 95.
Pr. v. 4. Nov., I, 417, 518.
R. v. 6. Nov., II, 517; III, 117; IV, 380.
Pr. v. 10. Nov., III, 389.
= = 12. = I, 877, 879.
K. O. v. 14 Nov., II, 389.
= = 21. = IV, 98.
R. v. 22. Nov., II, 587.
= = 23. = IV, 753.
Pr. v. 23. Nov., II, 991, 992.
R. v. 24. Nov., III, 613.
= = 25. = III, 511.
Pr. v. 27. = II, 178.
R. v. 28. Nov., II, 563.
= = 30. = IV, 745.
= = 4. Dec., Nr. 2, I, 803; II, 878.
Beschl. d. Bund.=V. v. 5. Dec., IV, 416.
R. v. 11. Dec., IV, 623.
Circ. v. 14. Dec., IV, 117.
R. v. 19. Dec., II, 923.
= = 25. = III, 602.
= = 30. = I, 793.

1836.

Pr. v. J. 1836. II, 34, 755, 782; IV, 330.
= = 4. Jan., III, 202.
= = 8. = II, 757.
R. v. 8. Jan., II, 18, 526, 543; III, 523.
= = 12. = I, 3.
V. = 19. = I, 144.
— — §§. 1, 3, II, 472.
— — §. 4, III, 920.
K. O. v. 23. Jan., IV, 311.
R. v. 24. Jan., II, 18.
= = 28. = III, 607, 609.
= = 29. = IV, 864.
= = 30. = I, 491.
= = 31. = III, 914.
Pr. vom 8. Febr., II, 671; III, 13, 69, 231.
R. v. 8. Febr., III, 605; IV, 783.
Pl.=V. v. 8. Febr., II, 693.
Circ. v. 10. Febr., III, 805.
R. v. 19. Febr., III, 375.

Pr. v. 20. Febr., I, 710.
R. = 20. = I, 145.
Circ. v. 24. Febr., III, 722.
R. v. 26. Febr. II, 18, 526.
= = 27. = III, 722.
Pr. = 27. = II, 1107.
= = 4. März, III, 914, 921.
R. = 5. = III, 641.
Pr. v. 11. März, III, 914.
R. = 12. = I, 378.
Pr. = 18. = II, 760.
= = 23. = II, 417, 424.
K. O. v. 23. März, II, 1090.
R. v. 26. März, I, 510.
V. = 27. = II, 1072.
K. O. v. 31. März, IV, 628, 646.
R. v. 5. April, III, 700.
= = 8. = III, 585.
K. O. v. 10. April, II, 15.
= = 11. = IV, 804.
R. v. 11. April, III, 526.
Pr. = 15. = I, 801.
= = 16. = III, 292.
Rgl. v. 16. April, III, 797.
R. v. 18. April, I, 484; II, 692; III, 67, 78.
= = 22. = I, 809.
= = 25. = IV, 315, 386.
Regul. v. 25. April, IV, 513.
V. v. 25. April, I, 103.
R. = 28. = III, 699.
Pr. v. 29. = II, 773.
R. v. 30. = III, 608.
Pr. v. 6. Mai, I, 571.
R. v. 11. = I, 223.
Pr. v. 16. Mai, II, 33.
K. O. v. 22. Mai, II, 15.
= = 28. = IV, 356.
R. v. 28. Mai, II, 15.
Pr. v. 1. Juni, I, 223.
R. v. 2. Juni, III, 963.
K. O. v. 4. Juni, III, 426.
R. v. 10. Juni, III, 185, 477.
Pr. v. 10. Juni, II, 760.
= = 11. = II, 282.
K. O. v. 11. Juni, IV, 382.
R. v. 11. Juni, III, 607.
= = 13. = II, 516, 517,
Pr. v. 13. Juni, II, 973, 994.
K. O. v. 19. Juni, Nr. 5, IV, 264.
Pr. v. 27. Juni, I, 311.
R. v. 1. Juli, I, 510.
= = 2. = IV, 860.
= = 7. = III, 606.
= = 8. = II, 81.
= = 11. = III, 702.
= = 13. = IV, 857.
= = 14. = III, 700.
Dekl. v. 14. Juli, IV, 321.
R. v. 16. Juli, II, 494.
R. v. 18. Juli, IV, 625.
= = 20. = II, 923.
= = 21. = II, 516, 517.
= = 22. = IV, 850, 851.
= = 28. = IV, 850.
Pr. v. 30. Juli, I, 693.
K. O. v. 1. August, I, 27, 54.
= = 5. = II, 290.
R. v. 8. August, III, 283.
Rgl. v. 8. = §. 10, IV, 769.
Pr. v. 12. = I, 220, 228.
= = 13. = I, 497, 501, 689, 695; II, 870.
R. v. 19. August, I, 693.
Pr. v. 26. = I, 589, 789.
= = 29. = III, 142.
= = 2. Sept., II, 760.
R. = 10. = II, 516, 517; III, 117.
K. O. v. 14. Sept., IV, 111.
R. v. 16. Sept., I, 510.
= = 17. = I, 391.
= = 20. = II, 517.
= = 4. Oct., I, 52; III, 239.
= = 8. = II, 188.
= = 10. = II, 81.
K. O. v. 17. Oct., III, 796.
R. v. 18. Oct., II, 375.
Pr. = 21. = I, 216.
= = 23. = IV, 857.
= = 24. = III, 414.
Publ.=Pat. v. 28. Oct., IV, 881, 952.
R. v. 31. Oct., IV, 123.
= = 4. Nov., IV, 762.
= = 19. = III, 605.
= = 22. = II, 517.
= = 30. = III, 596.
K. O. v. 30. Nov., II, 618.
R. v. 1. Dec., IV, 52.
= = 5. = III, 606.
= = 10. = I, 701; II, 375, IV, 867.
= = 15. = III, 702.
Pl.=V. v. 16. Dec., I, 711, 712.
R. v. 19. Dec., IV, 275.
Pr. v. 20. = III, 184.
K. O. v. 22. Dec., IV, 851.
Pr. v. 30. Dec., II, 368.
R. v. 31. = III, 583.

1837.

Pr. v. J. 1837, I, 585; IV, 317, 319. 321.
R. v. 2. Jan., III, 812.
K. O. v. 3. Jan., IV, 179.
Pr. v. 9. Jan., IV, 478.
R. v. 12. = I, 747; IV, 687, 716, 812.
R. v. 17. Jan., III, 700.

R. v. 18. Jan., I, 377.
= = 21. = III, 702.
Pr. = 23. = IV, 243, 319.
= = 26. = II, 396.
= = 2. Febr., I, 327.
= = 4. = II, 1088.
K. O. v. 7. Febr., I, 142; IV, 169.
— — §. 2, IV, 1084.
Pr. v. 11. Febr., I, 237, 239.
= = 17. = IV, 479.
= = 18. = I, 7, 28, 498.
Pl.=B. v. 18. Febr., II, 847.
K. O. v. 19. Febr., IV, 71.
R. v. 20. Febr., IV, 179.
Pr. v. 25. = II, 251.
K. O. v. 26. Febr., IV, 169.
Pr. v. 27. Febr., III, 116, 420.
= = 28. = III, 182, 401.
R. v. 28. Febr., III, 313.
Pr. v. 3. März, I, 651; II, 760.
= = 5. = III, 115.
R. v. 5. März, III, 479.
= = 7. = III, 700.
Pr. v. 7. März, I, 497; II, 928; III, 186.
Pr. v. 10. März, I, 534; II, 1042.
= = 13. = III, 31, 32, 40.
= = 18. = I, 280.
G. v. 20. März, III, 110, 128, IV, 531.
Pr. v. 20. = II, 932; III, 179; IV, 317.
Pr. v. 25. März, I, 596, 696.
K. O. v. 25. März, I, 65; IV, 482, 483.
Pr. v. 28. März, III, 205.
Circ. v. 28. März, III, 817.
K. O. v. 29. März, IV, 286, 381.
Pr. v. 30. März, IV, 942.
G. v. 31. März, §. 1, IV, 964.
Pr. v. 1. April, I, 296, 793, 806; II, 872, 881; IV, 884.
R. v. 4. April, III, 237.
Pr. v. 7. April, II, 986.
= = 8. = I, 384, 911.
R. v. 10. April, IV, 864.
= = 11. = III, 70.
K. O. v. 15. April, II, 288, 294.
R. v. 17. April, II, 874.
Pr. v. 17. April, II, 1026; III, 195.
= = 21. = I, 418.
= = 22 = III, 822.
R. v. 27. April, II, 187.
= = 28. = III, 611, 721.
= = 29. = II, 585; III, 400.
Pr. v. 29. April, I, 647; II, 1100; III, 503, 504.
Pl.=B. v. 1. Mai, II, 529.
R. v. 3. Mai, IV, 611.
Pr. v. 5. Mai, I, 240.
G. v. 8. Mai, III, 1021; IV, 6.
R. v. 9. Mai, III, 609.
= = 11. = III, 12.
= = 12. = III, 70.
Pr. v. 12. Mai, I, 241.
= = 13. = II, 869.
= = 16. = III, 31.
R. = 20. Mai, II, 568.
Pr. v. 22. = III, 391.
= = 29. = II, 31; III, 358.
= = 30. = IV, 849.
= = 2. Juni, I, 692.
Circ. v. 2. Juni, IV, 300.
Pr. v. 3. Juni, I, 280, 792.
= = 5. = IV, 706.
Circ. v. 8. Juni, IV, 118.
Pr. v. 9. Juni, I, 221, 802.
R. v. 9. = III, 389, 607.
= = 10. = III, 699.
Circ. v. 10. Juni, III, 1021.
Instr. v. 10. Juni, III, 1024.
G. v. 11. Juni, I, 837.
— — §. 9, I, 829.
— — §§. 11, 12, IV, 908.
Pr. v. 12. Juni, II, 698.
= = 13. = II, 649.
R. v. 14. Juni, III, 558.
= = 15. = III, 435.
Pr. v. 17. Juni, I, 557, 702.
= = 18. = I, 579.
= = 19. = III, 391; IV, 540.
R. v. 21. Juni, II, 587.
= = 23. = III, 445.
Circ. v. 24. Juni, II, 566.
Pr. v. 24. Juni, II, 487.
= = 26. = III, 266.
= = 30. = I, 479.
= = 30. = IV, 1016.
R. v. 4. Juli, II, 587.
Pr. v. 7. Juli, II, 734, 1069.
Pl.=B. v. 10. Juli, I, 115; II, 859.
R. v. 10. Juli, IV, 381.
= = 11. = III, 484.
Pr. v. 11. Juli, I, 284; II, 984.
R. v. 14. Juli, I, 511.
= = 20. = IV, 857.
= = 21. = III, 1026.
Pr. vom 21. Juli, I, 791; IV, 884, 885.
= = 22. = I, 529; IV, 344.
= = 24. = II, 967, 999, 1000.
R. v. 24. Juli, II, 878.
= = 25. = I, 108.
= = 28. = III, 609.
Pr. v. 28. Juli, I, 47.
= = 29. = II, 368.
Münz=Konvent v. 30. Juli, Art. 7, II, 391.
Pr. v. 3. August, II, 986.
= = 7. = IV, 850.
K. O. v. 8. August, III, 478.

Pr. v. 11. August, II, 410, 881, 889; III, 593, 641.
R. v. 11. August, III, 1024.
= = 14. = II, 295.
= = 18. = IV, 382.
K. O. v. 19. August, IV, 170.
R. v. 21. August, IV, 855.
= = 24. = II, 601.
= = 1. Sept., III, 614.
Pr. v. 4. Sept., I, 756.
= = 8. = II, 382.
R. v. 15. Sept., III, 1024.
Pr. vom 18. Sept., I, 280; II, 1030; III, 95.
R. v. 21. Sept., III, 1024.
= = 22. = III, 926.
= = 23. = III, 22.
Pr. v. 23. Sept., I, 47, 218.
= = 25. = III, 190; IV, 337, 383, 384.
R. v. 25. Sept., III, 700.
= = 29. = III, 70.
= = 30. = IV, 392.
Pr. v. 7. Oct., III, 498.
K. O. v. 8. Oct., I, 240.
R. v. 9. Oct., III, 608, 614.
= = 10. = IV, 851.
Beschl. d. St.=Min. vom 12. Oct., IV, 765.
R. v. 13. Oct., III, 113, 504.
Pr. v. 13. Oct., II, 760.
= = 14. = I, 691, 777; III, 136.
= = 20. = II, 725.
R. v. 22. Oct., III, 697.
Pr. v. 23. Oct., III, 430.
Circ. v. 27. Oct., III, 819.
Pr. v. 28. Oct., II, 167.
R. v. 28. Oct., III, 604.
= = 29. = III, 1010.
= = 31. = II, 595.
Pr. v. 31. Oct., I, 310; III, 212.
= = 6. Nov., III, 423.
R. = 7. = IV, 851.
Pr. v. 10. Nov., I, 3.
R. v. 14. Nov., III, 1026, 1029.
Pr. v. 14. Nov., III, 187.
R. v. 17. Nov., III, 641.
= = 18. = III, 697.
Pr. v. 18. Nov., I, 791.
Beschl. d. St.=Min. vom 21. Nov., IV, 114.
Instr. v. 21. Nov., IV, 25.
R. v. 21. Nov., IV, 855, 860.
K. O. v. 25. Nov., IV, 47.
Pr. v. 25. Nov., II, 447.
Publ.=Pat. v. 29. Nov., I, 835.
Pr. v. 30. Nov., II, 273.
= = 2. Dec., I, 47, 327.
R. v. 4. Dec., I, 377.
= = 7. = IV, 170.
Pl.=B. v. 8. Dec., III, 119.
K. O. v. 8. Dec., I, 65; IV, 482, 484.
Pr. v. 9. Dec., II, 452, 858.
R. v. 9. Dec., III, 184.
= = 12. = III, 1010.
= = 14. = IV, 262.
Pr. v. 15. Dec., II, 720; IV, 344.
= = 19. = I, 116; III, 105.
R. v. 19. Dec., III, 72.
Pr. v. 22. Dec., IV, 426.
= = 23. = III, 102.
K. O. v. 24. Dec., III, 1021.
Circ. v. 26. Dec., III, 818.
R. v. 26. Dec., III, 1010.
= = 28. = IV, 864.
= = 29. = I, 85, 137, 184.

1838.

Pr. v. J. 1838, I, 632; II, 665; III, 117; IV, 610, 613.
R. v. 4. Jan., III, 1029; IV, 861.
Pr. v. 6. Jan., I, 280; II, 992.
= = 8. = III, 179.
R. v. 11. Jan., III, 494.
Pr. v. 13. Jan., I, 852.
= = 15. = III, 285.
R. v. 17. Jan., IV, 276.
Pr. v. 19. Jan., IV, 518.
= = 23. = IV, 850.
G. v. 23. Jan., IV, 964.
— — §. 3, 4, IV, 916.
— — §. 14, III, 1009, 1010.
— — §. 19, IV, 537.
— — §. 19, 56—59, III, 827.
— — §. 20, IV, 917.
— — §. 60, I, 425.
— — §. 62, I, 527.
R. v. 25. Jan., III, 403.
Pr. v. 26. Jan., I, 562.
= = 27. = I, 570, 631; II, 504; III, 116.
R. v. 28. Jan., II, 588.
Pr. v. 29. Jan., III, 412, 613.
R. v. 29. Jan., IV, 234.
= = 3. u. 4. Febr., IV, 395.
Pr. v. 3. Febr., I, 230, 233.
= = 9. = I, 574.
= = 10. = I, 202, 304, 764.
= = 12. = II, 974.
R. v. 16. Febr., IV, 3.
Pr. v. 19. Febr., III, 367.
= = 26. = I, 3; III, 176.
= = 3. März, IV, 590.
R. = 4. = IV, 205.
= = 5. = I, 386.
G. = 5. = §. 3, lit. b, IV, 825.
Pr. = 6. = IV, 100.
= = 9. = III, 268.
R. = 9. = II, 491.

Pl.=B. v. 12. März, II, 357, 994.
Pr. v. 13. März, II, 30, 31, 45; III, 24, 28; IV, 101.
= = 16. = I, 28.
Circ. v. 18. März, IV, 395.
R. v. 23. März, II, 899.
Pr. v. 23. März, I, 413; II, 725.
Pr. v. 24. März, I, 230, 503.
Circ. v. 26. März, III, 818.
Pr. v. 30. März, III, 623.
R. v. 30. März, II, 852.
G. vom 31. März, I, 527, 535; II, 257.
— — §. 2, Nr. 5, I, 805.
— — §. 7, I, 14.
Dekl. vom 31. März, I, 310, 311; II, 212.
Pr. v. 31. März, II, 356.
R. v. 4. April, IV, 170.
B. v. 7. April, III, 82, 85.
Circ. v. 9. April, II, 584.
R. v. 14. April, IV, 310.
= = 16. = IV, 825.
= = 18. = IV, 179.
Pr. v. 23. April, III, 182.
R. v. 26. April, II, 226.
Pr. v. 27. April, IV, 518.
= = 28. = II, 238.
R. v. 28. April, III, 700; IV, 222.
Rgl. v. 29. April, I, 310.
R. v. 30. April, IV, 864.
Pr. v. 30. April, IV, 224, 304.
R. v. 1. Mai, II, 839.
= = 5. = IV, 115.
Pr. v. 5. Mai, I, 596, 696; II, 1100.
= = 7. = I, 599, 687.
R. v. 14. Mai, III, 479.
Pr. v. 14. Mai, IV, 597.
= = 15. Mai, I, 257.
Instr. v. 15. Mai, I, 844.
R. v. 16. Mai, IV, 395.
Pr. v. 25. Mai, I, 653, 739; II, 742.
= = 26. = III, 509.
K. O. v. 27. Mai, II, 261.
= = = = Nr. 1, IV, 770.
Pr. v. 28. Mai, III, 40, 205.
R. v. 30. Mai, II, 426.
= = 31. = IV, 25.
K. O. v. 3. Juni, II, 294 (Nachtr.).
R. v. 7. Juni, I, 497; IV, 760.
= = 8. = IV, 319, 322.
K. O. v. 12. Juni, III, 729.
Pr. v. 25. Juni, I, 39; II, 37; III, 372; IV, 713.
R. v. 28. Juni, IV, 306.
Pr. v. 29. Juni, I, 239.
= = 2. Juli, II, 961; III, 194.
R. v. 5. Juli, IV, 262.
= = 12. = IV, 271.
= = 14. = IV. 1001.
Pr. v. 20. Juli, III, 631.
= = 21. = I, 763.
Pr. v. 23. Juli, III, 195.
= = 27. = II, 185; III, 71.
Dekl. v. 28. Juli, II, 841.
— — §. 1, II, 839.
— — §. 2, II, 840.
B. v. 28. Juli, II, 564.
Circ. v. 29. Juli, III, 819.
Münz=Conv. v. 30. Juli, IV, 441.
Pr. v. 30. Juli, IV, 310.
= = 3. August, I, 562; II, 1044.
R. v. 4. August, IV, 334.
= = 6. = III, 601.
Pr. v. 6. August, II, 119.
= = 12. = III, 166.
R. = 12. = III, 300.
Pr. = 13. = I, 346; IV, 101.
= = 17. = I, 454 (Nachtr.).
= = 20. = III, 115.
R. v. 21. August, IV, 850.
= = 24. = II, 881.
Pl.=B. v. 27. August, II, 1037.
R. v. 28. August, IV, 620.
Pr. v. 28. August, II, 1093.
R. v. 31. August, III, 699; IV, 382.
Pr. v. 31. August, IV, 623.
= = 1. Sept., II, 492, 873.
R. v. 4. Sept., II, 152.
Pr. vom 7. Septbr., I, 617; II, 513, 899.
R. v. 15. Sept., IV, 477.
= = 17. = IV, 381.
Pr. v. 17. Sept., III, 179.
R. v. 18. Sept., III, 605.
Pr. v. 22. Sept., III, 114.
R. v. 26. Sept., I, 236.
Pr. v. 28. Sept., I, 627, 646, 674, 677; II, 786.
R. v. 29. Sept., IV, 47.
Pr. v. Oct., II, 1100.
= = 1. Oct., I, 223, 224; II, 119, 155, 997; III, 187, 204.
R. v. 2. Oct., III, 13.
= = 5. = II, 118; III, 383.
Pr. v. 5. Oct., I, 407.
= = 6. = II, 1104.
R. v. 10. Oct., IV, 857.
Pr. vom 13. Octbr., I, 533, 852; III, 289.
R. v. 15. Oct., IV, 864.
Pr. v. 19. Oct., II, 1101.
R. = 19. = III, 100.
= = 20. = III, 699.
= = 22. = III, 383.
= = 26. = III, 120.
Pr. = 26. = III, 592.
= = 27. = II, 118.
G. v. 3. Nov., I, 65, 66, III, 557.
— — §§. 12, 15, I, 103.

G. v. 3. Nov., §. 13, IV, 614.
— — §§. 16—19, II, 891.
— — §. 23, IV, 70.
K. O. v. 7. Nov., II, 292.
Pr. v. 10. Nov., I, 570.
Pl.=B. v. 12. Nov., II, 850; III, 511.
R. v. 13. Nov., III, 699.
Pr. v. 16. Nov., I, 650.
= = 18. = I, 791.
= = 19. = III, 124.
= = 26. = II, 517; III, 107.
K. O. v. 28. Nov., IV, 72.
Instr. v. 30. Nov., III, 557.
Pr. v. 30. Nov., II, 1086.
= = 1. Dec., II, 178.
R. v. 11. Dec., IV, 111.
Pr. v. 20. Dec., II, 721.
Publ. v. 24. Dec., IV, 171.
R. v. 24. Dec., II, 189.
= = 26. = III, 722.
= = 27. = III, 612.
Pr. v. 29. Dec., III, 166.
R. v. 30. Dec., I, 385.
= = 31. = IV, 320, 540.

1839.

Pr. v. J. 1839, III, 432; IV, 820.
= = 4. Januar, II, 136.
= = 5. = I, 602; II, 847.
R. v. 11. Jan., II, 291; III, 7.
= = 19. = II, 295.
= = 21. = I, 429, 431; III, 611.
G. v. 21. Jan., §. 46, Nr. 5, IV, 473 (Nachtr.).
R. v. 29. Jan., II, 295.
= = 31. = II, 518.
Pr. v. 1. Febr., I, 739; III, 119.
= = 4. = I, 504.
R. v. 4. Febr., I, 593.
Pr. v. 5. Febr., II, 252.
= = 14. = IV, 603.
= = 16. = I, 596.
Pl.=B v. 18. Febr., III, 105.
B. v. 18. Febr., III, 1022.
Pr. v. 22. Febr., II, 738.
R. v. 2. März, III, 601.
Pr. v. 4. März, II, 665, 850.
= = 8. = I, 711.
R. v. 8. März, III, 611.
Regul. v. 9. März, IV, 388.
G. v. 10. März, I, 254.
K. O. v. 10. März, IV, 687.
R. v. 10. März, III, 391.
Pr. v. 11. März, II, 491.
Pl.=B. v. 11. März I, 806.
R. v. 12. März, IV, 306.
Pr. v. 16. März, I, 72, 265, 277, 680; II, 998; IV, 612.
B. v. 17. März. IV, 486.
Pr. v. 18. März, I, 691.
R. v. 18. März, III, 384.
= = 20. = IV, 1001.
= = 22. = III, 699.
Pr. v. 22. März, II, 733; III, 812.
= = 23. = II, 5, 571; III, 115.
K. O. v. 24. März, II, 29.
= = 31. = IV, 37.
Pr. v. 5. April, I, 588; II, 875.
R. v. 6. April, IV, 264.
K. O. v. 6. April, IV, 388.
B. v. 6. April, IV, 786.
— — §. 2, I, 683.
Dekl. v. 6. April, Art. 2, I, 679.
— — Art. 2 c, I, 682.
— — Art. 13, I, 60, 489; II, 255.
Pr. v. 6. April, I, 43; II, 76.
Circ. v. 6. April, IV, 395.
Instr. vom 7. April, Nr. 21, 32, 38, I, 679.
Pl.=B. v. 8. April, I, 3, 4; II, 447.
Pr. v. 13. April, II, 20; II, 256, 981.
= = 20. = I, 805.
= = 20. = I, 479.
= = 22. = II, 173.
= = 23. = III, 971.
= = 24. = III, 192.
R. v. 26. April, I, 545.
Pr. v. 29. April, I, 115.
Pl.=B. v. 29. April, II, 858.
R. v. 30. April, III, 382, 569, 713.
Circ. v. 30. April. III, 818.
Pr. v. 3. Mai, I, 264, 628.
K. O. v. 4. Mai, IV, 770.
R. v. 4. Mai, II, 187; III, 605.
= = 5. = III, 607.
= = 6. = IV, 1001,
= = 7. = III, 600.
Circ. v. 8. Mai, IV, 395.
Rgl. v. 8. = IV, 52.
Pr. v. 11. Mai, I 803; II, 953.
B. v. 11. Mai, II, 665.
Pr. v. 14. Mai, II, 846.
R. v. 15. Mai, IV, 860.
Pr. v. 17. Mai, I, 589; II, 251.
Dekl. v. 18. Mai, I, 544.
R. v. 18. Mai, III, 449.
Pr. v. 18. Mai, II, 536.
Instr. v. 20. Mai, §. 1 b, IV, 786.
R. v. 21. Mai, III, 605.
Pr. v. 27. Mai, I, 641.
Pl.=B. vom 27. Mai, I, 280; II, 492, 495.
Pr. v. 29. Mai, I, 236, 534, 876.
R. v. 31. Mai, IV, 762.
Pr. v. 3. Juni, I, 154.
= = 7. = II, 981; III, 211.
= = 10. = II, 221.
= = 11. = I, 690.
R. v. 12. Juni, III, 797.

Pr. v. 14. Juni, IV, 520.
R. v. 15. Juni, III, 604.
Pr. v. 17. Juni, I, 343; III, 75.
R. v. 19. Juni, IV, 288.
Pr. v. 21. Juni, II, 741.
K. O. v. 22. Juni, IV, 939.
Dekl. v. 22. Juni, III, 423.
Pr. v. 24. Juni, III, 117.
R. v. 25. Juni, III, 606.
= = 30 = III, 601, 605.
Pr. v. 3. Juli, I, 133.
R. v. 4. Juli, II, 585.
Pr. v. 5. Juli, I, 779; II, 372; IV, 530.
= = 6. = II, 664.
= = 8. = I, 341.
K. O. v. 9. Juli, III, 57.
Pr. v. 12. Juli, I, 583.
K. O. v. 13. Juli, IV, 83.
= = 14. = IV, 914.
R. v. 19. Juli, II, 993.
Pr. v. 19. Juli, II, 1100.
Circ. v. 20. Juli, III, 585.
K. O. v. 22. Juli, I, 142.
R. v. 26. Juli, I, 391.
Instr. v. 27. Juli, I, 545.
R. v. 29. Juli, III, 797.
= = 31. = III, 698.
Pr. v. 9. August, I, 876.
= = 19. = II, 529.
= = 24. = IV, 317.
Pl.=B. vom 26. August, III, 981; IV, 592.
Pr. v. 27. August, II, 426.
= = 30. = II, 504.
Pl.=B. v. 2. Sept., I, 221; II, 1085.
Pr. v. 6. Sept, I, 414.
= = 9. = I, 498.
= = 13. = II, 1104.
= = 14. = III, 178.
= = 20. = II, 725.
K. O. v. 24. Sept., IV, 406.
Pr. v. 27. Sept., I, 296, 851, 852; II, 111.
= = 28. = I, 796.
= = 30. = I, 772.
R. v. 12. Oct., II, 492.
= = 13. = III, 301.
Pr. v. 14. Oct., I, 697.
Pl.=B. vom 14. Octbr., II, 408, 876, 1087.
R. v. 21. Oct., III, 301.
Pr. v. 21. Oct., II, 991.
= = 22. = II, 870.
= = 29. = I, 647.
R. v. 31. Oct., IV, 622.
B. v. 31. Oct., I, 255.
Pr. v. 9. Nov.. I, 494.
R. v. 16. Nov., III, 565.
= = 23. = II, 409.
K. O. v. 23. Nov., IV, 112.
Pr. v. 23. Nov., III, 392.
= = 29. = I, 853.
= = 6. Dec., II, 520, 961.
R. v. 8. Dec., III, 694.
Pl.=B., vom 9. Dec., I, 414; II, 570, 599, 661.
K. O. v. 10. Dec., IV, 316, 317.
Pr. v. 13. Dec., II, 727, 1101.
= = 14. = II, 990.
Pl.=B. v. 16. Dec., III, 193.
K. O. v. 17. Dec., IV, 336.
Pr. v. 21. Dec., I, 412, 413.
= = 23. = III, 117.
= = 31. = II, 304, 311, 438.
Instr. v. 31. Dec., IV, 378.

1840.

Pr. v. J. 1840, II, 1042.
Pr. v. 2. Jan., I, 793; III, 846.
= = 3. = IV, 621.
K. O. v. 5. Jan., III, 817.
R. v. 7. Jan., IV, 393.
= = 8. = IV, 16.
= = 13. = III, 606.
= = 15. = III, 607.
Pr. v. 20. Jan., III, 186, 292.
= = 21. = III, 187.
R. v. 23. Jan., IV, 321.
Pr. vom 25. Januar, I, 231, 643, 678 (Nachtr.).
Pr. v. 26. Jan., I, 568.
Pr. v. 1. Febr., III, 84.
R. v. 2. Febr., II, 858.
= = 7. = I, 504.
= = 8. Febr., I, 504, IV, 768.
K. O. v. 8. Febr., I, 29.
Pr. v. 8. Febr., I, 8, 363; II, 83.
R. v. 9. Febr., II, 840.
= = 11. = III, 198.
Pr. v. 14. Febr., II, 450.
R. v. 15. Febr., IV, 864.
G. v. 15. Febr., II, 648; III, 428, 436, 441.
— — §§. 3, 5, 6 u. 13, III, 448, 452,
Circ. v. 16. Febr., IV, 486.
R. v. 19. Febr., IV, 861.
Pr. v. 22. Febr., II, 852.
= = 24. = III, 398.
Pl.=B. v 24. Febr., I, 860; II, 469.
R. v. 28. Febr., III, 780.
Pr. v. 28. Febr., I, 568.
= = 29. = II, 419, 422; III, 503.
R. v. 29. Febr., III, 797.
K. O. v. 29. Febr., IV, 491.
R. v. 4. März, III, 606.
Pr. v. 4. März, II, 478.
R. v. 5. März, II, 118; III, 599.

R. v. 6. März, I, 695.
Pr. v. 7. März, II, 81, 379, 407, 493.
R. v. 9. März, III, 605.
= = 10. = III, 812.
= = 12. = III, 1024, 1026.
= = 14. = III, 558.
Pr. v. 14. März, I, 263; III, 289.
R. v. 17. März, I, 504.
= = 19. = III, 812.
= = 27. = IV, 315.
= = 28. = I, 403.
B. v. 28. März, I, 503.
R. v. 31. März, III, 603.
Pr. v. 3. April, I, 115, 242, 423, 618; II, 366.
R. v. 10. April, IV, 381.
Pr. v. 11. April, I, 5, 346, 565; II, 325, 1067.
K.O. v. 12. April, IV, 487.
= = 14. = I, 154; IV, 309.
R. v. 16. April, I, 241.
= = 18. = III, 392.
Pr. v. 18. April, II, 270, 991, 992.
R. v. 21. April, III, 604.
Pr. v. 21. April, III, 201.
= = 24. = IV, 604, 618.
= = 27. = II, 1088.
Pl.=B. v. 27. April, I, 122, 126.
R. v. 4. Mai, II, 526; III, 349; IV, 758.
= = 5. = III, 606.
= = 8. = IV, 860.
Pr. v. 8. Mai, I, 63.
= = 9. = II, 574.
R. v. 9. Mai, I, 520, 535.
Pr. v. 13. Mai, IV, 480.
B. v. 13. Mai, I, 146, 253, 256; IV, 1090.
— — §. 1, I, 145.
— — §. 2, III, 920.
B. v. 14. Mai, §. 1, I, 148.
Pr. v. 15. Mai, I, 138; II, 162.
= = 18. = I, 570.
Bekanntm. v. 20. Mai, I, 482.
Pr. v. 22. Mai, II, 1087.
R. v. 25. Mai, II, 601; IV, 770.
= = 30. = II, 518.
Pr. v. 30. Mai, I, 488.
Pl.=B. v. 2. Juni, I, 18, 881; II, 1093; III, 722.
Pr. v. 5. Juni, I, 516, 675; II, 900.
R. v. 12. Juni, III, 702.
G. v. 18. Juni, I, 540.
— — §§. 102 ff., II, 639.
R. v. 23. Juni, I, 490; III, 607.
= = 24. = IV, 864.
= = 30. = II, 290; IV, 648.
Pr. v. 3. Juli, II, 257.
B. v. 4. Juli, §§. 1—5, IV, 1060.
G. v. 4. Juli, §§. 76 ff., II, 639.
R. v. 6. Juli, I, 491; II, 259.
= = 7. = III, 606.
= = 10. = III, 805, 815.
Circ. v. 13. Juli, III, 813, 814.
R. v. 17. Juli, II, 1071; III, 702.
= = 18. = II, 298; IV, 36, 83.
= = 20. = III, 13.
Bekanntm. v. 21. Juli, I, 482.
R. v. 22. Juli, III, 596, 599.
= = 24. = II, 586.
K. O. v. 25. Juli, IV, 83.
Pr. v. 25. Juli, I, 46.
= = 27. = II, 954.
R. v. 29. Juli, IV, 279.
K. O. v. 29. Juli, IV, 336.
Pr. v. 31. Juli, I, 224, 400; II, 599; IV, 591.
R. v. 31. Juli, II, 491, 1047.
R. v. 3. August, II, 447, 495; IV, 864.
Pr. v. 3. August, III, 419.
R. v. 4. August, III, 805, 1024.
= = 6. August, II, 858.
Pr. = 7. = II, 1039.
R. v. 10. August, II, 564.
= = 13. = III, 713.
= = 16. = II, 152.
Pl.=B. v. 17. August, III, 201.
Pr. v. 22. August, I, 848.
R. v. 22. August, III, 79.
Pl.=B. v. 24. August, II, 421.
R. v. 26. August, III, 601; IV, 430.
= = 27. = II, 564.
= = 28. = IV, 256.
= = 31. = II, 639.
Pr. v. 31. August, III, 186.
Pr. v. 7. Sept., I, 346.
R. v. 7. Sept., IV, 850.
K. O. v. 8. Sept., IV, 304.
Pr. v. 10. Sept., I, 19.
R. v. 10. Sept., IV, 36.
= = 12. = III, 813.
= = 17. = I, 510.
= = 23. = III, 557.
= = 28. = II, 852.
Pr. v. 28. Septbr., III, 178.
Pr. v. 3. Oct., I, 555, 776.
= = 5. = I, 584.
= = 9. = I, 14, 19, 580.
R. v. 9. Oct., II, 188.
Pr. v. 10. Oct., I, 463, 467, 572; II, 529, 730, 738.
= = 12. = III, 187.
R. v. 15. Oct., III, 946.
= = 17. = IV, 822.
Pl.=B. v. 19. Oct., II, 1102.
Pr. v. 19. Oct., II, 414.
R. v. 19. Oct., II, 858.
= = 20. = I, 799.
K. O. v. 26. Oct., I, 154.
Pr. v. 30. Oct., I, 495; II, 276.

R. v. 2. Nov., II, 762.
= = 4. = II, 790.
= = 6. = III, 112.
Pr. v. 9. Nov., III, 169, 177, 190.
= = 13. = III, 631.
= = 16. = II, 534; III, 167, 184.
= = 17. = III, 106.
= = 20. = II, 1039.
K. O. v. 20. Nov. IV, 83.
R. v. 20. Nov., II, 186.
Pr. v. 23. Nov., II, 571; III, 397.
R. v. 26. Nov., II, 563; III, 450.
= = 27. = I, 883.
Pr. v. 27. Nov., I, 693.
G. v. 30. Nov., IV, 1068.
R. v. 3. Dec., IV, 784, 786.
Pr. v. 4. Dec., I, 28, 579.
= = 5. = II, 210.
R. v. 5. Dec., III, 1024.
= = 7. = I, 511.
Pr. v. 12. Dec., I, 502, 749; II, 885.
R. v. 12. Dec., I, 19.
Pr. v. 14. Dec., II, 459.
R. v. 16. Dec., IV, 850.
Pr. v. 18. Dec., I, 417.
= = 19. = II, 720.
= = 21. = I, 209.
R. v. 23. Dec., III, 214.
K. O. v. 24. Dec., IV, 71.
R. v. 25. Dec., II, 858.
V. v. 28. Dec., I, 677; II, 789, 877; IV, 651.
— — §. 11, II, 666.
Bekanntm. v. 28. Dec., IV, 533.
Pr. v. 28. Dec., I, 521.

1841.

R. v. 2. Jan., III, 612.
= = 5. = II, 586.
= = 18. = I, 851; IV, 754.
= = 22. = I, 544.
Pr v. 22. Jan., I, 235, 657.
= = 23. = I, 412; II, 501; IV, 477.
R. v. 25. Jan., III, 388.
= = 26. = III, 816.
Pr. v. 29. Jan., II, 588.
= = 31. = I, 680; II, 1033.
R. v. 31. Jan., II, 494.
= = 4. Febr., III, 597, 598.
Pr. = 6. = I, 264.
R. v. 7. Febr., II, 857.
Pr. v. 10. Febr., II, 721.
R. v. 11. Febr., IV, 381.
Pr. v. 12. Febr., II, 847, 1101.
R. v. 14. Febr., I, 48.
= = 15. = I, 809; IV, 716, 786.
Pl.=B. v. 15. Febr., I, 557.
Pr. v. 19. Febr., I, 524.
R. v. 23. Febr., I, 535, 544.
Pr. v. 23. Febr., III, 201.
= = 26. = II, 891.
Pr. v. 2. März, IV, 740.
R. v. 3. März, III, 4.
= = 5. = III, 434, 700.
= = 6. = IV, 621.
Pr. v. 6. März, III, 983.
R. v. 10. März, III, 188, 189.
Circ. v. 17. März, IV, 276.
Instr. v. 18. März, IV, 532.
R. v. 19. März, III, 200.
Pr. v. 19. März, II, 914.
Pl.=B. v. 22. März, III, 593, 594.
B. v. 25. März, §§. 3, 7, IV, 463.
R. v. 31. März, IV, 864.
Dekl. v. 31. März, II, 570, 598, 1037.
— — §. 3, I, 584.
G. v. 31. März, IV, 964, 965.
R. v. 4. April, IV, 388.
= = 7. = II, 564.
= = 8. = IV, 403.
= = 10. = IV, 392, 867.
= = 11. = I, 199; IV, 707.
G. v. 13. April, I, 117; II, 859, 862.
— — §. 5, II, 634.
Pr. v. 17. April, I, 850; II, 465.
R. v. 17. April, II, 292.
Pr. v. 20. April, II, 1093.
R. v. 23. April, II, 563.
Pr. v. 23. April, II, 406.
= = 24. = II, 730.
= = 26. = I, 746; III, 185.
R. v. 26. April, IV, 592.
= = 27. = III, 723.
R. v. 17. Mai, IV, 865.
Pr. v. 21. Mai, IV, 524.
= = 22. = II, 176.
= = 24. = II, 153.
Pl.=B. v. 24. Mai, II, 1090; IV, 590
R. v. 25. Mai, I, 483.
= = 27. = IV, 707.
= = 29. = IV, 619.
K. O. v. 30. Mai, III, 1027; IV, 210.
R. v. 4. Juni, IV, 865.
Pr. v. 5. Juni, IV, 479.
Pl.=B. v. 7. Juni, II, 981.
Pr. v. 11. Juni, II, 520.
= = 12. = IV, 648.
= = 14. = III, 425.
= = 21. = III, 32.
= = 26. = I, 487.
R. v. 28. Juni, III, 799.
= = 30. = IV, 717.
K. O. v. 30. Juni, IV, 431.
Dekl. v. 30. Juni, III, 914.
K. O. v. 14. Juli, III, 925, 968, 981.
Cirk. v. 20. Juli, III, 432.
K. O. v. 21. Juli, I, 730, 732.
R. v. 27. Juli, III, 798.
K. O. v. 31. Juli, IV, 226.

Pr. v. 4. August, I, 700.
= = 6. = I, 249.
= = 7. = II, 610.
= = 9. = III, 530; IV, 1141.
R. v. 12. August, II, 574.
Pr. v. 14. August, III, 939.
Pl.=B. v. 16. August, I, 675.
Pr. v. 20. August, I, 653.
= = 21. = I, 140; II, 396.
= = 24. = II, 23, 26, 27, 34, 35, 36.
K. O. v. 25. August, IV, 213.
Pr. v. 27. August, III, 115.
= = 30. = I, 63; II, 989.
B. v. 6. Sept., I, 428.
R. v. 8. Sept., III, 1024.
Pr. v. 14. Sept., I, 877; III, 176.
Circ. v. 17. Sept., II, 1073.
R. v. 23. Sept., III, 1029.
Pr. v. 27. Sept., III, 348.
R. v. 29. Sept., IV, 226.
= = 30. = II, 639.
Pr. v. 2. Oct., I, 221.
R. v. 8. Oct., II, 585; III, 713.
= = 15. = IV, 690.
Pr. v. 15. Oct., II, 503, 725.
Circ. v. 21. Oct., IV, 328.
Pr. v. 22. Oct., I, 553.
= = 23. = I, 264; III, 311.
R. v. 23. Oct., III, 536.
Pr. v. 28. Oct., I, 586.
= = 29. = I, 565; IV, 653.
Circ. v. 31. Oct., IV, 212.
Landgemeinde=O. v. 31. Oct., §§. 123, 124, III, 597.
Pr. v. 1. Nov., III, 106, 371.
K. O. v. 6. Nov., IV, 265.
G. v. 6. Nov., IV, 775.
Regul. v. 17. Nov., IV, 480.
K. O. v. 18. Nov., IV, 399.
Pr. v. 20. Nov., I, 875.
Circ. v. 24. Nov., IV, 227.
Pr. v. 27. Nov., II, 516.
= = 29. = III, 364.
R. v. 30. Nov., III, 798.
R. v. 3. Dec., II, 872.
Pr. v. 3. Dec., IV, 618, 621.
R. v. 4. Dec., IV, 226.
= = 7. = IV, 309.
Pl.=B. v. 13. Dec., II, 189.
R. v. 14. Dec., IV, 867.
Pr. v. 17. Dec., II, 449, 512, 1101.
R. v. 18. Dec., I, 495.
Circ. v. 21. Dec., IV, 395.

1842.

K. O. v. 3. Jan., IV, 431.
R. v. 4. Jan., II, 64; IV, 704, 737.
Pr. v. 4. Jan., III, 180.
Pr. v. 8. Jan., III, 477, 497, 510.
= = 10. = III, 194.
Pl.=B. v. 10. Jan., II, 159, 720.
Pr. v. 14. Jan., I, 398; II, 512, 845.
R. v. 22. Jan., III, 172.
Pr. v. 25. Jan., III, 34.
= = 28. = II, 408.
= = 29. = I, 552.
Circ. v. 30. Jan., IV, 206.
Pr. v. 31. Jan., IV, 316.
R. v. 31. Jan., III, 597.
Pr. v. 4. Febr., II, 432.
= = 11. = I, 875.
R. v. 12. Febr., I, 483; IV, 627.
Pl.=B. v. 14. Febr., I, 651; II, 760.
Pr. v. 14. Febr., I, 690.
= = 17. = I, 357.
= = 18. = II, 1102.
= = 22. = III, 80.
Circ. v. 25. Febr., I, 846.
Pr. v. 26. Febr., III, 266.
R. v. 26. Febr., III, 187.
= = 28. = II, 64.
Pr. v. 28. Febr., II, 28.
R. v. 5. März, IV, 715.
= = 8. = I, 410.
K. O. v. 8. März, III, 815.
G. v. 11. März, §. 4, I, 65.
Pl.=B. v. 14. März, I, 126; II, 1062, 1085, 1091.
Circ. v. 17. März, IV, 328, 383.
Pr. v. 19. März, II, 761.
= = 21. = II, 130.
R. v. 26. März, II, 586.
R. v. 2. April, III, 437.
Pr. v. 2. April, II, 405.
= = 8. = II, 1093.
R. v. 9. April, III, 702.
Pr. v. 11. April, III, 267.
Circ. v. 13. April, IV, 228.
B. v. 15. April, I, 539.
Pr. v. 22. April, II, 412; III, 634.
= = $^{22}/_{30}$. April, III, 109.
= = 23. = I, 767; II, 450.
R. v. 24. April, IV, 383.
Circ. v. 24. April, IV, 382.
= = 28. = IV, 395.
Pr. v. 29. April, II, 405.
= = 30. = I, 693; III, 109, 110,
Pl.=B. v. 2. Mai, I, 296; III, 537.
R. v. 6. Mai, IV, 231.
= = 7. = IV, 393.
Pl.=B. v. 9. Mai, II, 820.
G. v. 11. Mai, I, 356.
= = 11. = II, 602.
R. v. 12. Mai, IV, 122.
Pr. v. 13. Mai, I, 571; II, 1040.
R. v. 13. Mai, II, 136; IV, 765.
= = 21. = IV, 857.
Rgl. v. 21. Mai, III, 939.

Pr. v. 21. Mai, III, 86.
K. O. v. 22. Mai. I, 738; II, 61.
R. v. 23. Mai, IV, 770.
= = 24. Mai, III. 722.
Pr. v. 25. Mai, III, 106.
= = 27. = II, 162.
= = 28. = I, 782; II, 461, 1091; IV, 624.
Pl.=B. vom 30. Mai, I, 67; II, 820, 851.
Beschl. d. St.=Min. vom 31. Mai, IV, 111.
R. v. 8. Juni, II, 584.
Pr. v. 10. Juni, III, 642,
= = 11. = II, 163.
Circ. v. 12. Juni, IV, 123.
R. v. 13 Juni, II, 564.
Pr. v. 13. Juni, I, 348.
R. v. 16. Juni, III, 565.
Pr. v. 17. Juni, II, 1072.
= = 18. = III, 128, 903.
= = 20. = III, 413.
R. v. 28. Juni, III, 720.
Pr. v. 29. Juni, III, 211.
Circ. v. 13. Juli, IV, 11.
R. v. 15. Juli, II, 565; III, 702.
K. O. v. 28. Juli, III, 485.
Pr. v. 4. August, II, 1057; III, 115.
= = 5. = I, 224, 263, 562, 652.
= = 8. = I, 496, 501; II, 91.
= = 13. = I, 322.
R. v. 13. = III, 795, 816.
Pr. v. 15. August, III, 411.
R. v. 18. August, II, 600.
Pr. v. 26. August, II, 1056.
= = 27. = I, 322.
= = 29. = II, 962.
R. v. 31. August, II, 584.
R. v. 3. Sept., II, 842.
Pr. v. 3. Sept., II, 983.
Pl.=B. v. 5, Sept, III, 266, 268.
R. v. 7. Sept., IV, 265.
Pr. v. 9. Sept., II, 864.
Circ. v. 12. Sept., IV, 311.
Pr. v. 13. Sept., I, 485.
R. v. 14. Sept., III, 927.
K. O. vom 16. Sept., II, 261; IV, 769.
R. v. 17. Sept., III, 525.
Pr. v. 19. Sept., III, 180, 267.
Pl.=B. v. 19. Sept., III, 408.
R. v. 20. Sept., IV, 862.
Uebereinkunft v. 21. Sept., III, 733.
Pr. v. 23. Sept., II, 575.
R. v. 26. Septbr., III, 946.
Pr. v. 27. Sept., III, 167.
= = 30. = I, 398, 400.
R. v. 1. Oct., III, 113
Pr. v. 10. Oct., III, 278.
= = 15. = II, 991; III, 845.
R. v. 17. Oct., II, 1095.
Pr. v. 17. Oct., II, 49, III, 411.
= = 18. = IV, 746.
= = 22. = III, 107.
= = 24. = III, 194.
= = 28. = II, 870.
Pr. v. 1. Nov., I, 490.
= = 4. Nov., II, 1106; IV, 618.
= = 5. = II, 790.
= = 7. = II, 655.
= = 26. = I, 423; III, 102.
= = 28. = III, 265.
= = 29. = III, 412.
Pr. v. 2. Dec., II, 870; III, 457.
= = 3. = III, 79.
= = 5. = II, 156.
Pl.=B. v. 5. Dec., I, 144, II, 1091.
R. v. 9. Dec., III, 569.
B. v. 9. Dec., IV, 394, 601.
Regul. v. 10. Dec., IV, 72.
Pr. v. 17. Dec., II, 164, 193.
= = 19. = II, 96.
= = 20. = I, 44; II, 670.
R. v. 20. Dec., IV, 236.
Pr. v. 23. Dec., II, 721; IV, 615.
= = 31. = I, 136.
G. I, v. 31. Dec., I, 38, 40; IV, 436, 688, 849, 954, 975.
— — §. 1, Nr. 4, §. 5, IV, 72.
— — §. 2, IV, 713.
— — §. 9, IV, 864.
— — §. 15, Nr. 4, IV, 812.
G. II, v. 31. Dec., IV, 861.

1843.

Pr. v. J. 1843, II, 310, 933.
= = 5. Jan., II, 3; III, 169.
= = 6. = II, 417; III, 289.
= = 10. = I, 874; II, 468, 961.
K. O. v. 16. Jan., IV, 107.
Pr. v. 16. Jan., I, 357.
= = 18. = II, 183.
Circ. v. 19. Jan., IV, 266.
Pr. v. 21. Jan., I, 653.
R. v. 22. Jan., IV, 763.
Pl.=B. v. 23. Jan., III, 105, 840.
Pr. v. 27. Jan., III, 591.
= = 28. = I, 214, 272.
Pl.=B. v. 30. Jan., II, 681.
R. v. 2. Febr., III, 699.
= = 4. = IV, 302.
= = 8. = II, 585.
= = 12. = IV, 788.
B. v. 13. Febr., II, 353.
Pr. v. 22. Febr., III, 201.
R. v. 23. Febr., IV, 327.
Pr. v. 24. Febr., II, 961.
= = 25. = I, 198; III, 314; IV, 810.

G. v. 28. Febr., I, 398; II, 584; IV, 505.
— — §§. 24, 25, II, 1035.
K. O. v. 1. März, IV, 53.
Pr. v. 4. März, I, 503; II, 530, 821.
V. v. 5. März, II, 1075.
Publ. v. 7. März, IV, 602.
Circ. v. 9. März, IV, 402.
Pr. v. 12. März, I, 527.
= = 13. = III, 603.
R. v. 14. März, III, 611.
Beschl. d. St.=Min. vom 15. März, IV, 107.
R. v. 18. März, IV, 798.
Pr. v. 18. März, III, 906.
R. v. 19. März, II, 583; IV, 482.
Instr. v. 21. März, IV, 53.
R. v. 24. März, III, 395.
Pr. v. 24. März, I, 349.
= = 25. = I, 613.
Pr. v. 7. April, I, 691.
= = 8. = III, 906.
= = 10. = III, 167.
R. v. 12. April, IV, 780.
K. O. v. 13. April, III, 1005.
Pr. v. 13. April, II, 494.
= = 15. = I, 787.
R. v. 15. April, IV, 105.
= = 18. = IV, 504.
Pl.=B. vom 18. April, I, 72, 486; IV, 613.
Pr. v. 22. April, I, 296.
= = 24. = III, 276.
= = 29. = I, 409, 410; II, 606.
G. v. 4. Mai, II, 362, 364.
R. v. 5. Mai, II, 185.
Pr. v. 8. Mai, III, 184.
R. v. 9. Mai, III, 698.
Pr. v. 13. Mai, II, 759, 784.
Circ. v. 15. Mai, II, 568 (Nachtr.).
Pr. v. 15. Mai, I, 533, 580.
= = 16. = III, 387.
= = 20. = I, 315.
R. v. 29. Mai. IV, 33.
= = 31. = IV, 495.
Pr. v. 3. Juni, II, 452; IV, 872.
R. v. 8. Juni, II, 1097.
Pr. v. 10. Juni, I, 276.
Pl.=B. vom 12. Juni, I, 878; II, 737, 739; IV, 618.
Pr. v. 16. Juni, IV, 621.
= = 17. = III, 842.
= = 19. = III, 335, 344.
= = 19. = II, 365; III, 7.
Rgl. v. 20. Juni, III, 810.
— — §. 8, IV, 1087.
Pr. v. 23. Juni, I, 105; II, 865.
= = 24. = II, 932.
= = 26. = IV, 293.
R. v. 28. Juni. IV, 691.
Bekanntm. v. 29. Juni, III, 733.
R. v. 30. Juni, IV, 858.
V. v. 3. Juli, IV, 335.
R. v. 10. Juli, III, 316.
K. O. v. 11. Juli, III, 809.
R. v. 13. Juli, II, 29.
V. v. 14. Juli, I, 253.
R. v. 16. Juli, IV, 690.
Pr. v. 18. Juli, I, 358.
R. v. 18. Juli, IV, 855.
= = 19. = IV, 226.
= = 20. = IV, 688, 689.
V. v. 20. Juli, §. 26, IV, 1004.
R. v. 21. Juli, I, 544.
Dekl. v. 21. Juli, III, 278, 279.
V. v. 21. Juli, I, 226; II, 14, 16.
R. v. 26. Juli, II, 364.
Pr. v. 27. Juli, III, 826.
R. v. 1. August, II, 365.
K. O. v. 4. August, I, 65.
Pr. v. 5. August, I, 48.
V. v. 11. August, II, 517, 981.
Pr. v. 14. August, III, 267.
R. v. 16. August, III, 569.
K. O. v. 18. August, II, 1101.
Pr. v. 19. August, II, 840, 846.
K. O. v. 25. August, IV, 490.
Pr. v. 28. August, III, 23.
Pr. v. 1. Sept., II, 1036.
R. v. 2. Sept., IV, 861.
Pr. v. 4. Sept., II, 573.
Pl.=B. v. 4. Sept., II, 728.
Pr. v. 8. Sept., I, 519; II, 162; III, 313.
= = 9. = I, 804.
R. v. 9. Sept., III, 565.
Pr. v. 11. Sept., II, 229.
= = 13. = I, 338.
= = 23. = II, 353.
= = 25. = IV, 779.
= = 29. = I, 233; IV, 624.
= = 30. = I, 213; IV, 901.
R. v. 7. Oct., II, 1096.
Pr. v. 7. Oct., I, 596.
= = 9. = III, 142.
= = 13. = I, 521; III, 633.
R. v. 15. Oct., II, 931.
= = 17. = II, 585.
Pr. v. 20. Oct., II, 1084.
= = 23. = I, 341; III, 383.
= = 27. = III, 593.
= = 28. = II, 410.
R. v. 31. Oct., IV, 490.
Pr. v. 6. Nov., I, 329.
= = 8. = II, 957.
V. v. 9. Nov., I, 737.
G. v. 9. Nov., III, 551.
— — §. 5, III, 826.
K. O. v. 9. Nov., III, 432.
Pr. v. 10. Nov., II, 720.

Pr. v. 11. Nov., I, 617, 704; II, 727.
K. O. v. 13. Nov., IV, 866.
Pr. v. 17. Nov., II, 573, 742, 1036.
B. v. 24. Nov., I, 53, 577.
Pr. v. 25. Nov., III, 98.
K. O. v. 25. Nov., IV, 96.
R. v. 26. Nov., IV, 229.
Pr. vom 27. Nov., II, 301; III, 201, 266; IV, 101.
= = 29. = I, 349.
Pr. v. 1. Dec., II, 849; III, 615.
B. v. 1. Dec., I, 256.
K. O. v. 1. Dec., IV, 509.
Pr. v. 2. Dec., II, 272.
R. v. 6. Dec., IV, 511.
Pr. v. 9. Dec., I, 401; II, 495, 1042; III, 531.
= = 11. = III, 185.
Circ. v. 12. Dec., IV, 314.
K. O. v. 16. Dec., III, 403.
Pr. v. 18. Dec., I, 496, 498; II, 72, 83, 531.
K. O. v. 22. Dec., II, 291; IV, 769.
B. v. 22. Dec., III, 3; IV, 421.
K. O. v. 23. Dec., III, 795.
R. v. 24. Dec., III, 565.
Pr. v. 30. Dec., II, 571; III, 536.

1844.

Pr. v. J. 1844, II, 1076.
= = 2. Jan., I, 7.
K. O. v. 4. Jan., IV, 481.
Circ. v. 6. Jan., IV, 337.
Pr. v. 6. Jan., I, 131; II, 169.
R. v. 8. Jan., IV, 861.
Pr. v. 12. Jan., II, 1038; III, 632.
R. v. 12. Jan., IV, 235.
= = 13. = IV, 851.
= = 15. = III, 946.
Circ. v. 16. Jan., IV, 311.
K. O. v. 17. Jan., IV, 513.
Pr. v. 17. Jan., I, 408.
Pl.=B. v. 22. Jan., II, 588, 1073.
Dekl. v. 24. Jan., I, 85.
Pr. v. 27. Jan., I, 210, 597, 704.
Pr. v. 3. Febr., III, 924.
R. v. 3. Febr., IV, 386.
K. O. v. 5. Febr., IV, 425.
Pl.=B. v. 5. Febr., III, 921.
R. v. 11. Febr., II, 863.
= = 12. = IV, 857.
Pr. v. 13. Febr., II, 405.
Circ. v. 15. Febr., IV, 866.
Pr. v. 17. Febr., I, 273.
= = 20. = I, 571.
K. O. v. 22. Febr., IV, 50.
Pr. v. 23. Febr., III, 188.
Pl.=B. v. 26. Febr., II, 722; III, 615.
Pr. v. 27. Febr., IV, 637.
R. v. 27. Febr., IV, 183, 226.
= = 28. = IV, 280.
Pr. v. 9. März, II, 757.
= = 11. = I, 524.
R. v. 14. März, III, 697.
= = 15. = III, 797.
Circ. v. 17. März, IV, 831.
Beschl. d. St.=Min. vom 18. März, IV. 230.
K. O. v. 22. März, III, 25.
Pr. v. 22. März, I, 329.
= = 23. = II, 191.
R. v. 25. März, II, 292.
= = 28. = II, 600.
= = 29. = IV, 851.
B. v. 29. März, I, 396.
Pr. v. 29. März, IV, 329.
Pl.=B. v. 5. April, I, 138.
R. v. 9. April, IV, 868.
Pl.=B. v. 9. April, I, 398; III, 301.
R. v. 11. April, II, 863.
Pr. v. 13. April, I, 518; III, 80.
= = 16. = III, 621.
Circ. v. 18. April, II, 288.
Publ.=Pat. v. 19. April, §. 8, I, 370.
R. v. 19. April, IV, 183.
Pr, v. 21. April, II, 770.
= = 22. = II, 165.
Pl.=B. v. 22. April, I, 677.
K. O. v. 23. April, IV, 58.
R. v. 26. April, IV, 264.
Pr. v. 26. April, III, 491, 492.
= = 27. = I, 61; III, 116.
K. O. v. 28. April, III, 5.
R. v. 28. April, IV, 851.
R. v. 5. Mai, IV, 763.
Pr. v. 6. Mai, II, 1102, 1104.
= = 10. = II, 152, 974.
R. v. 10. Mai. II, 864.
B. v. 10. Mai, III, 584.
Pr. v. 11. Mai, I, 264; II, 182.
= = 13. = IV, 606, 613.
R. v. 14. Mai. II, 858.
= = 15. = IV, 231,
= = 18. = IV, 58.
Pr. v. 20. Mai, II, 416.
B. v. 24. Mai, I, 148.
— — §. 4, I, 146; III, 920.
K. O. v. 25. Mai, IV, 916.
Pr. v. 25. Mai, IV, 737, 767.
Pl.=B. v. 28. Mai, II, 1030.
Pr. v. 31. Mai, I, 398; III, 368.
R. v. 1. Juni, II, 365.
Pr. v. 3. Juni, II, 572.
Regul. v. 7. Juni, IV, 495.
— — §. 10, III, 595.
Pr. v. 8. Juni, II, 848.
= = 10. = III, 592.
R. v. 10. Juni, IV, 863.
Ed. v. 13. Juni, II, 719.

Pl.-B. v. 17. Juni, II, 719; III, 193.
„ „ 19. „ III, 267.
Pr. v. 21. Juni, II, 3, 75; III, 182.
K. O. v. 21. Juni, II, 1098.
Pr. v. 22. Juni, I, 45, 870.
R. v. 24. Juni, IV, 832.
Pr. v. 28. Juni, II, 534.
V. v. 28. Juni, III, 184.
— — §. 53, III, 194, 199.
— — §§. 62, ff., III, 178.
— — §. 70. III, 198.
Circ. v. 3. Juli, III, 798.
„ „ 8. „ II, 1099.
G. v. 8. Juli, III, 512 (Nachtr.), IV, 917.
R. v. 11. Juli, IV, 687.
„ „ 17. „ IV, 688.
Pl.-B. v. 17. Juli, I, 583.
R. v. 24. Juli, II, 584.
Pr. v. 27. Juli, II, 968.
R. v. 30. Juli, II, 295.
„ „ 31. „ I, 384.
Circ. v. 31. Juli, III, 797.
Pr. v. 2. August, III, 203.
„ „ 3. „ II, 968; IV, 849.
R. v. 12. August, IV, 231.
K. O. v. 18. August, IV, 567.
„ „ 19. „ III, 1023.
„ „ 20. „ I, 483.
R. v. 23. August, IV, 851.
„ „ 31. „ IV, 271.
Pr. v. 31. August, I, 296.
„ „ 7. Sept., II, 534.
R. v. 9. Sept., I, 747.
Pl.-B. v. 9. Sept., II, 435.
Pr. v. 13. Sept., I, 503; II, 216, 496, 539, 759; III, 878.
„ „ 17. „ III, 594.
„ „ 18. „ I, 194; II, 770.
„ „ 21. „ III, 981.
„ „ 23. „ I, 413; II, 1043.
Circ. v. 23. Sept., III, 810.
Pr. v. 24. Sept., II, 1080.
„ „ 27. „ I, 225, 622; III, 105.
K. O. v. 4. Oct., III, 55 (Nachtr.).
Pr. v. 4. Oct., III, 140.
„ „ 9. „ II, 257.
R. v. 9. Oct., IV, 404.
„ v. 15. „ II, 1097.
Pr. v. 18. Oct., III, 35, 106, 167, 367; IV, 792.
R. v. 23. Oct., IV, 690.
„ „ 31. „ IV, 519.
Pr. v. 2. Nov., III, 791.
„ „ 6. „ II, 268.
„ „ 8. „ II, 672.
„ „ 10. „ III, 797.
V. v. 11. Nov., IV, 318.
Pr. v. 16. Nov., I, 652, 709, 710.
„ „ 22. „ I, 202, 242.
R. v. 30. Nov., IV, 858.
R. v. 2. Dec., IV, 861.
„ „ 3. „ IV, 691.
Pl.-B. v. 4. Dec., I, 497.
Pr. v. 6. Dec., III, 105.
„ „ 13. „ II, 661; III, 156, 169.
„ „ 14. „ I, 209, 614, 875.
„ „ 16. „ II, 1037.
R. v. 21. Dec., IV, 852.
Pr. v. 21. Dec., I, 685.
„ „ 23. Dec., I, 661.
R. v. 23. Dec., IV, 690.
Pr. v. 28. Dec., II, 348.
R. v. 30. Dec., IV, 868.

1845.

Pr. v. J. 1845, II, 495, 1037.
Pr. v. 3. Jan., III, 203.
K. O. v. 3. Jan., III, 434.
G. v. 3. Jan., I, 117.
— — §. 6, I, 592.
— — §§. 25—32, I, 391.
Pr. v. 4. Jan., I, 210.
„ „ 8. „ I, 552; II, 406.
R. v. 12. Jan., IV, 858.
„ „ 13. „ III, 695.
Pr. v. 13. Jan., IV, 479.
„ „ 15. „ I, 45, 523; IV, 236.
Gewerbe-O. v. 17. Jan., III, 727, 735.
— — §§. 1—3, II, 1102.
— — §. 2, IV, 590.
— — §§. 4—11, II, 1090.
— — §. 7, IV, 517.
— — §. 11, I, 143.
— — §. 17, III, 312.
— — §. 18, III, 1010.
— — §. 19, IV, 40, 158.
— — §. 32, III, 591, IV, 592.
— — §. 38, II, 1088; IV, 591.
— — §. 39, II, 1094.
— — §§. 42, 54, III, 812.
— — §§. 49, 57, II, 798.
— — §§. 51—55, 63, II, 168.
— — §. 53, III, 916.
— — §. 54, III, 795.
— — §. 55, II, 1099.
— — §. 69, I, 65 (Nachtr.).
— — §§. 76, 85, III, 690.
— — §. 94, II, 359.
— — §§. 94, 100, III, 821.
— — §§. 134—161, III, 831.
— — §§. 177, 190, III, 914.
— — §. 186, IV, 1078.
— — §. 190, II, 800.
K. O. v. 24. Jan., II, 294.
Pr. v. 24. Jan., II, 378.
„ „ 27. „ IV, 603.
R. v. 31. Jan., IV, 66.
Pl.-B. v. 31. Jan., I, 224.

Pr. v. 1. Febr., I, 151, 244; III, 106.
„ „ 7. „ III, 167.
R. v. 7. Febr., IV, 857.
K. O. v. 7. Febr., I, 376.
B. v. 9. Febr., IV, 505.
R. v. 12. Febr., III, 594.
Pr. v. 14. Febr. IV, 779.
„ „ 15. „ I, 225; IV, 318.
Instr. v. 17. Febr., IV, 495.
K. O. v. 21. Febr., I, 200.
Pr. v. 22. Febr., III, 980.
R. v. 27. Febr., IV, 183.
Pr. v. 27. Febr., III, 169.
„ „ 28. Febr., II, 278; III, 102; IV, 339.
Pl.-B. v. 28. Febr., I, 138, 293, 501; II, 276, 279 (Nachtr.).
G. v. 2. März, I, 799.
Pr. v. 3. März, I, 242.
G. v. 7. März, I, 592.
Pr. v. 7. März, II, 659.
R. v. 8. März, II, 354.
Pr. v. 10. März, I, 585; II, 1074.
„ „ 14. „ III, 167.
„ „ 15. „ I, 865, 869.
Circ. v. 21. März, III, 819.
Pr. v. 22. März, II, 251.
R. v. 31. März, III, 744.
Mil.-Str.-Ges.-B. vom 3. April, §. 5, IV, 43.
Mil.-Str.-Ger.-O., v. 3. April, §§. 4, 6, IV, 37.
Pr. v. 4. April, I, 536; II, 220.
„ „ 5. „ I, 238; II, 238, 488, 996, 1045; III, 614.
K. O. v. 11. April, IV, 205.
R. v. 11. April, III, 740.
Gesinde-O. v. 11. April, III, 476.
Pr. v. 14. April, II, 1084.
R. v. 20. April, III, 746.
Circ. v. 21. April, III, 744.
Instr. v. 22. April, III, 552.
R. v. 25. April, IV, 860.
Pr. v. 25. April, I, 535.
Dekl. v. 25. April, II, 724, 726.
R. v. 30. April, IV, 862.
Pr. v. 1. Mai, I, 679.
„ „ 3. „ I, 52, 235, 536; II, 162; III, 833.
R. v. 8. Mai, IV, 860.
Pr. v. 9. Mai, I, 96, 109, 338, 501.
„ „ 10. „ I, 209, 856.
Circ. v. 13. Mai, IV, 853.
Pr. v. 17. Mai, I, 52,
K. O. v. 23. Mai, III, 433.
Pr. v. 23. Mai, III, 193.
„ „ 24. „ III, 170.
„ „ 30. „ II, 968.
„ „ 31. „ II, 868, 874.
Pr. v. 2. Juni, I, 694.
R. v. 3. Juni, I, 392.
„ „ 4. „ II, 266, 321.
„ „ 6. „ II, 51.
„ „ 7. „ II, 739, 846.
R. v. 9. Juni, III, 797.
„ „ 10. „ IV, 493.
Pr. v. 12. Juni, I, 695.
„ „ 13. „ II, 33, 36.
„ „ 14. „ I, 144; II, 1100.
R. v. 19. Juni, III, 745.
„ „ 20. „ III, 720.
„ „ 21. „ III, 743.
„ „ 24. „ III, 601.
B. v. 27. Juni, IV, 311.
Pl.-B. v. 27. Juni, III, 547, 571.
B. v. 30. Juni, IV, 463.
K. O. v. 30. Juni, IV, 772.
R. v. 2. Juli, IV, 862.
„ „ 10. „ III, 478; IV, 854.
K. O. v. 11. Juli, IV, 297.
G. v. 11. Juli, II, 139; III, 107, 423.
— — §. 1, I, 719, 736, 739; III, 1019.
— — §. 2, II, 186.
Notar.-O. v. 11. Juli, I, 224.
— — §. 7, II, 37, 38.
Lehnsges. v. 11. Juli, §. 11, II, 661.
R. v. 12. Juli, III, 490, 690.
„ „ 13. „ III, 562.
Pr. v. 16. Juli, IV, 741.
„ „ 19. „ IV, 737, 776.
R. v. 20. Juli, III, 603.
B. v. 23. Juli, III, 632.
Circ. v. 24. Juli, IV, 380.
R. v. 30. Juli, III, 741.
Pr. v. 2 August, I, 231, 702; III, 821; IV, 534.
R. v. 4. August, III, 604.
Pr. v. 5. August, I, 264.
„ „ 6. „ I, 267.
„ „ 9. „ II, 176; III, 845.
R. v. 12. August, III, 590; IV, 858.
„ „ 13. „ IV, 868.
„ „ 14. „ II, 1099; III, 741.
„ „ 15. „ II, 293; III, 68.
Pr. v. 15. August, II, 178.
„ „ 18. „ III, 112.
R. v. 18. August, III, 725.
„ „ 20. „ IV, 688, 857.
Pr. v. 23. August, I, 220; II, 163.
R. v. 25. August, III, 746.
„ „ 28. „ IV, 689, 857.
Circ. v. 30. August, IV, 405.
Pr. v. 30. August, II, 435.
K. O. v. 2. Sept., II, 294.
Pr. v. 4. Sept., II, 661.
„ „ 5. „ I, 397, 852; II, 183; III, 392; IV, 848, 869.
Circ. v. 6. Sept., IV, 205.
R. v. 6. Sept., IV, 863.

R. v. 9. Sept., I, 393.
Pr. v. 11. Sept., IV, 833.
Pl.=B. v. 12. Sept., I, 272, 805.
= = 19. Sept., I, 827, 828, 875; II, 491, 665, 849, 857.
R. v. 20. Sept., III, 748.
Pr. v. 22. = IV, 657.
= = 23. = I, 171, 345, 453, 454 (Nachtr.); II, 1047.
= = 25 = II, 962.
K. O. v. 26. Sept., IV, 425.
Pr. v. 27. Sept., I, 238; III, 613.
= = 29. = II, 720, 728, 729.
Pr. v. 2. Oct., I, 506; II, 526.
= = 4. = II, 747.
R. v. 5. Oct., IV, 862.
Circ. v. 8. Oct., IV, 208.
Pr. v. 9. Oct., III, 401.
Circ. v. 10. Oct., IV, 324.
Pr. v. 11. Oct., I, 629, 693.
R. v. 13. Oct., III, 754.
= = 15. = III, 753.
= = 16. = III, 741, 754.
K. O. v. 17. Oct., IV, 499, 503.
Pl.=B. v. 17. Oct., III, 593.
Pr. = 18. = I, 146.
R. v. 22. Oct., IV, 850.
= = 24. = III, 746, 749.
Pl.=B. v. 24. Oct., I, 20, 571, 583.
R. v. 27. Oct., III, 737.
Pr. v. 28. Oct., I, 122, 123.
R. v. 29. Oct., IV, 857.
Pr. v 30. Oct., III, 73, 306; IV, 709, 818.
Pr. v. 1. Nov., I, 222, 239; II, 137; IV, 869.
= = 3. = IV, 231, 629.
= = 6. = III, 25.
Pl.=B. v. 7. Nov., I, 226, 235, 853.
Pr. v. 13. Nov., I, 548.
= = 14. = III, 980, 1074.
= = 15. = I, 880.
R. v. 15. Nov., III, 759.
= = 16. = IV, 858.
= = 17. = III, 563.
Pr. v. 20. Nov., I, 150; III, 348.
= = 21. = I, 236.
= = 24. = I, 538.
K. O. v. 28. Nov., III, 130.
R. v. 29. Nov., III, 755.
Pr. v. 1. Dec., II, 721.
= = 4. = III, 357.
= = 6. = I, 155, 202; III, 289, 314; IV, 792.
= = 8. = I, 696; II, 1102.
R. v. 8. Dec., IV, 502.
Pr. v. 11. Dec, II, 534.
= = 12. = I, 147, 230, 296, 688.
= = 13. = II, 435; IV, 618.
R. v. 14. Dec., IV, 211.
R. v. 15. Dec., III, 604.
= = 17. = II, 348.
Pr. v. 20. Dec., I, 740.
K. O. v. 23. Dec., IV, 72, 208.
R. v. 28. Dec., IV, 852.
Pr. v. 29. Dec., II, 598, 740.
R. v. 31. Dec., III, 946.

1846.

Pr. v. J. 1846, I, 586; III, 105.
= = 5. Januar, II, 720.
= = 8. = IV, 541.
Pl.=B. v. 9. Jan., II, 495.
Pr. v. 12. Jan., I, 526, 588.
R. v. 15. Jan., II, 1095.
Pl.=B. v. 16. Jan., I, 695, 689, 690; II, 450.
Pr. v. 22. Jan., II, 155, 913.
Pl.=B. v. 23. Jan., I, 270; II, 451.
G. v. 23. Jan., I, 405; IV, 223.
R. v. 23. Jan., III, 739.
Pr. v. 24. Jan., I, 356; II, 243.
= = 26. Jan., I, 344.
R. v. 29 Jan., III, 565.
Pr. v. 29. Jan., I, 537; III, 13.
= = 30. = I, 31, 233, 327; II, 166.
R. v. 30. Jan., III, 790.
B. v. 30. Jan., IV, 242.
Pr. v. 31. Jan., II, 491, 851.
Pr. v. 2. Febr., II, 741.
= = 5. = I, 538.
= = 6. = I, 235; II, 192; III, 832.
R. v. 10. Febr., III, 755.
Pr. v. 12. Febr., IV, 615.
= = 13. = III, 981.
R. v. 16. Febr., III, 768; IV, 853.
= = 17. = IV, 858.
Pr. v. 19. Febr., IV, 318.
= = 21. = I, 340, 343, 689, 696, 849.
R. v. 22. Febr., III, 5.
Pr. v. 26. Febr., II, 506.
K. O. v. 27. Febr., IV, 72.
Circ. v. 28. Febr., III, 811.
Pr. v. 28. = I, 879.
R. v. 28. Febr., I, 390; II, 1098.
Pr. v. 2. März, IV, 615.
= = 5. = I, 687, 716; II, 858.
= = 6. = I, 544.
Circ. v. 8. März, IV, 324.
Pr. v. 12. = I, 538; III, 106.
= = 13. = I, 550, 851.
= = 16. = I, 558; II, 790, III, 690.
Pl.=B. v. 20. März, I; 311, 581, 583.
R. v. 21. März, III, 744; IV, 753.
Pr. v. 21. März, I, 136.

Circ. v. 23. März, IV, 402.
Pr. v. 28. März, II, 379; III, 108.
= = 30. = IV, 524.
R. v. 31. = III, 755.
Pr. v. 4. April, II, 994.
Circ. v. 8. April, IV, 495.
Pr. v. 8. April, I, 756; II, 714.
= = 9. = I, 625.
Pl.-B. v. 9. April, I, 537, 806.
R. v. 10. April, IV, 858.
B. v. 11. = IV, 317.
Circ. v. 14. April, III, 746.
R. v. 14. April, III, 1025.
Regul. v. 14. April, IV, 72.
Pr. v. 18. April, I, 643.
R. v. 18. April, IV, 495.
= = 19. = III, 608.
Pr. v. 23. April, III, 308.
= = 24. = IV, 1140.
B. v. 26. April, IV, 505.
Pr. v. 27. April, IV, 537.
= = 30. = IV, 1042.
Pl.-B. v. 2. Mai, I, 334.
R. v. 2. Mai, IV, 856.
G. v. 4. Mai, I, 378; III, 536.
— — §§. 1 u. 2, II, 949.
R. v. 7. Mai, III, 746, 747.
Pl.-B. v. 11. Mai, I, 412, 413; II, 438.
R. v. 15. Mai, III, 5.
= = 16. = III, 763.
Pl.-B. v. 21. Mai, III, 877.
R. v. 27. Mai, IV, 859.
= = 28. = III, 772.
B. v. 28. = IV, 406.
Pr. v. 28. Mai, IV, 788.
= = 29. = II, 243; III, 212.
= = 30. = I, 232, 604.
R. v. 4. Juni, IV, 495.
= = 8. = III, 565.
Circ. v. 8. Juni, II, 1103.
K. O. v. 13. Juni, I, 521.
Pl.-B. v. 15. Juni, I, 826; IV, 316.
Pr. v. 16. Juni, III, 421.
= = 19. = III, 834.
= = 20. = II, 275.
R. v. 22. Juni, III, 751.
Pl.-B. v. 22. Juni, I, 196; II, 64; IV, 737, 739, 781.
R. v. 28. Juni, III, 744.
Pr. v. 29. Juni, II, 277; III, 173.
= = 31. = II, 849.
Circ. v. 7. Juli, IV, 495.
Dekl. v. 10. Juli, II, 31.
B. v. 21. Juli, III, 1032.
— — §§. 17, 27, I, 489.
— — §. 25, I, 54.
G. v. 21. Juli, IV, 384, 386.
Dekl. v. 21. Juli, II, 973, 993.
R. v. 23. Juli, III, 744, 1025.
Pr. v. 25. Juli, I, 557.
R. v. 27. Juli, II, 187.
= = 30. = III, 592.
Pr. v. 3. August, I, 558.
= = 6. = III, 105, 302.
= = 7. = I, 539; III, 75.
= = 10. = II, 905.
= = 14. = I, 156.
= = 15. = I, 265, 529.
= = 16. = II, 409.
= = 21. = I, 12; II, 178, 384.
= = 23. = IV, 594.
Pl.-B. v. 25. August, I, 211, 213; III, 364.
Pr. v. 27. August, III, 194.
R. v. 2. Sept., IV, 858.
Circ. v. 7. Sept., IV, 276.
Pr. v. 10. = II, 27, 35, 137.
= = 11. = I, 840; II, 302; IV, 908.
K. O. v. 15. Sept., IV, 32.
Pr. v. 19. Sept., II, 368, 796, 818.
Pr. v. 21. Sept., I, 553; II, 744.
R. v. 25. Sept., I, 384.
= = 28. = III, 743.
Rgl. v. 29. Sept., III, 745.
B. v. 29. Sept., III, 505, 508.
Pr. vom 1. October, I, 570; II, 990 (Nachtr.); III, 80.
Pl.-B. v. 5. Oct., I, 337.
Bank-O. v. 5. Oct., I, 97, 98.
— — §. 114, II, 463.
K. O. v. 5. Oct., III, 806.
Pr. v. 8. Oct., I, 498.
R. v. 16. Oct., III, 756.
Pr. v. 19. Oct., I, 346, 561; II, 513, 905; IV, 649.
= = 20. = III, 283.
Circ. v. 21. Oct., III, 816.
Pr. v. 22. Oct., II, 257.
Circ. v. 24. Oct., II, 363.
Pr. v. 5. Nov., II, 721, 966.
= = 13. = I, 146, 147, 706.
= = 14. = II, 489.
= = 16. = I, 331, 565.
K. O. v. 16. Nov., II, 1097.
R. v. 17. Nov., III, 754.
Circ. v. 19. Nov., IV, 73.
Pl.-B. v. 20. Nov., II, 420.
Pr. v. 21. Nov., I, 528.
= = 23. = I, 497.
R. v. 23. Nov., III, 701.
Pr. v. 26. Nov., II, 1061.
= = 30. = II, 513.
Circ. v. 10. Dec., IV, 406.
Pl.-B. v. 11. Dec., III, 503.
R. v. 11. Dec., IV, 321.
Pr. v. 11. Dec., III, 299.
= = 14. = I, 777.
= = 16. = II, 1034.

Pr. v. 18. Dec., III, 106.
B. v. 21. Dec., III, 572.
Circ. v. 23. Dec., II, 569 (Nachtr.).
R. v. 26. Dec., III, 773.
Pr. v. 28. Dec., I, 545.
= = 29. = II, 848.

1847.

Pr. v. J. 1847, II, 576, 1053.
= = 4. Jan., IV, 236.
K. O. v. 5. Jan., III, 746, 1024.
Pr. v. 11. Jan., I, 269, 271.
= = 13. = II, 852.
Pl.=B., v. 15. Jan., I, 239.
R. v. 17. Jan., I, 384.
= = 18. = III, 741.
Pr. v. 18. Jan., I, 311.
R. v. 19. = III, 743.
Pr. v. 22. Jan., III, 1005.
= = 25. = II, 307.
R. v. 28. Jan., IV, 860.
= = 30. = III, 744.
Pr. v. 2. Febr., I, 656.
R. v. 7. Febr., III, 754.
Pr. v. 10. Febr., II, 1073.
Pl.=B. v. 15. Febr., II, 1103, 1104, 1105.
Pr. v. 16. Febr., I, 527, 643.
= = 16. = I, 230; II, 471.
= = 21. = I, 488.
Circ. v. 22. Febr., IV, 406.
Pr. v. 22. Febr., III, 353.
R. v. 23. Febr., III, 1026.
Pl.=B. v. 1. März, I, 227; II, 928; III, 115.
Pr. v. 1. März, I, 766; III, 96.
R. v. 2. März, III, 12.
Pr. v. 9. März, I, 791; IV, 885.
= = 11. = I, 248.
B. v. 15. März, IV, 230.
Circ. v. 15. März, II, 1097; III, 764, 766, 768.
Pl.=B. v. 15. März, I, 535.
Pr. v. 15. März, I, 546.
R. v. 21. März, IV, 857.
Pl.=B. v. 22. März, III, 79, 115.
R. v. 22. März, IV, 338.
Pr. v. 24. März, II, 728, 947.
= = 25. = I, 875; II, 714.
R. v. 28. März, III, 747.
Pl.=B. v. 29. März, I, 358, 535.
B. v. 30. März, I, 88; III, 41; IV, 970.
Pat. v. 30. März, III, 517.
Pr. v. 6. April, II, 487.
= = 8. = IV, 321.
G. v. 8. April, IV, 447.
Pr. v. 9. April, I, 859.
R. v. 13. April, III, 739.
Pr. v. 13. April, I, 156; IV, 40.
R. v. 15. April, II, 1099.
Pr. v. 15. April, III, 23.
= = 16. = I, 148.
R. v. 16. April, IV, 858.
Pr. v. 17. April, III, 615.
Instr. v. 19. April, III, 745.
K. O. v. 23. April, III, 754; IV, 279.
Pr. v. 29. April, I, 585; II, 519.
= = 30. = II, 72, 378; III, 870.
R. v. 30. April, II, 1097; IV, 276.
Pr. v. 1. Mai, II, 725.
= = 4. = II, 844.
= = 5. = II, 1039; III, 615.
Circ. v. 7. Mai, III, 577.
Pr. v. 7. Mai, I, 310; II, 967.
= = 8. = II, 1048.
Instr. v. 10. Mai, III, 45.
Pr. v. 10. Mai, I, 760.
= = 11. = I, 679.
= = 14. = II, 968; IV, 511.
R. v. 14. Mai, IV, 858.
= = 15. = III, 506.
Pr. v. 17. Mai, I, 210; II, 218, 824; III, 523, 939.
= = 18. = I, 299.
= = 20. = I, 310, 326.
= = 21. = II, 977; IV, 612.
Pr. v. 22. Mai, II, 914.
= = 23. = III, 616.
= = 27. = II, 37.
= = 29. = III, 620.
Pr. v. 1. Juni, III, 561.
= = 3. = III, 313; IV, 339.
= = 4. = II, 217.
R. v. 5. = III, 506.
Pr. v. 5. Juni, I, 739; II, 1073.
= = 7. = I, 715; II, 193; III, 528.
Pr. v. 10. Juni, II, 525.
= = 11. = II, 173; IV, 610.
R. v. 14. Juni, III, 742; IV, 506.
Pl.=B. v. 14. Juni, II, 30, 985, 987.
Pr. v. 17. Juni, II, 152.
= = 18. = II, 753; III, 302.
R. v. 18. Juni, III, 697.
K. O. v. 18. Juni, III, 44, 51.
Pr. v. 20. Juni, I, 695.
Pl.=B. v. 21. Juni, I, 279, 280, 304.
Pr. v. 25. Juni, I, 885; II, 166.
= = 26. = II, 1085.
= = 28. = I, 233, 630; III, 332.
= = 29. = III, 105.
= = 30. = II, 747, 1104.
Pr. v. 1. Juli, IV, 242.
= = 2 = I, 488, 49, 495; III, 842.
R. v. 3. Juli, II, 1097.
B. v. 4. Juli, §. 4, IV, 1061.
= = 5. = IV, 881.

R. v. 6. Juli, IV, 858.
Dekl. v. 6. Juli, III, 535.
G. v. 23. Juli, I, 88.
— — §. 1, I, 85, 791; II, 800.
— — §§. 1 u. 6, III, 837.
— — §. 6, III, 866.
— — §§. 8–21, III, 51.
— — §. 71, IV, 863.
Dekl. v. 26. Juli, II, 567.
— — §. 3, III, 692.
— — §. 4, III, 595.
— — §§. 4—7, II, 574.
Instr. v. 29. Juli, I, 88; III, 53.
Pr. v. 4. August, I, 269, 272.
= = 9. = II, 118, 424.
Instr. v. 9. August, §. 4, III, 44.
Pr. v. 10. August, II, 503; IV, 645.
= = 11. = II, 572.
R. v. 12. August, IV, 858.
Pr. v. 16. August, I, 46, 689; II, 443; III, 823; IV, 225, 293.
= = 17. = II, 994.
G. v. 18. August, IV, 1060.
Pr. v. 18. August, II, 1091.
= = 19. = IV, 535.
= = 20. = I, 539.
= = 23. = I, 233, 536.
= = 24. = III, 105; IV, 762.
= = 27. = III, 311, 842; IV, 530.
= = 28. = III, 112.
Pr. v. 1. Sept., II, 1094.
= = 3. = I, 787.
= = 4. = I, 739.
= = 6. = II, 175, 438; III, 877.
= = 10. = I, 626.
R. v. 10. Sept., II, 587 (Nachtr.).
Pr. v. 11. Sept., III, 80.
R. v. 14. Sept., III, 744.
Pr. v. 15. Sept., II, 1070.
= = 16. = IV, 789.
= = 17. = II, 1089; IV, 511, 590.
= = 18. = II, 1072; III, 105.
= = 20. = IV, 786.
= = 25. = III, 550.
= = 27. = III, 75.
R. v. 30. Sept., III, 741.
Pr. v. 1. Oct., IV, 642.
= = 2. = II, 1085.
B. v. 4. Oct., III, 752.
R. v. 4. Oct., III, 746.
Pr. v. 4. Oct., I, 148, 748; II, 162.
= = 6. = I, 362.
= = 8. = II, 183, 773.
= = 9. = I, 379; II, 1073.
= = 12. = IV, 618.
= = 15. = II, 1091.
K. O. v. 17. Oct., IV, 72.
Pl.-B. v. 18. Oct., I, 232; II, 1088; III, 511.
Pr. v. 19. Oct. I, 881.
= = 20. = II, 719.
= = 22. = I, 690; II, 246.
= = 23. = I, 557.
= = 27. = I, 149; III, 825.
= = 28. = I, 277; II, 366; III, 111.
= = 29. = I, 280, 789, 859; II, 246.
= = 31. = IV, 858.
Pr. v. 1. Nov., III, 139; IV, 798.
Feldpol.-O. v. 1. Nov., I, 315; II, 325, 330.
— — §. 1, II, 1067.
— — §§. 3 ff. 17, II, 1050.
— — §. 36, II, 1056.
— — §. 40, I, 442.
— — §. 41, Nr. 1, IV, 1090.
— — §. 42, Nr. 6, IV, 1092.
— — §. 43, Nr. 1, IV, 1092.
— — §. 43, Nr. 2, IV, 1029.
Pr. v. 3. Nov., I, 419; II, 1106.
= = 8. = I, 499; II, 1091.
= = 9. = I, 524; IV, 612.
R. v. 10. Nov., IV, 862.
Pr. v. 11. Nov., I, 543; III, 447; IV, 535.
= = 16. = II, 989; III, 497.
= = 19. = I, 136, 730.
Pl.-B. v. 22. Nov., II, 725.
R. v. 24. Nov., III, 762.
Pr. v. 26. Nov., I, 851.
= = 29. = I, 250, 656; III, 13.
K. O. v. 29. Nov., IV, 279.
R. v. 30. Nov., III, 755.
R. v. 2. Dec., II, 1089 (Nachtr.).
Pr. v. 3. Dec., I, 589; II, 872.
= = 4. = II, 742, 1036.
R. v. 6. Dec., III, 755.
Pl.-B. v. 6. Dec., I, 703.
Pr. v. 10. Dec., I, 272; II, 440.
= = 13. = I, 232, 247, 793; II, 218; IV, 317, 322.
= = 20. = II, 19, 765, 793; III, 205, 214.
= = 21. = II, 409, 877.
= = 23. = IV, 269.
Entsch. v. 23. Dec., IV, 312.
R. v. 26. Dec., III, 753.
Anweis. v. 31. Dec., III, 769.

1848.

Pr. v. J. 1848, I, 553, 554; II, 744, 898.
Pl.-B. v. 3. Jan., I, 122.
Pr. v. 4. Jan., IV, 602.
= = 7. = I, 778.

Pr. v. 8. Jan., I, 138, 240; II, 1085.
K. O. v. 10. Jan., IV, 689.
Pr. v. 11. Jan., I, 574.
R. v. 12. Jan., IV, 1059.
Pr. v. 13. Jan., IV, 789.
„ „ 17. „ II, 182.
„ „ 21. „ II, 182; III, 916.
„ „ 22. „ I, 342.
„ „ 24. „ I, 237, 777; II, 171.
„ „ 25. „ I, 489; II, 864.
„ „ 27. „ II, 740.
„ „ 28. „ I, 280, 536; III, 124, 732.
„ „ 29. „ I, 301; II, 737.
R. v. 31. Jan., III, 734.
Pl.-B. v. 31. Jan., I, 586; II, 743, 1051; IV, 479.
Entsch. v. 2. Febr., IV, 312.
Pr. v. 3. Febr., III, 26, 86.
„ „ 4. „ II, 173.
Circ. v. 4. Febr., III, 756.
Pl.-B. v. 7. Febr., IV, 479.
Pr. v. 11. Febr, II, 197; III, 828.
R. v. 12. Febr., IV, 72.
Pr. v. 12. Febr., III, 316.
„ „ 15. „ III, 537.
„ „ 18. „ II, 246.
„ „ 21. „ III, 915.
„ „ 23. „ III, 619.
„ „ 24. „ II, 1073.
„ „ 25. „ I, 772; II, 509, 858.
„ „ 28. „ III, 114.
„ „ 29. „ II, 513, 880.
„ „ 2. März, II, 488.
„ „ 3. „ I, 548, 569.
„ „ 8. „ I, 562.
„ „ 13. „ III, 31; IV, 817.
K. O. v. 13. März, IV, 409.
Pr. v. 14. März, II, 475.
„ „ 16. „ II, 1082.
„ „ 27. „ II, 9.
„ „ 31. „ III, 477.
„ „ 1. April, I, 522, III, 369.
Beschl. d. Bund.-V. v. 2. April, IV, 416, 422.
R. v. 2. April, II, 289.
Pr. v. 3. April, III, 177.
R. v. 4. April, III, 44.
V. v. 6. April, §. 4, IV, 165.
Pr. v. 6. April, I, 122, 126, 526; II, 930; IV, 708.
Pr. v. 7. April, I, 699.
K. O. v. 8. April, IV, 567.
Pr. v. 10. April, I, 690.
„ „ 13. „ I, 46; II, 1101.
R. v. 14. April, III, 741.
Pr. v. 14. April, I, 574, 770; II, 878.
„ „ 15. „ II, 858.
„ „ 17. „ I, 264, 676; II, 162, 376.
R. v. 17. April, III, 762.
Pr. v. 18. April, I, 264.
„ „ 19. „ I, 9.
„ „ 20. „ IV, 315, 316.
„ „ 22. „ II, 291.
„ „ 26. „ I, 706.
„ „ 28. „ I, 769.
„ „ 29. „ I, 360.
„ „ 2. Mai, I, 772, 773.
„ „ 3. „ I, 524.
Pl.-B. v. 6. Mai, I, 165; II, 980, 981.
Pr. v. 7. Mai, I, 264.
R. v. 8. Mai, II, 331.
Pr. v. 8. Mai, I, 880.
„ „ 10. „ II, 1048.
„ „ 11. „ III, 169.
„ „ 13. „ I, 398, 739; II, 680.
„ „ 15. „ IV, 872.
R. v. 18. Mai, IV, 165.
Pr. v. 19. Mai, I, 34.
„ „ 22. „ II, 177, 201, 415, 661, 753.
„ „ 24. „ II, 431.
„ „ 26. „ I, 566.
„ „ 27. „ I, 777.
„ „ 29. „ III, 835.
„ „ 30. „ II, 530.
„ „ 2. Juni, I, 279, 852; II, 377.
„ „ 3. „ III, 423.
„ „ 4. „ II, 783.
Pl.-B. v. 5. Juni, IV, 480.
Pr. v. 6. Juni, IV, 606.
„ „ 7. „ I, 419; III, 834.
Entsch. v. 8. Juni, IV, 508.
Pr. v. 9. Juni, I, 142, 226, 708.
„ „ 10. „ III, 641.
K. O. v. 10. Juni, IV, 109. 114.
Rgl. v. 10. Juni, IV, 445.
K. O. v. 14. Juni, IV, 769.
Pr. v. 15. Juni, II, 147; III, 80.
„ „ 16. „ I, 273.
„ „ 17. „ II, 726, 1040, 1043.
„ „ 19. „ I, 7; IV, 256, 316.
„ „ 20. „ II, 534.
„ „ 21. „ II, 1050.
„ „ 24. „ I, 265, 739.
„ „ 4. Juli, I, 420.
R. v. 11. Juli, III, 747.
Beschl. d. Bund.-V. v. 12. Juli, IV, 952.
Circ. v. 18. Juli, IV, 422.
„ „ 21/22. „ IV, 416.
Pr. v. 24. Juli, II, 150.
„ „ 26. „ II, 170.
R. v. 2. August, III, 615.
Pr. v. 3. August, II, 163
„ „ 4. „ III, 105.
„ „ 5. „ IV, 536.
R. v. 8. August, III, 55.
Pr. v. 8. August, I, 409, 410; III, 314.
„ „ 10. „ I, 537.

K. O. v. 11. August, IV, 98.
Rgl. v. 15. August, III, 747, 748.
Pr. v. 15. August, I, 595.
= = 18. = I, 264.
= = 19. = I, 579.
= = 22. = I, 412.
= = 23. = II, 1100.
= = 24. = III, 358.
= = 31. = IV, 792.
= = 1. Sept., I, 250.
= = 2. = II, 520; III, 142.
Pl.=B. v. 4. Sept., IV, 476, 479.
Pr. v. 6. Sept., IV, 381, 382.
= = 8. = IV, 612.
= = 10. = III, 568.
= = 11. = II, 437; III, 116.
= = 13. = II, 727.
Entsch. v. 14. Sept., I, 402; IV, 591.
Circ. v. 18. Sept., III, 43.
Pr. v. 18. Sept., I, 380.
= = 19. = II, 272. 273.
K. O. v. 21. Sept., IV, 567.
Pr. v. 22. Sept., I, 681; II, 452.
= = 25. = III, 194.
= = 26. = I, 312, 595.
= = 29. = II, 959.
Reichsges. v. 30. Sept., IV, 952.
Pr. v. 1. Oct., I, 237.
Pl.=B. v. 2. Oct., I, 597; II, 173, 845.
Pr. v. 3. Oct., I, 223, 290.
= = 5. = II, 1089.
R. v. 5. Oct., IV, 1059.
Pr. v. 6. Oct., II, 118.
R. v. 9. Oct., III, 608.
G. v. 9. Oct., §. 3, II, 564.
Pr. v. 10. Oct., I, 358, 402.
= = 12. = III, 349, 356.
Circ. v. 15. Oct., IV, 530.
Pr. v. 16. Oct., III, 400.
= = 20. = I, 746; IV, 612.
R. v. 22. Oct., IV, 592.
Pr. v. 30. Oct., I, 160; III, 348.
G. v. 31. Oct., I, 109, 444; IV, 20, 526, 594.
Pl.=B. v. 6. Novbr, I, 138, 240, 352, 358.
Pr. v. 8. Novbr., I, 536, 548.
= = 10. = I, 64.
= = 13. = I, 653, 689; II, 299, 304, 310.
= = 20. = I, 330, 570.
= = 23. = I, 583.
Circ. v. 24. Novbr., III, 571.
R. v. 25. Novbr., III, 746, 747.
= = 4. Dec., II, 1099.
Pl.=B. v. 4. Dec., II, 726.
Pr. v. 4. Dec., I, 880.
= = 5. = I, 417.
= = 6 = I, 704.
G. v. 6. Dec., IV, 443.
Pr. v. 12. Dec., I, 749, 764.
= = 13. = I, 267.
= = 14. = I, 220.
= = 15. = I, 408, 477.
= = 18. = I, 140, 277, 646; III, 217.
= = 20. = III, 503.
= = 21. = II, 36, 38.
= = 22. = II, 466.

1849.

V. v. 2. Jan., I, 509; II, 24, 49; III, 58, 220; IV, 446.
— — §. 1, I, 3, 38; IV, 12, 24.
— — §§. 1—8, IV, 677.
— — §. 2, IV, 22, 594.
— — §. 7, IV, 956.
— — §. 9. IV, 16.
— — §§. 9, 15, III, 689.
— — §. 10, IV, 39.
— — §. 14, III, 385; IV, 790.
— — §. 15, I, 38, IV, 380, 406.
— — §§. 18—28, IV, 680.
— — §§. 22, 25, III, 403.
— — §. 25, II, 26; III, 403, 434.
— — §. 31, I, 117.
V. v. 3. Jan., IV, 447.
— — §. 5, I, 162.
— — §. 34, III, 1031.
— — §§. 102, 103, IV, 898.
— — §. 159, IV, 1076.
Pr. v. 4. Jan., III, 85, 484.
V. v. 6. Jan., III, 854.
R. = 8. = III, 559.
Pr. v. 8. Jan., I, 401.
= = 9. = I, 329.
= = 16. = I, 585, 650.
= = 19. = II, 971.
= = 23. = I, 705.
= = 24. = II, 100.
= = 25. = I, 174, 550; II, 34, 146.
= = 26. = I, 351, 569.
Pr. v. Febr., III, 195.
= = 1. = IV, 542.
= = 2. = I, 749, 764.
Pl.=B. v. 3. Febr., III, 616.
Pr. v. 5. Febr., IV, 290.
Pl.=B. v. 5. Febr., I, 122, 126, 344, 515, 516, 519.
Pr. v. 6. Febr., I, 216; II, 954.
= = 7. = I, 11.
= = 8. = I, 34.
= = 9. = I, 409, 420.
V. v. 9. Febr., III, 774, 821.
— — §. 2, III, 757, 769.
— — §. 23, III, 739, 756.
— — §. 24, III, 745.
— — §. 29, III, 759.

V. v. 9. Febr., §. 70, III, 751.
— — §. 71, III, 754.
— — §. 72, III, 773.
Pr. v. 13. Febr., I, 233; III, 831, 956.
„ „ 20. „ I, 11, 34, 242, 749, 773; II, 503, 852.
„ „ 23. „ II, 1091.
R. v. 28. Febr., II, 16.
Pr. v. 2. März, I, 650.
Circ. v. 4. März, IV, 691.
Pr. v. 6. März, I, 225.
„ „ 9. „ I, 64, 397; II, 1033; IV, 518.
Circ. v. 11. März, IV, 265.
Pr. v. 16. März, I, 670.
„ „ 23. „ I, 157; IV, 615.
„ „ 27. „ I, 538.
Reichsverfassung v. 28. März, IV, 952.
Pr. v. 30. März, I, 211, 220, 226; II, 189, 190.
Pl.-B. v. 2. April, I, 308, 357; III, 400 (Nachtr.); IV, 591.
Pr. v. 13. April, I, 539; II, 471.
„ „ 20. „ III, 448, 456.
R. v. 23. April, IV, 71, 72.
Pr. v. 24. April, I, 330, 557; II, 961.
„ „ 27. „ I, 20, 571, 585, 595.
„ „ 29. „ II, 874.
V. v. 10. Mai, §. 9, lit. d, IV, 962.
Pr. v. 16. Mai, I, 811.
„ „ 18. „ I, 356 (Nachtr.).
„ „ 21. „ III, 834.
V. v. 23. Mai, IV, 962.
G. v. 30. Mai, IV, 443.
Pr. v. 5. Juni, I, 337.
V. v. 9. Juni, IV, 485.
Pr. v. 12. Juni, I, 717; II, 487, 498, 646.
G. v. 15. Juni, IV, 1068.
Entsch. v. 26. Juni, IV, 509.
Pr. v. 27. Juni, I, 356 (Nachtr.).
Circ. v. 30. Juni, II, 291.
V. v. 30. Juni, IV, 889, 968.
— — §. 13, IV, 931.
— — §. 15, IV, 966.
— — §. 16, IV, 961.
— — §. 23, IV, 969.
— — §. 24, IV, 995.
— — §§. 28, 29, 31, IV, 1000.
Pr. v. 10. August, II, 5; III, 106.
„ „ 20. „ III, 292.
„ „ 23. „ I, 122, 126; III, 616, IV, 617, 618, 624.
„ „ 30. „ I, 187; II, 439, 763, 879.
„ „ 31. „ I, 214; II, 194.
Entsch. v. 4. Sept., IV, 610.
Pr. v. 6. Sept., II, 245.
„ „ 7. „ I, 271; III, 824, 841.
„ „ 10. „ I, 14.
Pr. v. 17. Sept., III, 859.
„ „ 18. „ II, 740; III, 79.
„ „ 26. „ I, 46.
„ „ 27. „ I, 543.
Pr. v. 1. Oct., III, 902.
Pl.-B. vom 3. Oct., II, 120, 158; III, 132; IV, 595, 604.
Pr. v. 9. Oct., II, 1075; IV, 959.
„ „ 10. „ II, 437; IV, 974.
„ „ 25. „ I, 398 (Nachtr.).
„ „ 30. „ I, 234.
Pr. v. 1. Nov., I, 350, 571, 770.
„ „ 6. „ I, 174.
Pl.-B. vom 7. Nov., I, 338, 485; IV, 612.
Pr. v. 7. Nov., II, 509.
„ „ 8. „ II, 321, 760.
G. v. 19. Nov., IV, 962.
Pr. v. 19. Nov., I, 136.
„ „ 20. „ II, 36.
Pl.-B. vom 21. Nov., I, 37; III, 387; IV, 974.
R. v. 26. Nov., IV, 72.
K. O. v. 29. Nov., IV, 72.
Pr. v. 29. Nov., I, 125, 640, 643; II, 738, 744, 848; IV, 292.
G. v. 7. Dec., IV, 16.
Pr. v. 7. Dec., I, 209, 283.
„ „ 13. „ IV, 480, 505.
„ „ 20. „ I, 352, 561.
G. v. 21. Dec., II, 532, 811, 899.
— — §§. 1–3, I, 428.
Pr. v. 28. Dec., II, 18, 49, 139.
„ „ 31. „ I, 656; II, 139, 253.

1850.

Pl.-B. v. 7. Jan., I, 5, 327, 398.
R. v. 14. Jan., IV, 72.
Pr. v. 14. Jan., III, 71.
Pl.-B. v. 21. Jan., II, 847.
Pr. v. 25. Jan., IV, 336.
„ „ 31. „ IV, 478.
R. v. 31. Jan., II, 625.
V.-U. v. 31. Jan., I, 6; IV, 435.
— — Art. 3, 4, I, 79.
— — „ 4, III, 13; IV, 1, 71.
— — „ 4, 12, I, 85.
— — „ 7, 8, I, 67.
— — „ 9, I, 65; IV, 614.
— — „ 10, I, 88; III, 322; IV, 597, 916.
— — „ 11, IV, 693.
— — „ 12, I, 377, 791; III, 21.
— — „ 12–16, IV, 164.
— — „ 16, IV, 218.
— — „ 19, III, 41.
— — „ 21, IV, 387.
— — „ 22, 23, IV, 378.
— — „ 24, 25, IV, 379, 380.

V.=U. v. 31. Jan., Art. 29, 30, 31, III, 516.
— — Art. 34, IV, 16.
— — Art. 40, II, 661; III, 444.
— — = 42, I, 117, 148, 383; III, 595; IV, 24, 26, 383, 384.
— — = 45, 62—64, 86, 106, I, 28.
— — = 48, IV, 433.
— — = 54, I, 85.
— — = 87, IV, 146.
— — = 97, IV, 99.
— — = 110, II, 1060; IV, 26.
Pr. v. 1. Febr., III, 179.
= = 11. = I, 523; II, 253; III, 449.
= = 12. = I, 5, 520.
G. v. 12. Febr., IV, 436, 881, 920.
— — §§. 1, 2, 4—6, 7 ff., IV, 1076.
Beschl. d. St.=Min. v. 12. Febr., IV, 36.
Einf.=G. vom 15. Febr.. II, 436; III, 854.
— — §. 2, II, 402.
— — §. 6, III, 889.
Pr. v. 15. Febr., I, 19.
= = 20. = III, 876.
= = 22. = I, 60; II, 161.
G. v. 24. Febr., I, 117; IV, 225.
— — §. 1, IV, 20.
— — §. 2, I, 393; III, 569.
— — §. 2d, IV, 226.
— — §. 2e, IV, 327.
Pr. v. 25. Febr., I, 530; II, 173.
= = 28. = III, 125.
= = 1. März, I, 537, 709.
Ablös.=G. v. 2. März, I, 12; II, 563; III, 430, 643.
— — §. 2, I, 665; II, 647, 1036.
— — §. 2, Nr. 1, III, 441; IV, 20, 846.
— — §. 2, Nr. 1 u. 2, I, 379; II, 611, 612.
— — §. 2, Nr. 2, §. 5, II, 951.
— — §. 2, Nr. 6, II, 906.
— — §. 2, Nr. 6, §. 4, II, 891; III, 473, IV, 345.
— — §§. 2, 5, II, 629, 719.
— — §. 3, III, 629.
— — §. 5, II, 953.
— — §. 6, IV, 338.
— — §§. 6, 93, 94, II, 731.
— — §. 7, II, 1082.
— — §. 35, IV, 343.
— — §§. 36—49, II, 721.
— — §. 37, IV, 769.
— — §. 39, II, 726.
— — §. 40, I, 242; II, 899.
— — §. 49, II, 424.
— — §§. 52, 91, II, 581.
— — §§. 54, 56, II, 581.
Ablös.=G. v. 2. März, §. 61, III, 631.
— — §§. 74, 91, 97, II, 1031.
— — §. 91, I, 153; III, 615.
— — §§. 91—93, 97, I, 150.
— — §. 109, II, 566.
— — §§. 110, 111, I, 103, 117; II, 595.
Renten=Bank=G. v. 2. März, III, 674.
— — §§. 4, 49, I, 103.
— — §. 37, IV, 302.
Gemeinh.=Theil.=G. v. 2. März, Art. 1 u. 2, II, 563.
— — Art. 3, 4, 6, II, 577.
— — = 5, 11, II, 591.
— — = 7, II, 580.
— — = 8, II, 581.
— — = 9, II, 587.
— — = 10, II, 589.
— — = 12, II, 599.
— — = 13, II, 564.
— — = 14—16, II, 605.
G. v. 3. März, I, 103; II, 634, 859.
— — §. 1, II, 863.
Jagdpol.=G. v. 7. März, I, 445.
— — §. 17, Satz 3, IV, 1063.
— — §§. 18 ff., IV, 601.
Pr. v. 8. März, I, 234.
Gem.=O. v. 11. März, §§. 61, 157, III, 720.
Mühlen=Ablös.=G. vom 11. März, III, 673; IV, 165, 692.
— — §. 1, II, 1104.
— — §. 5, IV, 888.
— — §§. 5 ff., II, 331.
— — §. 7, I, 96, 97.
V. v. 11. März, IV, 438.
— — §. 5, IV, 1001.
— — §. 9, III, 517.
Pr. v. 14. März, I, 398, 403.
= = 15. = I, 493.
K. O. v. 19. März, IV, 92.
Pr. v. 22. März, II, 58.
= = 26. = I, 412.
= = 30. = II, 993.
K. O. v. 3. April, IV, 92.
Pr. v. 5. April, II, 105.
= = 6. = III, 880.
Pl.=B. v. 8. April, II, 301.
Pr. v. 9. April, I, 342.
= = 11. = I, 589.
R. v. 12. April, II, 277.
Pr. v. 12. April, II, 438.
= = 15. = I, 490; II, 435, 497.
Ferien=O. v. 16. April, IV, 104.
Pl.=B. v. 22. April, I, 221, 242, 311; II, 163, 164, 193, 194.
Pr. v. 24. April, II, 277.
= = 26. = II, 83, 91.
R. v. 28. April, IV, 535 (Nachtr.).
Pr. v. 30. April, II, 1074; III, 33.

G. v. 3. Mai, I, 117.
Pr. v. 7. Mai, I, 290, 820.
G. v. 11. Mai, I, 28.
Pr. v. 13. Mai, II, 529; III, 173.
„ „ 14. „ II, 756.
„ „ 16. „ II, 1106.
„ „ 23. „ II, 739, 848.
„ „ 24. „ III, 834, 835; IV, 339.
„ „ 25. „ IV, 964.
„ „ 30. „ II, 893.
„ „ 31. „ II, 848.
B. v. 5. Juni, III, 751.
Pr. v. 7. Juni, I, 852; III, 317.
„ „ 8. „ III, 23.
„ „ 11. „ I, 612; II, 658, 741, 880, 960; IV, 455, 519.
„ „ 13. „ II, 1080.
„ „ 15. „ II, 859.
„ „ 18. „ II, 887.
„ „ 21. „ III, 170.
„ „ 24. „ I, 242.
K. O. v. 24. Juni, IV, 92.
Pr. v. 28. Juni, I, 212, 222.
Entsch. v. 29. Juni, IV, 493.
Pl.-B. v. 1. Juli, I, 64, 383; III, 659.
Pr. v. 2. Juli, IV, 610, 621.
„ „ 5. „ II, 348.
„ „ 8. „ III, 23, 204.
„ „ 12. „ I, 344, 859; II, 321, III, 971.
„ „ 16. „ II, 1033 (Nachtr.).
Regul. v. 18. Juli, IV, 682.
— — §. 19, II, 29.
Pr. v. 19. Juli, II, 256.
„ „ 4. Sept., IV, 384.
K. O. v. 4. Sept., IV, 92, 96.
Regul. v. 17. Sept., IV, 682.
Pr. v. 17. Sept., II, 315.
„ „ 18. „ I, 652.
K. O. v. 18. Sept., IV, 91.
„ „ 23. „ IV, 769.
Pr. v. 23. Sept., I, 109.
„ „ 24. „ III, 99.
„ „ 3. Oct., I, 533, 585; II, 173, 1075.
Pl.-B. v. 7. Oct., I, 570.
Pr. v. 8. Oct., III, 647, 887.
„ „ 10. „ I, 538.
Pl.-B. v. 20. Oct., I, 570; II, 463, 1044.
Pr. v. 22. Oct., I, 290; II, 420, 421, 562, 720.
„ „ 23. „ II, 868.
„ „ 24. „ I, 272.
„ „ 25. „ IV, 863.
R. v. 31. Octbr., IV, 687.
Pr. v. 1. Nov., I, 37; III, 387.
Pl.-B. v. 4. Nov., II, 845; III, 278, 421.
Pr. v. 7. Nov., III, 647.
„ „ 13. „ III, 865.
„ „ 15. „ I, 64; IV, 433.
Pl.-B. v. 18. Nov., IV, 629.
Pr. v. 22. Nov., I, 397; IV, 504.
„ „ 25. „ III, 435.
„ „ 29. „ III, 170.
„ „ 3. Dec., III, 625.
„ „ 10. „ III, 981.
„ „ 13. „ IV, 236.
Entsch. v. 28. Dec., I, 356.

1851.

Pr. v. J. 1851, I, 803; III, 1024, 1031; IV, 882, 1032.
Pr. v. 3. Jan., III, 170.
Pl.-B. v. 6. Jan., I, 488; II, 67.
Pr. v. 8. Jan., III, 170.
„ „ 13. „ I, 767; II, 538; III, 522.
Pr. v. 17. Jan., IV, 347.
Pl.-B. v. 21. Jan., I, 588.
Pr. v. 21. Jan., II, 1035.
„ „ 22. „ III, 150.
„ „ 30. „ II, 443.
„ „ 31. „ I, 207; II, 158.
„ „ 6. Febr., I, 238; III, 866.
„ „ 10. „ I, 358 (Nachtr.).
„ „ 14. „ I, 331, 370, 682.
„ „ 19. „ III, 348, 400.
G. v. 24. Febr., I, 90.
— — §. 6, III, 173.
Pl.-B. v. 3. März, III, 1043.
Pr. v. 5. März, II, 25.
„ „ 7. „ II, 384.
„ „ 11. „ I, 541.
G. v. 11. März, I, 678.
Pr. v. 24. März, I, 346 (Nachtr.).
„ „ 27. „ III, 908.
„ „ 9. April, I, 115; II, 859, 950.
„ „ 10. „ II, 876, 870.
Einf.-G v. 14. April, I, 20; IV, 451, 880.
„ „ „ „ Art. II, II, 838.
„ „ „ „ „ VII, I, 35.
„ „ „ „ „ XX, IV, 668.
Pr. v. 15. April, III, 857, 902.
„ „ 25. „ IV, 316.
G. v. 26. „ III, 220.
— — Art. I, IV, 677.
— — „ III, I, 52.
— — „ III, Nr. 2, II, 44.
— — „ V, „ 2 a, II, 524.
— — „ VI, IV, 681.
— — „ VII, IV, 682.
— — „ VIII, II, 56; IV, 684.
— — „ IX, IV, 684.
— — „ X, IV, 685.
— — „ XI, IV, 446.

Pr. v. 29. April, I, 881.
G. v. 30. April, IV, 443.
G. v. 1. Mai, §§. 6, 16, IV, 39.
Pr. v. 2. Mai, I, 122; IV, 241.
Pl.=B. v. 5. Mai, III, 180.
G. v. 7. Mai, IV, 146.
— — §§. 56 ff., IV, 117.
G. v. 10. Mai, I, 658.
— — §. 3, II, 62.
— — §. 4, IV, 660.
— — §. 4, Nr. 2, IV, 849.
— — §. 4, Nr. 5, IV, 39.
G. v. 11. Mai, §. 9, II, 176.
G. v. 12. Mai, IV, 438, 451, 607, 638.
— — §. 1, III, 746 (Nachtr.).
— — §. 2, II, 517.
— — §. 5. IV, 614.
— — §. 9, IV, 1073.
— — §. 27, IV, 889, 890.
— — §. 37, IV, 890.
— — §. 50, IV, 917.
— — Tarif Nr. 4, I, 811 (Nachtr.).
Pr. v. 12. Mai, III, 391.
= = 13. = III, 1062.
= = 15. = II, 1102; III, 736.
R. v. 17. Mai, III, 44.
Pl.=B. v. 19. Mai, I, 325; II, 255.
G. v. 19. Mai, II, 390 (Nachtr.).
Pr. v. 22. Mai, III, 925, 942.
R. v. 25. Mai, IV, 939.
Pr. v. 27. Mai, II, 309.
= = 28. = IV, 1000.
G. v. 4. Juni, IV, 71, 113.
— — §§. 5, 16, IV, 436, 438.
G. v. 5. Juni, IV, 450.
Pr. v. 5. Juni, I, 540; II, 482.
= = 19. Juni, I, 878.
= = 28. Juni, II, 501, (Nachtr.).
= = 28. = II, 539 (Nachtr.).
= = 5. Juli, I, 688.
Pl. B. v. 7. Juli, IV, 637.
Pr. v. 8. Juli, II, 301, 321.
= = 9. = I, 345, 358 (Nachtr.) II, 120.
= = 14. = I, 358 (Nachtr.)
K. O. v. 11. August, II, 651.
Pr. v. 18. August, IV, 926.
= = 2. Sept., II, 1041, 1043.
= = 4. = III, 853.
= = 5. = IV, 1034.
= = 8. = III, 182.
= = 11. = III, 533; IV, 963.
Entsch. v. 16. Sept., III, 782 (Nachtr.).
Pr. v. 17. Sept., IV, 911.
= = 19. = III, 735; IV, 952, 1067.
= = 22. = IV, 911.
= = 24. = III, 25.
= = 26. = IV, 881.
= = 1. Octbr., I, 316.
Pr. v. 6. Octbr, II, 750 (Nachtr.).
= = 9. = I, 241.
= = 11. = IV, 963.
= = 13. = III, 445.
= = 22. = II, 152; III, 401; IV, 313.
= = 27. = I, 310; II, 621: III, 182; IV, 881, 952.
= = 28. = II, 482 (Nachtr.), 1040.
= = 31. = II, 162, 163, 180.
= = 5. Novbr., III, 349.
= = 24. = I, 691, IV, 615.
= = 25. = I, 769.
= = 26. = IV, 948.
= = 27. = I, 801, 824; III, 944.
= = 28. = I, 701.
= = 29. = I, 356 (Nachtr.).
= = 1. Decbr. I, 299.
Bl. B. v. 1. Decbr., II, 173; III, 609.
Pr. v. 3. Decbr. IV, 1034.
= = 4. = I, 531.
= = 5. = III, 400; IV, 964.
= = 7. = II, 756.
= = 8. = III, 670; IV, 942.
= = 10. = II, 42; IV, 312, 850.
= = 11. = I, 699.
= = 12. = I, 307.
= = 16. = IV, 947.
= = 17. = II, 449; IV, 917, 949.
K. O. v. 17. Decbr., IV, 92.
Pr. v. 18. Decbr., I, 562 (Nachtr.); II, 174.
= = 20. Decbr., III, 865.
= = 23. = I, 445; II, 952.
K. O. v. 29. Decbr., IV, 769.
Pr. v. 29. Decbr., II, 38.
= = 31. = III, 331.

1852.

Pr. v. J. 1852, IV, 333, 340, 881, 976.
= = 2. Januar, IV, 920, 1031.
= = 3. = II, 520; III, 356.
= = 7. = II, 518; IV, 948, 949.
= = 9. = I, 433 (Nachtr.). IV, 881, 889, 957.
Entsch. v. 10. Jan., IV, 312.
R. v. 19. Jan., IV, 547, (Nachtr.)
Pr. v. 20. = IV, 940.
= = 21. = IV, 620, 904, 944, 947.
= = 22. = II, 509.
= = 26. = I, 358 (Nachtr.); IV, 947.
= = 28. = IV, 1092.

Pr. v. 30. Jan., II, 847.
Pl. B. v. 2. Febr., I, 276, 644.
Pr. v. 2. Febr., IV, 1082.
= = 3. = III, 867.
= = 4. = III, 311.
= = 6. = II, 747.
= = 7. = I, 568.
= = 8. = IV, 1028.
= = 9. = I, 344, 580; II, 81; IV, 982.
= = 10. = III, 289, 861.
= = 13. = II, 495; III, 300.
= = 20. = I, 593; II, 367.
= = 22. = IV, 1067.
= = 23. = III, 99.
= = 26. = II, 398.
= = 27. = I, 693.
= = 4. März, II, 466 (Nachtr.); IV, 651.
Entsch. v. 6. März, III, 599.
Pr. v. 8. März, IV, 941.
= = 9. = III, 865, 885.
Pl. B. v. 15. März, I, 642; III, 289.
Pr. v. 16. März, IV, 1082.
G. v. 17. = IV, 686.
Pr. v. 19. März, III, 274.
= = 22. = III, 105.
= = 23. = II, 166; III, 663, 669.
= = 24. = IV, 1052.
= = 26. = I, 355 (Nachtr.).
= = 29. = I, 566; II, 880. 982.
= = 31. = IV, 911.
R. v. 31. = III, 778 (Nachtr.).
Pr. v. 2. April, IV, 1012.
Pl. B. v. 5. April, I, 337.
Pr. v. 7. April, IV, 1026.
G. v. 15. = IV, 881, 904, 918.
Pr. v. 20. = I, 579.
= = 22. = II, 951; III, 646.
= = 23. = I, 355 (Nachtr.); IV, 1036.
= = 26. = III, 278; IV, 242, 1061.
= = 27. = I, 496.
= = 28. = I, 499; III, 298; IV, 1021, 1034.
= = 30. = I, 573; II, 1033 (Nachtr.); III, 139.
G. v. 3. Mai, IV, 883.
— — Art. 131, IV, 948.
Pr. v. 10. Mai, II, 988; IV, 1053.
= = 11. = III, 870.
= = 13. = I, 413.
G. v. 14. Mai, IV, 668.
B. = 18. = IV, 904.
G. = 21. = IV, 446.
G. v. 22. Mai, IV, 875, 887, 889, 899, 1037.
G. v. 22. Mai, Art. III, IV, 1092.
— — Art. IV, IV, 939.
— — = V, IV, 943.
Entsch. v. 22. Mai, I, 404.
Pr. v. 25. Mai, I, 339, 565.
= = 30. = I, 337 (Nachtr.).
G. v. 2. Juni, IV, 916.
Post-G. v. 5. Juni, IV, 540.
— — §. 25, III, 583.
G. betr. den Handel ꝛc. v. 5. Juni, III, 747 (Nachtr.), 786 (Nachtr.).
G. betr. die Abänd. d. V.-U. v. 5. Juni, I, 379, 483; II, 611, 612, 621, 661; III, 444; IV, 439.
— — Art. 2, II, 646.
Pl.-B. v. 7. Juni, I, 381, 410, 420; III, 741.
Pr. v. 8. Juni, II, 1033; III, 859, 902.
= = 9. = I, 356; IV, 615, 1052.
= = 14. = IV, 868, 949, 1034.
= = 18. = IV, 1092.
= = 21. = I, 137.
Pl.-B. v. 21. Juni, I, 526; IV, 1138.
Pr. v. 22. Juni, III, 902.
= = 23. = I, 365 (Nachtr.).
= = 28. = I, 786.
= = 29. = IV, 939.
= = 30. = I, 262; II, 556; III, 36.
Pl.-B. v. 5. Juli, I, 767, 799.
Pr. v. 8. Juli, I, 527; II, 257, 952.
= = 12. = IV, 901.
= = 13. = II, 576.
= = 14. = III, 119.
= = 15. = III, 860.
Disciplinar-G. v. 21. Juli, IV, 449.
— — §. 78 ff., III, 548.
— — §. 88, IV, 117, 128.
Regl. v. 31. Juli, IV, 549.
Posttarif v. 31. Juli, IV, 567 (Nachtr.).
Pr. v. 7. August, IV, 1029.
= = 2. Sept., III, 864.
Pl.-B. v. 6. Sept., II, 213.
Pr. v. 6. Sept., I, 310.
= = 10. = II, 494 (Nachtr.); III, 317; IV, 974.
= = 17. = III, 549; IV, 940.
= = 24. = II, 503 (Nachtr.).
Entsch. v. 25. Sept., III, 723.
Pr. v. 27. Sept., IV, 983, 1062.
= = 29. = II, 307.
Rgl. v. 30. Sept., IV, 670.
Pr. v. 1. Oct., II, 867 (Nachtr.); III, 169.
= = 5. = IV, 463, 929.
= = 8. = III, 198.
= = 11. = I, 510 (Nachtr.).

Pr. v. 12. Oct., I, 47 (Nachtr.), 756 (Nachtr.); III, 358; IV, 1053.
= = 13. = IV, 872.
= = 20. = IV, 1092.
= = 22. = II, 952; III, 646; IV, 1054.
= = 26. = I, 557 (Nachtr.).
= = 29. = III, 170.
= = 5. Nov., IV, 635, 1030.
= = 9. = III, 907.
= = 11. = III, 663, 862, 866, 901.
= = 12. = I, 338 (Nachtr.); IV, 384.
= = 16. = II, 515 (Nachtr.); IV, 536.
= = 17. = IV, 1066.
= = 18. = III, 841.
= = 19. = IV, 843.
G. v. 21. Nov., §§. 18, 78, III, 545.
Pr. v. 22. Nov., IV, 947.
= = 23. = III, 314.
Instr. v. 23. Nov., IV, 540 (Nachtr.).
Pr. v. 25. Nov., I, 115 (Nachtr.).
= = 29. = III, 991 (Nachtr.); III, 794.
= = 30. = I, 880 (Nachtr.); II, 357 (Nachtr.).
= = 1. Dec., II, 398 (Nachtr.).
= = 3. Dec., IV, 317, 318.
= = 4. Dec., III, 85.
K. O. v. 4. Dec., IV, 939.
Pl.-B. v. 6. Dec., IV, 317.
Pr. v. 7. Dec., II, 505 (Nachtr.).
= = 9. = III, 655, 957; IV, 716.
= = 10. = IV, 559 (Nachtr.).
Entsch. v. 11. Dec., III, 723.
Instr. v. 16. Dec., IV, 549 (Nachtr.).
Pr. v. 16. Dec., IV, 1080.
= = 21. = II, 328 (Nachtr.), 1094 (Nachtr.); III, 553 (Nachtr.).
K. O. v. 30. Dec., IV, 911.

1853.

Pr. v. J. 1853, II, 1040; III, 826, 841.
Pr. v. 5. Jan., III, 167, 172 (Nachtr.).
= = 6. = II, 536 (Nachtr.).
= = 7. = III, 359; IV, 884, 943, 944, 1030.
= = 12. = II, 338 (Nachtr.).
= = 13. = III, 655.
= = 14. = II, 360 (Nachtr.); IV, 949.
= = 18. = II, 721 (Nachtr.); III, 655.
Circ. v. 18. Jan., IV, 911.
Entsch. v. 25. Jan., IV, 379.
Pr. v. 26. Jan., IV, 1043.
= = 28. = II, 846 (Nachtr.).
= = 31. = I, 343 (Nachtr.), 358 (Nachtr.).
= = 1. Febr., III, 647.
= = 3. = II, 252 (Nachtr.); III, 605.
= = 4. = III, 20 (Nachtr.).
= = 8. = I, 444 (Nachtr.); IV, 526.
= = 10. = II, 162 (Nachtr.); III, 851; IV, 1008, 1017.
= = 11. = I, 355 (Nachtr.), 678, II, 399 (Nachtr.); III, 772; IV, 890, 1044.
= = 14. = II, 368 (Nachtr.), 862, (Nachtr.).
= = 15. = IV, 932.
= = 16. = I, 566 (Nachtr.); IV, 526, 1028.
= = 17. = III, 941.
= = 18. = IV, 981, 989.
Pl.-B. v. 21. Febr., IV, 859.
Pr. v. 21. Febr., III, 860.
= = 22. = I, 878.
= = 23. = I, 878; IV, 936, 1080.
= = 24. = II, 76 (Nachtr.); III, 278; IV, 1087.
= = 3. März, III, 880.
G. v. 3. März, IV, 875.
Pr. v. 4. März, I, 780 (Nachtr.); II, 373 (Nachtr.).
G. v. 9. März, IV, 947, 1035.
Pr. v. 9. März, IV, 977, 883.
= = 11. = II, 382, 990 (Nachtr.), IV, 624.
= = 15. = III, 906.
= = 17. = II, 523 (Nachtr.).
G. v. 17. März, IV, 451.
Pr. v. 18. März, IV, 86, 970.
= = 23. = III, 740 (Nachtr.).
Pl.-B. v. 4. April, IV, 241.
Pr. v. 6. April, IV, 1026.
= = 8. = III, 392.
Pl.-B. v. 11. April, IV, 1030.
Pr. v. 11. April, II, 1075 (Nachtr.); IV, 1082.
= = 13. = III, 167 (Nachtr.); IV, 898, 948.
= = 14. = I, 539 (Nachtr.); III, 520 (Nachtr.); IV, 929.
= = 15. = II, 1075 (Nachtr.); IV, 1031.
Entsch. v. 16. April, IV, 478.
Pr. v. 18. April, IV, 1066, 1077.
= = 22. = IV, 484.
G. v. 25. April, III, 522; IV, 890.
Pr. v. 27. April, IV, 969.
= = 28. = IV, 918.

Pr. v. 29. April, I, 227 (Nachtr.); IV, 897.
G. v. 3. Mai, IV, 447.
Pr. v. 4. Mai, IV, 1031.
G. v. 7. Mai, IV, 443, 693, 973.
Pr. v. 9. Mai, IV, 1031.
= = 10. Mai, II, 749 (Nachtr.).
G. v. 11. Mai, Art. 2, I, 407 (Nachtr.), IV, 516.
G. v. 11. Mai, Art. 3, I, 407 (Nachtr.).
Pr. v. 13. Mai, IV, 622, 739, 741.
G. v. 14. Mai, I, 253.
= = 16. = IV, 390.
= = 16. = §. 2, I, 256.
= = 17. = III, 1021, 1062; IV, 1084.
— — §. 2, III, 1010.
— — §. 3, III, 1024.
— — §. 4, III, 1010.
Pr. v. 19. Mai, IV, 1000.
= = 22. = IV, 481.
G. v. 24. Mai, I, 117, 393, 699 (Nachtr.) II, 1060; III, 585, 693; IV, 450, 650, 1091.
— — §. 7, I, 150.
— — §. 8, II, 844 (Nachtr.).
— — §§. 29, 30, II, 871 (Nachtr.).
— — §. 31, IV, 302.
— — §§. 36 ff., II, 425 (Nachtr.).
Dekl. v. 24. Mai, I, 151; II, 1032; III, 664, 669.
Pr. v. 25. Mai, III, 114 (Nachtr.).
= = 28. = IV, 920.
R. v. 28. Mai, II, 294.
Städte-O. v. 30. Mai, III, 693; IV, 450.
G. v. 31. Mai, IV, 450.
Pr. v. 1. Juni, IV, 890, 970.
= = 2. = III, 877.
= = 3. = II, 983 (Nachtr.)
Circ. v. 4. Juni, IV, 972.
Pl.-B. v. 6. Juni, I, 543 (Nachtr.), 547; III, 900.
Pr. v. 7. Juni, II, 492 (Nachtr.); III, 663 (Nachtr.).
Entsch. v. 11. Juni, III, 721.
B. v. 13. Juni, IV, 338.
Pr. v. 14. Juni, II, 736 (Nachtr.).
= = 15. = IV, 1030.
= = 16. = IV, 1063.
Pl.-B. v. 20. Juni, IV, 379, 381.
Pr. v. 21. Juni, I, 210 (Nachtr.), 212 (Nachtr.).
Pl.-B. v. 23. Juni, III, 721.
Entsch. v. 25. Juni, III, 562 (Nachtr.); IV, 511.
Pr. v. 27. Juni, IV, 1012.
Pl.-B. v. 27. Juni, IV, 888.
Pr. v. 28. Juni, III, 561.
= = 29. = I, 840 (Nachtr.); III, 23 (Nachtr.); IV, 926.
Pr. v. 30. Juni, II, 858; III, 970.
Pr. v. 1. Juli, III, 139 (Nachtr.), IV, 991.
K. O. v. 4. Juli, IV, 453.
Pl.-B. v. 4. Juli, IV, 480.
Pr. v. 7. Juli, IV, 1041.
= = 8. = IV, 982, 1031.
= = 11. = III, 117 (Nachtr.); IV, 948, 969, 1035.
= = 14. = I, 412 (Nachtr.); IV, 1038.
K. O. v. 19. Juli, II, 921 (Nachtr.).
B. v. 30. Juli, III, 723; IV, 463, 800.
— — §. 1, Nr. 13, IV, 609.
— — §. 21, III, 723.
Instr. v. 3. Aug., IV, 650.
Pr. v. 9. Aug., IV, 317.
= = 1. Sept., II, 1095 (Nachtr.).
Rgl. v. 6. Sept., IV, 694.
Pr. v. 8. Sept., IV, 985.
= = 9. = IV, 1089.
= = 14. = IV, 925, 1049, 1050.
= = 15. = IV, 598 (Nachtr.) 1063.
= = 16. = II, 326 (Nachtr.); IV, 967.
= = 21. = I, 777 (Nachtr.).
= = 22. = I, 496 (Nachtr.); IV, 1046.
= = 27. = II, 490 (Nachtr.).
= = 28. = IV, 526.
= = 29. = III, 664 (Nachtr.).
Pl.-B. v. 3. Oct., II, 1091 (Nachtr.).
Pr. v. 3. Oct., II, 900 (Nachtr.).
= = 5. = III, 907 (Nachtr.); IV, 1031.
= = 6. = III, 861 (Nachtr.).
= = 11. = I, 805 (Nachtr.); II, 313, 719 (Nachtr.).
R. v. 14. Oct., IV, 964.
Entsch. v. 22. Oct., III, 723.
Pr. v. 26. Oct., IV, 890, 1004.
= = 27. = III, 646 (Nachtr.).
= = 28. = IV, 948.
R. v. 29. Oct., IV, 102.
= = 31. = IV, 739.
Pr. v. 4. Nov., IV, 941, 993.
Circ. v. 6. Nov., I, 393 (Nachtr.).
K. O. v. 7. Nov., IV, 88.
R. v. 8. Nov., II, 921 (Nachtr.).
Pr. v. 9. Nov., I, 310 (Nachtr.); III, 827 (Nachtr.); IV, 108.
Pr. v. 10. Nov., IV, 881, 919.
K. O. v. 12. Nov., IV, 453.
Pr. v. 15. Nov., III, 876 (Nachtr.), 889 (Nachtr.).
Instr. v. 15. Nov., IV, 473 (Nachtr.).
R. v. 17. Nov., IV, 117.
Pr. v. 23. Nov., I, 285 (Nachtr.).
= = 24. = IV, 1047.
= = 25. = I, 494, (Nachtr.), III, 13 (Nachtr.).

Entsch. v. 26. Nov., I, 447 (Nachtr.); IV, 312, 382, 462.
Pr. v. 1. Dec., IV, 882.
= = 2. = I, 348; IV, 686, 915.
Pl.=B. vom 5. Dec., I, 115 (Nachtr.), 772 (Nachtr.).
Pr. v. 7. Dec., I, 445 (Nachtr.), 565 (Nachtr.); IV, 982.
Pr. v. 8. Dec., IV, 982.
= = 9. = I, 356 (Nachtr.); II, 279 (Nachtr.), 986 (Nachtr.).
Pl.=B. v. 12. Dec., II, 338 (Nachtr.); IV, 1059.
Pr. v. 12. Dec., II, 524 (Nachtr.); IV, 445, 1026.
= = 13. = III, 861 (Nachtr.).
= = 16. = I, 676 (Nachtr.); III, 169 (Nachtr.); IV, 990.
Entsch. v. 17. Dec., IV, 382.
Pr. v. 22. Dec., III, 119 (Nachtr.), 887 (Nachtr.).
R. v. 24. Dec., IV, 541 (Nachtr.).
Pr. v. 28. Dec., IV, 542 (Nachtr.),

1854.

Circ. v. 2. Jan., IV, 916.
Pr. v. 4. Jan., IV, 891.
Pr. v. 11. Jan., IV, 1014.
= = 13. = IV, 1071.
= = 14. = I, 30 (Nachtr.).
Entsch. v. 14. Jan., II, 1047 (Nachtr.); III, 563 (Nachtr.); IV, 475.
Pl.=B. v. 16. Jan., IV, 508.
Pr. v. 18. Jan., IV, 990.
= = 19. = IV, 1053.
= = 20. = II, 852 (Nachtr,); IV, 1043.
Pl.=B. v. 23. Jan., IV, 1031.
Pr. v. 27. Jan., IV, 919, 947, 1052.
Entsch. v. 4. Febr., III, 560 (Nachtr.).
R. v. 4. Febr., IV, 34.
Pr. v. 8. Febr., II, 338 (Nachtr.), IV, 903, 1036, 1037.
Pl.=B. v. 9. Febr., IV, 882.
G. v. 13. Febr., IV, 99, 447.
Pr. v. 16. Febr., III, 865 (Nachtr.); IV, 1048.
Pr. v. 17. Febr., IV, 439.
G. v. 20. Febr., I, 847 (Nachtr.).
Pr. v. 23. Febr., IV, 992.
= = 24. = IV, 1049.
R. v. 26. Febr., IV, 558.
Pr. v. 27. Febr., IV, 990.
Pr. v. 2. März, IV, 541 (Nachtr.).
Pl.=B. v. 6. März, I, 588 (Nachtr.).
G. v. 6. März, IV, 889.
= = 13. = III, 55 (Nachtr.).
Pr. v. 16. März, IV, 1036.
R. v. 20. März, IV, 650.
G. v. 20. März, III, 959 (Nachtr.); IV, 1064.
Pr. v. 23. März, III, 747.
G. v. 24. März, III, 648.
G. v. 3. April, III, 770 (Nachtr.), 783 (Nachtr.).
K. O. v. 4. April, IV, 66 (Nachtr.)
Pr. v. 5. April, III, 772 (Nachtr.).
Entsch. v. 8. April, I, 600 (Nachtr.).
G. v. 10. April, IV, 631.
R. v. 10. April, IV, 547 (Nachtr.), 919.
G. v. 11. April, IV, 911, 914.
Pr. v. 20. April, III, 782 (Nachtr.).
G. v. 24. April, III, 238 (Nachtr.), 381 (Nachtr.), 504 (Nachtr.); IV, 1060.
— — §. 22, III, 270 (Nachtr.); IV, 1 (Nachtr.).
Entsch. v. 29. April, IV, 463.
Pr. v. 3. Mai, I, 30 (Nachtr.); IV, 646.
Pr. v. 4. Mai, IV, 947.
= = 5. = III, 809 (Nachtr.).
G. vom 15. Mai, §§. 1—4, III, 774 (Nachtr.).
— — §. 5, III, 781 (Nachtr.).
— — §. 6, III, 779 (Nachtr.).
— — §. 7, III, 756 (Nachtr.), 785 (Nachtr.).
Pl.=B. v. 15. Mai, I, 642 (Nachtr.), 678 (Nachtr.).
R. v. 23. Mai, IV, 1082.
= = 30. = IV, 541 (Nachtr.).
G. v. 10. Juni, IV, 436 (Nachtr.).
Pl.=B. v. 19. Juni, III, 655 (Nachtr.).
R. v. 27. Juni, IV, 598 (Nachtr.).
Rgl. v. 28. Juni, IV, 66 (Nachtr.).
Circ. v. 6. Juli, IV, 1063.

II. Sach-Register.

Abandonniren, 1) des Versicherers III, 1056; des Versicherten III, 1056.
Abfahrtsgeld aufgehoben, IV, 693.
Abfassung der Gesetze, s. Gesetze.
Abgraben von fremden Grundstücken, IV, 1092.
Abhänge, unverwahrte, auf öffentlichen Straßen rc., IV, 1088.
Ablösung der Reallasten, III, 643. Berechtigungen, welche ohne Entschädigung aufgehoben worden, 645. 1) Ablösbarkeit, 649. 2) Dienste, 649. 3) Feste Abgaben in Körnern, 651. 4) Feste nicht in Körnern bestehende Naturalabgaben, 652. 5) Natural-Fruchtzehent, 653. 6) Besitzveränderungs-Abgaben, 654. 7) Feste Geld-Abgaben, 657. 8) Andere Abgaben u. Leistungen, 658. 9) Gegenleistungen, 658. 10) Abfindung der Berechtigten, 658. 11) Feststellung der Normalpreise u. Normal-Marktorte, 661.
Abortus s. Abtreibung.
Abpflügen von fremden Grundstücken, IV, 1092.
Abreißung obrigkeitlicher Bekanntmachungen, IV, 971; — amtlicher Siegel, 971.
Abschätzung der Sachen, I, 119.
Abschlagszahlung, II, 381.
Abschoß, aufgehoben, IV, 700; — bei Erbschaftskäufen, I, 724.
Absonderungsrecht, II, 498.
Absperrungs- oder Aufsichts-Maßregeln bei ansteckenden Krankheiten, Strafe der Uebertretung derselb., IV, 1071.
Abstandsgeld, dessen Verabredung bei Licitationen verboten, I, 674.
Abtreibung der Leibesfrucht, IV, 1009.
Abtretung der Rechte, s. Cession.
Abzugsgeld, aufgehoben, IV, 693.
Abzweigung der Schuldinstrumente, I, 698.
Acceptation bei Verträgen, I, 212; — bei Wechseln, III, 874.
Accessionen, I, 461.
Accessio possessionis, I, 336, 522, 565.
Accrescenzrecht, I, 599, 717, 863; II, 2, 76 ff.; — bei der Erbfolge aus Verträgen, II, 157.
Actio commodati, II, 956; — communi dividundo, wo sie anwendbar, II. 517, 608; — confessoria, I, 362; II, 350; — de aestimato, I, 725; — effusis et dejectis, I, 314; — de partu agnoscendo, III, 274, 388; — de paternitate negativa, III, 269; — de pauperie, I, 315; — de statu herili, III, 482; emphyteutecaria, II, 728; — familiae erciscundae, wo sie nicht anwendbar, II, 517, 525 ff.; — finium regundorum, II, 606; — hypothecaria, II, 861, 872; — in factum contra judicem, qui litem suam facit, IV, 98; — in rem, I, 126; — judicati, I, 47; — locati conducti, II, 968; — Pauliana, I, 874; — pignoratia contraria, II, 773, 881; — directa, 778, 783; — Publiciana, I, 356, 360, 361; II, 349, 908, 972; — quanti minoris, I, 276, 638, 644, 685; — redhibitoria, I, 276, 638; — rescissoria utilis, I, 162; — Serviana, II, 773, 794; — subsidiaria adversus magistratum aut judicem ist auch ad causas non tutelas, e. g. ad oppignorationes ausgedehnt, II, 854, 855; — suppletoria s. expletoria, III, 358; — tutela subsidiaria, IV, 748.
Addictio in diem, I, 663.
Adelsstand, IV, 1. Erlangung d. Adels: 1) durch Geburt und Heirath, 1; 2) durch landesherrliche Verleihung, 2. — Ausweis des Adels, 3; alter und junger Adel, 4; Personenadel, 5;

Vorrechte des Adels, 5; besondere Rechte und Pflichten des Adels, 8; Verlust des Adels, 8; Erneuerung des Adels, 10. — S. Standesherren.
Ademtion eines Legats, II, 87, 145.
Adespota, s. herrenlose Güter.
Adjectio solutionis causa, II, 374, 437.
Adjunction, I, 472.
Adoption, III, 402. Wie sie geschehen könne, 402; wer adoptiren könne, 404; wer adoptirt werden könne, 405. — Wirkungen der Adoption in Ansehung der Person, 405; in Ansehung des Vermögens des Adoptirenden, 406; der Adoptirten, 407. — Nähere Bestimmung durch Verträge, 408. Familienverhältnisse, 409. Aufhebung der Adoption, 409; — eines Adligen seitens eines Bürgerlichen, 403, 404; — eines Ausländers, 403; — eines unehelichen Kindes seitens des unehelichen Vaters, 405.
Adulterium, IV, 987.
Aeltern und Kinder, I, 93.
After=Verpfändung, II, 774.
Agende, deren Einführung, IV, 172.
Agnaten, Begriff, II, 613.
Aktien, als Valuta bei Darlehnen, I, 786.
Aktiengesellschaft, III, 525, 551. I. Allg. Grundsätze, 552. II. Rechtsverhältniß der Aktiengesellschaften und der Aktionaire. 1) Im Allgemeinen, 554; 2) Aktien auf jeden Inhaber, 554; 3) auf bestimmte Inhaber, 555. Gemeinsame Bestimmungen für beide Arten von Aktien, 555. III. Rechte und Pflichten der Vorsteher der Ges., 555. IV. Auflösung d. Ges., 556.
Aktuarien, wer darunter bezüglich auf Cessionen zu verstehen, I, 693.
Alimentationspflicht der Aeltern gegen die Kinder, III, 279; und der Kinder gegen die Aeltern, III, 277, 320.
Alimentationsverbindlichkeit, deren rechtliche Natur, I, 872.
Alimente, was Rechtens, wenn sie durch Schenkungen entzogen sind, I, 871; — vermachte, II, 113; — sind vorauszuzahlen, II, 381.
Alluvionen, I, 461, 462.
Altane an der Grenze, I, 409.
Altsitzer, kann seine Ehefrau und Kinder in seinen Altensitz aufnehmen, I, 739.
Altentheil, I, 739; in wiefern er bei nothwendigen Subhastationen auf den Adjudikatar übergehe, I, 638 und Nachtr.
Alter, dessen Unterschied, I, 84; — zur Ehe erforderliches, III, 21; — dessen Einfluß auf die Rechte aus der väterlichen Gewalt, 296, 306; — auf die Adoption, 404; — kanonisches, IV, 362; — welches zur Ablegung des Klostergelübdes erforderlich, 369; — im Felde bei Bergwerken, 653; — erforderliches, zur Todeserklärung, I, 92; IV, 824.
Amortisation verlorener Rentenbriefe, III, 682; — verlorener Wechsel, 854, 897.
Amt, dessen Verleihung und Antritt, IV, 71 ff.; Verpflichtung zur Uebernahme eines Stadtamts, III, 724.
Amtsentsetzung, IV, 128 ff.; — der Beamten einer Gemeine und Korporation, III, 578, 726; — der Pfarrer, IV, 280 ff.
Amtsgewalt, deren Mißbrauch, IV, 1075.
Amtshandlungen, Stellvertretung in, II, 170.
Amtskautionen, II, 287.
Amtstitel, IV, 87.
Amtsverbrechen u. Vergehen, IV, 1072; — machen den Staat nicht verbindlich, I, 309; IV, 101.
Amtsvorgesetzte, pflichtwidrige, IV, 1079.
Amtszeichen u. Titel, deren Anmaßung, IV, 970.
Analphabeten, wie sie ihre Verträge schließen müssen, I, 237 ff.
Anatorismus, I, 794.
Anerkenntniß bei Verträgen, I, 241; — bei Cessionen, 704; — bei ungültigen Darlehnen, 755, 763; — einer unter väterlicher Gewalt kontrahirten Schuld, III, 293; — einer ungültigen Weiber=Bürgschaft, II, 281; — eines Testaments, 149; — in wiefern es zur Begründung einer Klage geschickt, 809.
Anfallsgründe einer Erbschaft, II, 2.
Angabe an Zahlungsstatt, II, 374, 431; — wann eine solche vorhanden, 431; — Wirkungen derselben, 432.
Angeld, siehe Draufgabe.
Annahme, siehe Acceptation.
Annahme an Kindesstatt, siehe Adoption.
Annahmebrief der bäuerlichen Stellenbesitzer, III, 614 ff.
Anreizung zum Hasse gegen die Regierung, IV, 968.
Ansagung der Hofedienste, III, 620.
Anschuldigung, falsche, deren Strafe, IV, 983.
Ansiedelungen, Gründnng neuer, I, 391.
Antichresis, II, 776, 789.
Antretung der Erbschaft, I, 490; — ohne Vorbehalt, 495; — mit Vorbehalt, 496.

An= u. Zuwüchse, I, 461.
Anwartschaften bei Lehen, II, 685 ff.
Anweisung, Uebergabe durch, I, 341.
Anweisungen, von, II, 434 ff.; — Begriff, 434; — Form, 436. — Verhältnisse zwischen dem Assignaten, dem Anweisenden u. dem Angewiesenen, 436; — als Cession, 438; mit Delegation, 439; — Bekanntmachung der geschehenen, 439; Widerruf, 441. — Pflichten des Assignatars, 441 ff.; — Regreß des Assignatars, 443; — von mehreren, 445. — S. Assignation.
Anwendung der Gesetze, I, 11, 33.
Anwerbung für fremde Mächte, IV, 972.
Apotheker. I. Von Apothekern überhaupt, III, 793. Lehrlinge, 800. Gehülfen, 802. Provisoren, 804. II. Ober=Aufsicht über die Apotheker, 804. III. Ausübung der pharmaceutischen Kunst selbst, 806. — Pflichten derselben, 816. Besondere Privilegien derselben, 820.
Arbeitsunfähigkeit, was so heiße, IV, 1013.
Archive der Magisträte, deren Rechte, III, 691.
Armaturstücke, deren Kauf von Soldaten strafbar, IV, 1093.
Armenanstalten. Grundsätze, IV, 847. Wem die Versorgung der Armen obliege, 849. Verpflichtung 1) der örtlichen Armenverbände: a) Gemeinden, 850; b) Gutsherrschaft, 852; 2) der Landarmenverbände, 854. Verhältniß der Armenverbände zu einander, 854. Verpflichtung der Armenverb. gegen die Ehefrau, Wittwe und Kinder eines Verarmten, 855. Einstweilige Fürsorge für Arme, deren Verpflegung einem andern Armenverbande obliegt, 856. Verpflegung kranker Dienstboten, 858. Handwerksgesellen 2c., 859. Verfahren bei Streitigkeiten über die Armenpflege, 859. Oeffentl. Armenanstalten; Verhältniß des Staats gegen dieselben, 866. Aeußere Rechte solcher Anstalten, 867. Successionsrecht in den Nachlaß der verpflegten Personen, 869. Innere Verfassung solcher Anstalten, 873. Vorsteher und Verwalter, 873. Aufgenommene Personen, 874.
Armenverpflegung erkrankten Gesindes, III, 492 ff.
Armuth, s. Verarmung.
Arrest, widerrechtlicher, wie dafür zu entschädigen, I, 327; — auf Bergwerke, IV, 650; — auf Waaren wegen Haverie=Beitrages, III, 1002; — auf Post=Inventarienstücke unstatthaft, IV, 445; — auf Schiffe und Schiffsleute, in wiefern er zulässig, III, 941; — kann der Vormund wegen streitiger Vorschüsse bei der Schlußrechnung auf das Vermögen des Pflegebefohlenen anlegen, IV, 831.
Arrha, I, 245.
Arrogation, III, 402.
Arzneien, unerlaubter Handel mit, IV, 1087.
Arzt, kann die Stelle des Richters bei privileg. Testamenten vertreten, II, 58.
Ascendenten=Erbfolge, s. Intestaterbfolge und Pflichttheil.
Ascendenten können sich mit Descendenten nicht heirathen, III, 2; — deren Konkurrenz mit Seitenverwandten, 367; — deren Lehnfolge, II, 678.
Assekuranz eines Schiffs od. einer Waare kann der Arrestleger ergänzen, III, 941.
Assekuranzcompagnien, deren Vorsteher u. Bediente dürfen für eigene Rechnung weder Versicherungen ertheilen, III, 1008, noch Bodmerei geben, 1064.
Assekuranzen, s. Versicherungen.
Assignation, cessibel, I, 691; s. Anweisung.
Auction, I, 681; — der Pfandstücke, II, 785.
Auctionscommissarius und Ausrufer dürfen nichts erstehen, I, 602.
Aufgebot, öffentliches, bei Entwässerungen, I, 405; — der Erbschaftsgläubiger, II, 531; — erbloser Verlassenschaften, IV, 597; — der Handlungsgläubiger bei Entlassung des Faktors, III, 830; — der Societätsgläubiger beim Ausscheiden eines Gesellschafters, 848; — gefundener Sachen, I, 428; — gefundener Schätze, 436.
Aufgebot, eheliches, III, 54, 220; — Dispensation davon 57.
Aufhängen und Aufstellen von Sachen, gefährliches, in besuchten Gegenden, IV, 1086.
Aufhebung der Gesetze, I, 60.
Aufhebung der Verträge überhaupt, I, 281, wegen Betruges, 1, 281; wegen Unmöglichkeit d. Erf., 282; wegen veränderter Umstände, 285; durch wechselseitige Einwill., 286; wegen Mangels der Erfüll. von der andern Seite, 288; durch Erlaß, Vergleich, 291; durch den Tod, 291; — der Kaufverträge, I, 655; wegen nicht geleisteter Erf., 655; durch gegenseit. Einwill., 658; wegen Verletzung über die Hälfte, 659; — eines Testaments, II, 138.

Aufhebungsarten der Rechte und Verbindlichkeiten, II, 368.
Aufkündigung der Darlehne, I, 778; — geschieht gültig dem Vormunde und durch den Vormund, IV, 776; sowie durch den Ehemann der Pflegebefohlenen, 813; — des Gesinde-Dienstes, III, 497 ff., — der Handlungsgesellschaft, 847; — der Pacht und Miethe. II, 977, 981, 984, 991, 1018; — der Vollmacht, 197.
Auflage, neue, eines Buches, I, 832.
Aufruhr, IV, 954.
Aufstellen u. Aushängen, gefährliches, in besuchten Gegenden, IV, 1086.
Auftrag, Beschädigung bei dessen Gelegenheit, I, 309.
Auf- und Abzug bezieht sich in der Oppelnschen Landesordnung v. 1561 nicht auf das Laudemium, II, 721.
Ausbeute bei Bergwerken, in wiefern sie zum beweglichen Vermögen gehört, IV, 637; in wiefern sie dem Verkäufer der Kure verbleibt, 649.
Ausbeutezeche, Begriff, IV, 647.
Auseinandersetzung geschiedener Eheleute wegen des Vermögens, III, 202. a) Wenn kein Theil für den schuldigen erklärt worden 204. b) Wenn ein Theil für schuldig erklärt worden. A. Außer dem Falle der Gütergemeinschaft. 1. Auseinandersetzung des Vermögens, 207. 2. Abfindung des unschuldigen Theils, 209. B. Wenn Gütergemeinsch. vorgewaltet hat, 213. C. Wenn der schuldige Theil gar kein Vermögen hat, 215. — Verträge über die Abfindung, 216. Rechte der Erben, 216; — des Eigenthümers mit dem Nießbraucher, II, 941: — des Eigenthümers mit dem Besitzer, I, 363; — des Erben mit dem Lehnsfolger, II, 692. — des an- u. abziehenden Pfarrers oder dessen Erben, IV, 334; — der Pflegebefohlenen mit andern Miteigenthümern, 761; — des Vaters mit seinen Kindern erster Ehe, 709.
Ausgabe, neue, eines Buches, I, 832.
Ausgaben, nothwendige, nützliche, II, 220.
Ausgießen, unvorsichtiges, IV, 1086.
Ausguß, wie er als Servitut einzurichten, II, 1046.
Ausländer, nach welchen Gesetzen sie hier zu beurtheilen, I, 45; — deren Erwerbung von Grundeigenthum, 378; — deren Zulassung zur Eingehung einer Ehe, III, 55; — von Pfändungen, gegen, II, 330. — S. Adoption.
Auslegung der Gesetze, I, 53; — der Privilegien, 59; — der Willenserklärungen, 166; — der Verträge, 252; — der Testamente, II, 129; — der Entsagungen, 470; — der Familienstiftungen, III, 431 ff.; — der Verfassungsgesetze einer Gesellschaft, 528; — der Assekuranzverträge, 1035.
Auslieferungskosten bei der Uebergabe einer Sache, I, 369.
Auslobung einer Prämie, I, 828.
Ausmärker, I, 379.
Aussaat, deren Vertretung bei Pachtungen, II, 999; — deren Berücksichtigung bei Remissionen, 1009, 1011, 1013 ff.
Ausschank, II, 1093.
Ausschließung der gesetzlichen Erben, II, 69.
Aussetzung einer hülflosen Person, IV, 1010.
Aussicht über des Nachbars Grundstück, I, 411; II, 1047.
Ausstattung, Verbindlichkeit zur, III, 316; IV, 753; — was darunter zu verstehen, III, 329; wie sie zu konferiren, 328; — vermachte, II, 114; geistliche, IV, 372, 373.
Aussteuerkassen erfordern zu ihrer Errichtung besonderer obrigkeitlicher Erlaubniß, I, 747., — Strafe der unerlaubten Errichtung, IV, 1084.
Ausstoßung der Mitglieder einer Gesellschaft, III, 529.
Austritt einzelner Mitglieder aus einer Gesellschaft, III, 549; — aus der Kirche, III, 49.
Ausübung der Rechte, I, 70.
Auswärtige, wann ihnen Kuratoren zu bestellen, IV, 847.
Auswanderung kann nur in Bezug auf die Wehrpflicht beschränkt werden, IV, 436. Allgemeine Grundsätze, IV, 687. Beförderung von Auswanderern, 693. — Strafe der unerlaubten, 972; der Verleitung dazu, 973.
Ausweichen auf den Straßen, Vorschriften darüber, IV, 486.
Auswerfen, unvorsichtiges, IV, 1086.
Auszügler-Haus muß, wenn es abbrennt, von dem Wirthe wieder aufgebaut werden, I, 739.
Auszug, s. Altentheil.
Avulsionen, I, 461, 462.

Baares Vermögen, was darunter zu verstehen, I, 97; — der Pflegebefohlenen, wo es bis zur Unterbringung zu verwahren, IV, 769.

Backöfen dürfen an der gemeinschaftlichen Mauer ohne Einwilligung des Miteigenthümers nicht angelegt werden, I, 433.
Baden, in öffentlichen Flüssen, IV, 517.
Bäuerliche Grundstücke, deren Begriff, III, 591.
Bäume an den Häusern, I, 409; — an sich sind bewegliche Sachen, I, 96.
Bank, königl., hat die Zahlungen in ihrer Kasse zu empfangen u. zu leisten, I, 780; — ihre Bücher haben ohne eidliche Bestärkung Beweiskraft, II, 837; — Verpfändungen, an die, 837; — Weiterverpfändung der an die B. verpfändeten Waaren, 835.
Banknoten, gehören zum Kapitalsvermögen, I, 97; — u. zu dem Vermächtniß des Inbegriffs eines Behältnisses, II, 107; — deren Verpfändung, 821; — Vindikation, 366: — der heutigen Bank sind jedoch wahre Geldzeichen, (Papiergeld), I, 97.
Bankerutt, IV, 1054.
Bann, Kirchenbann, IV, 173, 211.
Bann- u. Zwangsgerechtigkeiten, Begriff u. allgemeine Grundsätze, II, 1083. I. Mühlenzwang, 1087; II. Brau- u. Schankgerechtigkeit, Ausschank u. Krugverlag, 1093; III. Branntweinbrennerei-Gerechtigkeit, 1107.
Bau-Einschränkungen, I, 389.
Bau auf fremdem Boden, I, 476; — mit fremden Materialien, 478; — an der Grenze, 412 ff., 479.
Bau-Verdingung, I, 823; Rechte aus diesem Vertrage im Konkurse, 824.
Bauerhöfe, lassitische, deren Einziehung, I, 383.
Bauerstand, III, 580; — dessen allgemeine Rechte und Pflichten, 580. — Quellen der Rechte u. Pflichten zwischen Gutsherren u. bäuerlichen Grundbesitzern, 614. S. Dienste u. Zinsen.
Bauhandwerker, welche wider die Regeln der Baukunst handeln, IV, 1017.
Bauholz zu schlagen ist in der unbeschränkten Holzgerechtigkeit begriffen, II, 1070; — Schranken dieser Befugniß, 1071, 1073, 1081; — darf der Pfarrer aus dem Pfarrwalde nicht verkaufen, IV, 332.
Baukontrakte, I, 823.
Baum auf der Grenze, was davon Rechtens, I, 471.
Baumaterialien zu Kirchbauen müssen Patron u. Kirchgemeine liefern, soweit sie solche selbst haben, IV, 21; — zu Schulhäusern müssen die Magisträte in Städten u. die Gutsherrschaften auf dem Lande hergeben, soweit sie solche übrig haben, 384.
Baustellen sollen wieder bebaut werden, I, 385.
Bauten ohne polizeiliche Genehmigung, IV, 1088; — ohne Sicherungsmaßregeln, 1088.
Beamte, IV, 33. Allg. Grundsätze. 33. Diensteid, 34. S. Militairbediente. Civilbeamte, unmittelbare u. mittelbare, 70. Bestellung ders., 71. Uebernahme von Nebenämtern, 83. Befähigung zu den höhern Aemtern der Verwaltung, 72. Rechte u. Pflichten derselben in Ansehung ihres Amts, 98. Titel, Rangordnung und Uniformen, 87. Pflicht zur Amtsverschwiegenheit, 98. Beleidigung im Amte, 98. Verantwortlichkeit, 99. Urlaubswesen, 101. Niederlegung, Entsetzung und Verabschiedung, 108. Abkommen über Dienstnachfolge, 85. S. Pensionirung und Disciplinarbestimmungen. Rechte der Civilbedienten in ihren Privatangelegenheiten, 158. Befugniß zum Gewerbebetriebe, 158. S. Kollegia der Beamten. Vertretungsverbindlichkeit, 99, 160.
Bedingte Erbeseinsetzung u. Vermächtnisse, II, 122; — Kaufe, I, 660.
Bedingung, Begriff, I, 173; a) Aufschiebende, 174; b) auflösende, 179; c) mögliche u. unmögliche, 182; d) unnütze, 184; e) unerlaubte, 184; f) von mehreren beigefügten Bedingungen, 185; g) von Bedingungen, welche in schon vergangenen Begebenheiten bestehen, 185; — Unterschied der — von Zweck, 188.
Bedingungen bei Verträgen, I, 248; — bei Kaufen, 660; — bei Testamenten, II, 21, 122; — bei Erbeseinsetzungen u. Vermächtnissen, II, 122; aufschiebende, 122; auflösende, 123; mehrere Bedingungen, 124; Erfüllung, 124; mehreren aufgelegte Bedingungen, 125; schon erfüllte, 125; unmögliche, 126; wahre und falsche, 126; zum besten des gemeinen Wesens, 127; unbestimmte, 128.
Beerdigungen, voreilige, IV, 1087.
Beerdigungskassen, I, 747.
Befehl, in wiefern er von dem Schadensersatze befreit, I, 308; II, 208.
Befestigungswerke der Städte, I, 384.
Befrachter, deren Verhältniß zu den Schiffern, III, 968.
Befreiung von Gefangenen, IV, 966; durch Gefängnißbeamten, 1077.

Befruchtung, fremder Thiere, I, 476.
Begnadigung, bloße, erhält nicht den Adel, IV, 10.
Begräbniß, wem es gebühre, IV, 269; — wo es geschehen müsse, 229, 271; — darf nicht versagt werden, 230; — darf erst nach gehöriger Feststellung des Todes u. der Todesart geschehen, 272; — des Patrons, 293; — ist der hinterbliebene Ehegatte zu besorgen verpflichtet, III, 130.
Begräbnißkassen, I, 747.
Begräbnißkosten, wer sie zu tragen habe, I, 320, 321; 719; III, 130, 242.
Begräbnißplätze, Anlegung neuer, IV, 325.
Beichte, Siegel der, IV, 210.
Beichtgeld, soll abgeschafft werden, IV, 264.
Beilbrief gehört zur Ausrüstung eines Schiffes, III, 939; — wo er auszufertigen, 941.
Beischlaf, unehelicher, dessen Folgen, III, 238.
Beisitzer, magistratualische, bei Zünften u. Innungen, III, 728, 759.
Beistand, welche Personen einen solchen haben müssen, IV, 712; — Pflichten eines solchen, 847.
Belehnung, II, 622 ff.
Beleidigung der Majestät u. der Mitglieder des königl. Hauses, IV, 956; fremder Regenten u. Gesandten, 958; der Kammermitglieder, Behörden u. Beamten rc., 969; einer anderen Person, 1085.
Beleihung bei Bergwerken, was dabei Rechtens, IV, 625.
Belohnende Schenkungen, I, 889.
Beneficial-Erbe, I, 496; — eingeschränkte Rechte desselben, 502.
Beneficium cedendarum actionum, II, 269, 283, 302, 310, 312, 379, 450; **competentiae** des Patrons, IV, 294; des Präbendaten, 368; des Schenkers, I, 873; des Vasallen, II, 669; des Ehemannes aus den Einkünften der Illaten seiner Ehefrau, III, 86; des Hauptschuldners kommt in einem Falle dem Bürgen zu Statt, II, 296; — **excussionis**, 286, 299, 872; — **inventarii**, I, 496, 718; — **ordinis**, II, 300, 454, 467, 758, 759.
Bereicherungsklage, deren Erfordernisse, und Anwendung, II, 210, 221.
Bergbedienten auf gewerkschaftlichen Gruben sind mittelbare Staatsbeamten, IV, 648; — deren Annahme u. Entlassung, 648; — dürfen an dem Bergbaue als Gewerke, ohne ministerielle Genehmigung nicht Theil nehmen, 617; — auch keine streitige Zechen, oder andere Berggebäude an sich bringen, 617.
Bergelohn, dessen Vorzug vor andern Schiffsschulden, II, 829; III, 963; — wie es zu bestimmen, IV, 527.
Berggebäude müssen ununterbrochen fortgebaut oder gehörig in Fristen gelegt werden, widrigenfalls sie ins Freie fallen, IV, 627 ff.
Bergleute, deren Rechte und Pflichten, IV, 630; — deren Vereinigung in Knappschaften, 631; — deren Cur- u. Verpflegung, wenn sie krank werden, 630; — deren Annahme und Entlassung steht dem Bergamte zu, 648.
Bergwerk, Nießbrauch an einem, II, 913.
Bergwerkseigenthum kann nicht durch Verkauf des Ganzen im Falle des Widerspruchs getheilt werden, II, 517.
Bergwerksregal. A. überhaupt, IV, 602. Fossilien, welche dazu gehören, 602. Rechte in Ans. der nicht dazu gehörigen Fossilien, 603. Verleihung des Rechts zum Bergbau u. Aufs. darüber, 604. Anlegung der Hüttenwerke, 604. Metallkauf, 606. Zehnt, 606. Quatember- u. Rezeßgeld, 607. B. Wenn das Bergwerksregal einer Privatperson zusteht, 609. C. Verhältniß des Bergwerksregals gegen den Grundbesitzer. a) Verbindl. des Grundeigenthümers, 610. b) Rechte dess., Entschädigung, 613. Erbkur, 614. Mitbau zur Hälfte, 615. D. Rechte u. Pfl. der Bergwerkseigenthümer. a) Bergwerkseigenthum überhaupt, 616. 1) Unmittelbare Erlangung dess., Schärfen, 617. Recht des ersten Finders, 620. Muthen, 623. Verhältniß mehrerer Muther unter einander, 623. Pfl. aus der Muthung, 624. Beleihung, 625. Vermessung, 625. Allg. Pfl. aus der Beleihung; fortwährende Benutzung, 627. Raubbau, 629. Verstürzen, 630. Pfl. geg. die Bergleute, 630. Knappschaften, 631. Besondere Pfl. der Stollner, 633. 2) Mittelbare Erwerbung überhaupt, 636. Gesammteigenthum, 638. Wie es erlangt werden kann, 638. Rechte und Pfl. der Gesammteigenth., 638; in Anseh. der Zubuße, 644; in Ans. der Ausbeute, 647; in Anseh. der Bergleute, 648; des Schachtmeisters

bes., 648; Verkauf der Kure, 649. 3) Verpfändung des Bergwerkseigenthums, 650. 4) Bergarreste, 650. 5) Konkurs über Bergwerkseigenthum, 651. b. Verhältnisse der Bergwerkseigenthümer unter einander: 1) überhaupt, 652; 2) mehrere Gruben unter einander, 653. Alter im Felde, 653. Beweis des Alters im F., 654; 3) der Gruben gegen Stollen, 656. Allgemeine Stollenrechte, 656. Stollenhieb, 658. Vierter Pfennig, 659; Wassereinfall-Geld, 660. Erfordernisse zu den bes. Stollenrechten, 660. Wasserschlotten, 663. Wasserhebungsmaschinen, 663. 4) Der Stollen unter einander, 664. Enterbung, 664. Verhältniß der Wasserhebungsmaschinen gegen Stoll., 665. 5) Der Gruben und Stollen gegen Hüttenwerke, 666.

Bernstein, was bei dessen Auffindung zu beobachten, IV, 528.

Beschädigung. Begriffe, I, 300. Grundsätze vom Schadensersatze überhaupt, 302. In wiefern die Schuld des Beschädigten den Beschädiger vom Ersatz befreie, 303. Wechselseitige Beschädigungen, 303. Rechtliche Vermuthungen bei der Schadenszufügung, 304. Woher der Ersatz zu leisten, 305. Verbindlichkeit der Erben, 306. Von mehreren Beschädigern, 305; bei Aufläufen und Tumulten, 306. In wiefern Beschädigungen nicht ersetzt werden dürfen: 1) Wenn der Beschädiger sich nur seines Rechts bedient hat — Mißbrauch des Rechts, 307; 2) Wenn die schädliche Handlung unwillkührlich war, 307; 3) Wenn der Beschädiger wahn- oder blödsinnig, oder ein Kind ist, 307; 4) Wenn er auf Befehl eines Vorgesetzten handelt, 308; 5) Wenn der Schade bei Gelegenheit eines Auftrages verursacht worden, 309. — Verjährung der Entschädigungsforderung, 310. — Schaden, verursacht durch andere Menschen, 312; besonders durch Dienstboten, 313; durch Gesellen und Lehrlinge, 314; durch Miethsleute, 314; durch Thiere, 315. — Wie der Schadensersatz zu leisten; bei Beschädigungen an Sachen, 316; an der Person 1) durch Tödtung, 319, a) aus Vorsatz oder grobem Versehen, 320; b) aus mäßigem Versehen, 320; c) aus geringem Versehen, 321; 2) durch andere körperliche Verletzungen, 321; — wegen erlittener Schmerzen, 322; — wegen verursachter Arbeitsunfähigkeit, 326; — wegen erlittener Verunstaltung, 324; — an der Ehre, 326; — an der Freiheit, 326; — bei Realarresten, 326. — S. Mißhandlung, Vermögens-Beschädigung.

Beschlüsse der Korporationen, III, 530; werden nach Sammlung der Stimmen von dem Vorsteher abgefaßt, 545; — der Dorfgemeinen, 592.

Beschreibung (Demonstration), I, 188.

Besitz, Begriffe, I, 327. — Vollständiger u. unvollständiger, redlicher, unredlicher u. unrechtfertiger, 329, insonderheit bei mehreren Mitbesitzern, 332, ingleichen bei Korporationen u. Gemeinen, 333; ferner bei Besitznachfolgern, 336. — Erwerbung des Besitzes, überhaupt, 336; — von Sachen, 338; durch Uebergabe, 339; körperliche, 340; symbolische, 341; durch Anweisung, 341; durch bloße Willensäußerung, 342; — wenn Mehrere den Besitz erworben haben, 343; — von Rechten, 343; eines affirmativen, eines negativen, 344; eines Untersagungsrechts, 346. Erwerbung des Besitzes eines Rechts gegen Mehrere, 346; insonderheit gegen Korporationen u. Gemeine, 347. — Fehler, welche die Besitzergreifung hindern. Gewalt, Betrug, Heimlichkeit, 348. Prekarium, 350. — Anfang des Besitzes; Fortsetzung und Verlust, 351; insonderheit bei Rechten, 354. — Wirkungen des Besitzes, 355. Rechte u. Pflichten des Inhabers u. Besitzers, 355. Wiederherstellung des durch Gewalt oder List, heimlich oder bittweise entnommenen oder gestörten Besitzes, 356; wenn der Besitz streitig ist, 359. — Verhältnisse zwischen dem Inhaber u. dem, welcher ein Recht zum Besitze hat, 360; — zwischen dem vollständigen u. unvollständigen Besitzer, 361; — zwischen dem vollständigen Besitzer und Eigenthümer, 361. — Verhältnisse des redlichen u. unredlichen Besitzers, 361; insonderheit bei Räumung des Besitzes 1) von einem vollständigen redlichen Besitzer a) in Ansehung der Nutzungen u. Früchte, 363; b) insonderheit bei nutzbaren Grundstücken, 365; c) der Verbesserungen, 367; d) der Erhaltungskosten, 368; e) der Lasten, 368; f)

der Deteriorationen, 368, g) der Auslieferungskosten, 369; — von einem vollständigen aber unredlichen Besitzer, 369; — von einem unvollständigen Besitzer, 374.
Besitzer, eingetragener, dessen Verfügungen, I, 588.
Besitzergreifung, I, 338.
Besitzfehler, I, 348.
Besitzklagen, I, 356.
Besitznachfolger, I, 336.
Besitznehmung in wiefern sie zur Erwerbung des Eigenthums erforderlich, I, 422; — ursprüngliche, 423; — verlassener oder verlorener Sachen, 424.
Besitzstörung, I, 335.
Besitztitelberichtigung, I, 590.
Besitzunfähigkeit hindert nicht an der Erwerbung durch Testament oder Kodizill, II, 17.
Besitzveränderungs=Abgaben, III, 654.
Besoldungen nicht cessibel, I, 691.
Bestätigung der Verträge, I, 244.
Bestechung eines Beamten, IV, 1074.
Besteuerungsrecht, IV, 452.
Bethaus, wer es zu unterhalten verpflichtet, IV, 321.
Betrug, IV, 1045; — bei Rechtsgeschäften, I, 170, 281.
Bettelei, IV, 974, 1085.
Beute, von der überhaupt, I, 456; — von der Kaperei insonderheit, 458.
Bevollmächtigungsvertrag, II, 161.
Bewaffnete Haufen, deren unbefugte Bildung, IV, 967.
Bewegungsgrund bei Willenserklärungen, I, 186; bei Verträgen, 248.
Bibliothek, was dazu gehöre, überhaupt, I, 113; — bei einem Verkaufe in Pausch u. Bogen, 621.
Bienen, von, I, 443.
Bieten, Abhalten vom, bei Versteigerungen, IV, 1060.
Bigamie, IV, 987.
Bildsäulen, in wiefern sie als Zubehör einer Bibliothek anzusehen, I, 114, 621.
Billon, II, 385.
Binnenzölle aufgehoben, IV, 536.
Bischöfe, IV, 217. Verhältniß derselben gegen den Staat, 217. Diöcesanrechte, 218. Auswärtige Bischöfe, 219. Synoden, 220.
Bitte, Recht der ersten, bei Stiften, IV, 363.
Blinde, deren Verträge, I, 237; — Testamente, II, 37.
Blitzableiter dürfen nur mit Zuziehung der Polizeibehörde nach deren Anweisung errichtet werden, I, 391.
Blödsinnige, I, 85, 157; IV, 706, 753, 822; — werden den Unmündigen gleichgeachtet, I, 86; — haben in Rücksicht auf die Verjährung mit den Minderjährigen gleiche Rechte 532.
Blutschande, IV, 989; — in wiefern sie testamentsunfähig macht, II, 13.
Blutsverwandtschaft, I, 93.
Bodmerei. Begriff, III, 1063. Wer B. schließen könne, 1064. Form des Kontrakts, 1066. Pflichten bei Schließung desselben, 1068. Ristorno, 1069. Pflichten des Nehmers nach geschlossenem Kontrakt, 1069. Erfüllung des Bodmerei=Kontrakts, 1071. Verjährung, 1072. Priorität zwischen mehreren Bodmereiforderungen, 1072.
Bona fides ist zur Ersitzung erforderlich, I, 557; nicht zur Verjährung durch Nichtgebrauch, 551.
Bonität, s. Sicherheit.
Boote, in wiefern sie Zubehör des Schiffes I, 113.
Botengehen im Hofedienste, III, 630.
Brachfrüchte, in wiefern deren Beschädigung Grund zur Pacht=Remission sei, II, 1011.
Brandschäden, Remission wegen, bei Pachtungen, II, 1013.
Brandschatzung, wen sie treffe bei Käufen, I, 641; bei Pachtungen, II, 1021.
Brandstiftung, IV, 1065.
Branntwein=Brennerei=Gerechtigkeit, II, 1107.
Brauerei, III, 789.
Brau=Gerechtigkeit II, 1093.
Braunkohlen werden auch da, wo die Provinzial=Bergordnungen davon nichts enthalten, wie z. B. in Schlesien, zu den Regalien gerechnet, IV, 602.
Brautgeschenke, was in Ansehung derselben Rechtens III, 36, 38, 40, 205, 227, 330.
Brautschatz, geistlicher, IV, 372.
Brevi manu traditio, I, 338, 342, 849.
Brieferöffnung, unbefugte, wie sie zu bestrafen, IV, 1064.
Briefwechsel, Vertragsschließung durch, I, 229.
Brücken dürfen nicht ohne polizeiliche Genehmigung angelegt oder geändert werden I, 397; IV, 517; — deren Bau und Unterhaltung I, 399; IV, 517; — durch den Nießbraucher II, 940; — den Pächter, 1001; — Strafe d. Zerstörung ders., IV, 1096.
Brückenbau ist Gemeindearbeit, III, 599.
Brückengeld muß auch der Wegeberechtigte entrichten, II, 1048.

Brückenrecht, I, 5.
Brunnen an der Grenze, I, 409; — unverwahrte, an öffentlichen Straßen rc. IV, 1088.
Brunnen-Vergiftung, Strafe der, IV, 1070.
Buden, in wiefern sie Immobilien, I, 96.
Bücher-Nachdruck, I, 834.
Bültenhieb, Recht zum, II, 562.
Bürge, wer so genannt wird, II, 265; — wer als solcher stillschweigend sich verpflichte, 267; — wer Bürge sein könne, 271 ff.; — wer als solcher angenommen werden muß, 281; — in wiefern er für mehr und stärker als der Hauptschuldner hafte, II, 296; wann seine Verbindlichkeit eintrete, 296, bei Personalforderungen, 297, bei Realforderungen, 299, bei Wechselforderungen, 300; — welcher Einwendungen er sich gegen den Gläubiger bedienen könne, II, 305. — Befreiung von seiner Verbindlichkeit, 306; — wie weit ihm die Verhandlungen zwischen Gläubiger u. Schuldner schaden oder zu statten kommen, 310. — Rechte zwischen dem Bürgen und dem Hauptschuldner, 311; — muß dem Hauptschuldner litem denunciiren, 313, muß vom Hauptschuldner schadlos gehalten werden, 314, und von der Bürgschaft befreit werden, 315; — in wiefern er mit dem Gläubiger kompensiren könne, 454; — wird durch Novation befreit, 485; — hat das Eintrittsrecht, 755. — Wirkung eines Vergleichs zwischen dem Hauptschuldner und dem Gläubiger in Ansehung des Bürgen, 480.
Bürgerstand, III, 688.
Bürgersteig, dessen Benutzung und Unterhaltung, I, 391.
Bürgervermögen, III, 692, 714.
Bürgschaften, von, II, 257, 263. Erfordernisse, 265. — Stillschweigende, 266; — der Ehefrauen, III, 101; — der Weiber, II, 271. — Rechte und Pflichten zwischen dem Bürgen und dem Berechtigten 283; — in wiefern die Rechte und Pflichten daraus vererblich, 311. — Ende der, 318.
Buhnen, in wiefern sie nicht ohne Erlaubniß des Staats angelegt werden dürfen, I, 463.
Bulle, s. Dorfbulle.
Bulle de salute animarum, IV, 350.
Buß- und Bettage, öffentliche, ordnet allein der Staat an, IV, 168.

Cabotage, s. Küstenschifffahrt.
Calumnie, ein Enterbungsgrund, III, 350, 370; — Strafe der, IV, 983.
Canäle an öffentlichen Orten und Flüssen dürfen nur mit Genehmigung des Staats angelegt werden, III, 397; — deren Anlegung an der Grenze, 410; — zur Abführung von Flüssigkeiten auf des Nachbars Grund müssen bedeckt und vergittert sein, II, 1046.
Canon bei Erbzinsgütern, II, 730.
Canonici, was sie sind, IV, 361. Klassen derselben, 361. Erfordernisse, 362. Verleihung der Canonicate, 363. Devolutionsrecht, 363. Recht der ersten Bitte, 363. Resignation, 364. Mehrere Ordnungen der Canonici, 365. Canonicate, die an Unfähige verliehen werden, 365. In wiefern Eine Person mehrere Canon. besitzen könne, 365. Vorbereitung zum Canon., 366. Aufnahme, 366. Pflichten, 366. Residenz, 366. Vicarien, 367. Aeußere Rechte und Pflichten der Canonici, 367, besonders in Ansehung ihrer Präbende, 367. Weltgeistliche Frauenstifte, 369.
Cassation, s. Kassation.
Casum sentit dominus, I, 621.
Casus dolo vel culpae subordinatus, I, 129, 130; IV, 929. S. Zufall.
Causa, s. Bewegungsgrund.
Causa debendi einer vermachten Passivschuld braucht nicht ermittelt werden zu können, um das Legat wirksam zu machen, II, 112.
Cautio indiscreta, I, 768.
Cautio de judicio sisti, II, 330; — fideicommissaria, 121; — judicatum solvi, 189, 329; — legatorum servandorum causa, 122; — pro damno infecto, 224; — pro expensis, 259; — pupillaris, IV, 724 u. 731; 813 ff. u. 816; 765, 774, 832; — ratam rem haberi, II, 196, 287; — usufructuaria, 910. — S. Kaution.
Censur, die, darf nicht eingeführt werden, IV, 438.
Certioration bei Bürgschaften, II, 272.
Cessibel, was — sei, I, 690.
Cession. Begriffe und Grundsätze I, 686. Sie ist kein Titel, sondern ein Modus und steht der Tradition zur Seite, 687. Das Bekenntniß empfangener Valuta ist nicht Erforderniß einer gültigen Cession, 688, 689, 694. Was cedirt werden könne, 690; II, 877. Von der Valuta bei Cessionen. Die

lex Anastasiana ist aufgehoben, I, 694. Form 694. — Partial=Cession, 697. — Wirkungen der Cession zwischen dem Cessionario und dem Schuldner, 699; — zwischen dem Cedenten und Cessionario, in Ansehung der Richtigkeit 706, in Ansehung der Sicherheit, 707. — Nothwendige Cessionen, 713; II, 311, 318, 377.
Charte Partie. Begriff, III, 968; Form, 969.
Chatoulgüter, IV, 454.
Chausseen, deren Bau, IV, 482; Verkehr auf den, 486. Tarif zur Erhebung des Chausseegeldes, 491.
Chirographum, I, 769.
Civilbediente, s. Beamte.
Clausula codicillaris, II, 76; — **privatoria**, 117; — **rebus sic stantibus**, I, 285; II, 987; IV, 867.
Coadjutoren, von, IV, 355.
Codicille. Begriff, II, 4; Form, 22 u. 48; Aufhebung u. Widerrufung, 138 u. 145.
Coheredes conjuncti, — **disjuncti**, II, 72.
Collateralen, in wiefern sie sich nicht heirathen dürfen, III, 3; — deren Erbfolge, 423; — neben Ascendenten, 368.
Collation, s. Kollation.
Collegia, s. Kollegia.
Commixtio, I, 472.
Commodat, s. Leihvertrag.
Communio bonorum, s. Gütergemeinschaft.
Communio bonorum prorogata, deren Natur, III, 166, 171; IV, 762.
Communio incidens, s. Gemeinschaft.
Compensation, s. Kompensation.
Competenz, s. **Beneficium**.
Compossessio, I, 332, 343.
Conat, s. Versuch.
Conkurs, s. Konkurs.
Concussion, IV, 1042.
Conditio, s. Bedingungen.
Condictio certi, II, 421; — **indebiti**, 411, 415 ff.; — **ob causam datorum**, 422; — **ob injustam causam**, 424; — **ob turpem causam**, 413, 423, 424; — **sine causa**, 412, 413, 422, 423.
Confirmation des gewählten Prälaten, IV, 354.
Confusion bei Stoffen, I, 472.
Confusion. Begriff, II, 487; Erfordernisse, 487; — bei Realrechten, 488; — bei Grundgerechtigkeit, 496; — durch Erbschaft, 496; — bei mehreren Mitberechtigten u. Mitverpflichteten, 497; — zwischen dem Bürgen, Hauptschuldner und Gläubiger, 498.
Connexität, s. Konnexität.
Connoissement, III, 974.
Consekration des gewählten Prälaten, IV, 354.
Consistorien, s. Konsistorien.
Consolidation, II, 488 ff.; — des Lehns, 718.
Constitutum debiti, I, 756; — **alieni**, II, 265; — **possessorium**, I, 340, 342, 752, 849.
Consuln, s. Konsuln.
Contrebande, I, 460; III, 950, 1017; — gehört zur Partikular=Haverei, 1004. Wie deren heimliche Anbordbringung zu bestrafen, IV, 1063.
Contributionen, wen sie bei Pachtungen treffen, II, 1021.
Conventionalstrafen, wo sie zulässig, I, 269, 797; — dienen als Kaution bei unschätzbaren Rechten, 182; — sind vererblich, 484, und cessibel, 691. — Form der Verträge bei, 229.
Convoy, III, 996, 1018, 1036, 1038.
Corpus delicti, s. Thatbestand.
Correalgläubiger, I, 299.
Correalschuldner, I, 293.
Correalverbindlichkeit, aus Consensual=Verträgen, I, 293; II, 317; — aus dem Verwahrungskontrakte, II, 233; — aus unerlaubten Handlungen, I, 305; II, 328.
Couriere, deren Beförderung, IV, 583.
Creditbriefe der Kaufleute, III, 853.
Creditiren, I, 808; — an Dienstboten, III, 832; — an Studenten, IV, 425; v. Seiten des Beauftragten zum Verkauf, II, 192; — der Verwalter, 245.
Creditsysteme haben in ihrer Kasse Zahlung zu empfangen und zu leisten, I, 780.
Criminalrecht, IV, 875.
Culm, s. Kulm.
Culpa, I, 132, 265.
Cur des Gesindes auf Kosten der Herrschaft, III, 490; — der verwundeten oder beschädigten Schiffsleute auf Kosten der Rheder, 961, 997.
Curkosten gehören zu den Alimenten, III, 67, 221, 242; — für den Beschädigten muß der Beschädiger auch im Falle des geringen Versehens tragen, I, 320, 321.
Curatel, s. Vormundschaft.
Curator, welchen Personen ein solcher zu bestellen, IV, 709; **ad lites**, 711. — Rechte u. Pflichten der Curatoren, IV, 840. I. Curatoren einer noch ungebornen Leibesfrucht, 841. II. Curatoren zum Behufe der Aus=

einanderſetzung mit dem Vater, 842; beſonders wenn mit einer ſolchen Curatel eine Vermögens=Adminiſtration verbunden iſt, 843. III. Der Vater als Curator ſeiner Kinder, 844. IV. Lehnscuratoren, 846. V. Curatoren entfernter oder unbekannter Intereſſenten, 847.

Dachrinnen, auf die Straße ausgießende, dürfen nicht ohne polizeiliche Erlaubniß angelegt oder wiederhergeſtellt werden, I, 391.
Dachtraufe braucht der Nachbar nicht zu dulden, I, 409; — wie ſie anzulegen, wenn ſie eine Grundgerechtigkeit iſt, II, 1046.
Dämme, was wegen deren Anlegung u. Unterhaltung Rechtens, IV, 519; — müſſen vom Pächter im Stande erhalten werden, II, 1001. — Strafe der Zerſtörung der —, IV, 1069.
Dammgeld muß auch der Wegeberechtigte entrichten, II, 1048.
Damnum, ſ. Schade; — indirectum, I, 128; — circa rem und extra rem, I, 128.
Dampfmaſchinen, Dampfkeſſel u. Dampfentwickler dürfen nur mit polizeilicher Genehmigung angelegt werden, III, 741, 744; — in wiefern der Nachbar wegen des Dampfes u. Rauches Schadloshaltung fordern kann, I, 381, 420.
Danziger Willkühr, I, 4.
Darlehnsvertrag. Begriff, I, 748. Verträge über künftige Darlehne, 749. Darlehnsvertrag ſelbſt u. in wiefern dadurch das Eigenthum des Geldes auf den Borger übergehe, 750. — Perſonen, welche Darlehnsverträge zu ſchließen fähig ſind, 752; beſonders von Militairperſonen, 753; von königl. Schauſpielern, Sängern und Muſikern, 762. In wiefern Darlehne an unfähige Perſonen gültig werden: durch nützliche Verwendung, 762, durch Anerkenntniß, 763. — Darlehne zu einem unerlaubten Zwecke oder wo Waaren ſtatt baaren Geldes gegeben worden, 764. — Form, 766. Valuta bei Darlehnen, 769; Exceptio non numeratae pecuniae, 770 ff. Darlehne auf Wechſel, 775. Dauer der Beweiskraft eines Schuldinſtruments, 775. — Zeit der Rückzahlung, 778; Aufkündigung, 778; Ort der Rückzahlung, 779. Münzſorte, 780; im Falle einer Münzveränderung, 783; oder Münzreduktion, 784; — Zahlung in Papieren, 787. — Von Zinſen, 790; — Zögerungszinſen, 798; Grundſätze wegen Bezahlung der Zinſen, 800. — Uneigentliche Darlehne, 807.
Datio in solutum, II, 431 ff., 438.
Decanus der Fakultät beaufſichtigt di Studirenden, IV, 418.
Dechant dirigirt das Kapitel, IV, 356.
Deiche, wie deren Zerſtörung zu beſtrafen, IV, 1069. S. Dämme.
Deichweſen, IV, 519 ff.
Del credere, deſſen Uebernahme, II, 161, 173; III, 852.
Delationsgründe einer Erbſchaft, II, 2.
Delegation, II, 439.
Deliberationsfriſt, I, 487.
Delicta vel quasi, I, 132, 136.
Demonſtration, ſ. Beſchreibung.
Denkmäler, öffentliche, müſſen erhalten werden, I, 385; — Strafe für deren Beſchädigung, IV, 1064.
Depoſition, Grundſatz, II, 425; wo ſie geſchehen müſſe u. wann ſie ſtattfinde, 426; — bei unbeweglichen Sachen, 430; — bei Beſitzſtreitigkeiten, I, 359; — der verkauften Sache, wenn ſie nicht übernommen wird, 623; — des Kaufgeldes wegen zum Vorſchein kommender Gewährsmängel, 652; — wegen verſäumter oder verweigerter Annahme, 655; — der vertauſchten Sache, wegen Anſprüche eines Dritten an die eingetauſchte, 686; — bei dem Verwahrungsvertrage: wegen verſäumter Zurücknahme der Sache, II, 232; wegen Eigenthumsanſprüchen des Verwahrers, 237; wegen Anſprüche Dritter an die Sache, 240; — eines Pfandes bei Pfändungen, ſtatt des zu pfändenden Stücks, 326; — der Nachlaßforderung wegen mangelnder Legitimation der Erben oder ihres Bevollmächtigten, 536; — des Pfandes wegen zweifelhafter Legitimation des Abforderers, 783; — der Wechſelſchuld, wenn der Wechſel abhanden gekommen, III, 897; — der conſentirten Studentenſchuld, wenn die Aeltern Einwendungen zu haben vermeinen, IV, 429.
Depoſitum, Recht daraus iſt ceſſibel, I, 690. S. Verwahrungskontrakt.
Dereliction, I, 424, 432.
Deſcendenten können Aſcendenten nicht heirathen, III, 2; — deren Erbfolge, 325. — des Vaſallen, deren Rechte auf das Lehn, II, 652 ff.

Desertion, IV, 972, 973.
Desponsatio ist zu einer gültigen Ehe nicht erforderlich, III, 31.
Desuetudo, I, 60.
Deteriorationen, beim Besitz, I, 368, 373; beim Wiederkaufe, 667; beim Lehen, II, 699; — beim Retrakt, 904; — bei der Nutzungsberechtigung, 909; — beim Nießbrauche, 939; bei eingebrachten Grundstücken der Ehefrau, III, 159, 161, 205.
Devolutionsrecht, bei Pfarrstellen, IV, 260; bei Canonicaten, 363.
Diebstahl, IV, 1023; — an Eßwaaren 2c., 1092; — an Erde, Steinen, Rasen, Lehm, Sand, Grand, Mergel 2c. von fremden Grundstücken, 1092.
Diener des Staats, s. Beamte.
Dienste, welche gleichzeitig mehreren Personen geleistet werden, wie es mit der Belohnung dafür zu halten, I, 810.
Dienste der Unterthanen, III, 618. Wozu sie geleistet werden müssen, 618. Festsetzung gemessener Dienste, 618. Spanndienste, 620. Gemessene Diensttage, 620. Gemessene Dienste nach Ackermaß, 622; nach Zeit= und Ackermaß zugleich, 623. Handdienste spannpflichtiger Unterthanen, 623. Geräthschaften, 624. Anfang u. Ende der Tagearbeit, 624. Ruhestunden, 625. Anderweitige Dienstbestimmungen, 625. Baudienste, 626. Forstdienste, 629. Marktfuhren, 629. Reisefuhren, 629. Weite der Fuhren, 629. Rückladungen, 630. Botengehen, 630. Saat= und Erndtezeit, 631. Vergütungen bei Diensten, 631. Verwandlung der Dienste in Dienstgeld, 632. Aussetzung der Dienste, 633. Erlaß der Dienste, 634. Unmöglichkeit der Dienste, 635. Dienststreitigkeiten, 638. Ablösung der Dienste, siehe Ablösung.
Dienste des Pachtmüllers zur Mühlenreperatur, II, 1002; — zum Kirchenbau, IV, 319, 324; — zum Schulbau, 383; — zum Wegebau, 478.
Dienstboten, Ausnehmung von Waaren durch, III, 832; — Beschädigung durch, I, 313.
Dienstregister, III, 614.
Dienstvergehen, deren Bestrafung, IV, 128 ff.
Dienstwohnungen der Beamten, deren Unterhaltung, II, 920, 938.
Dies interpellat pro homine, I, 13; II, 371. S. Zeit.
Diffession eines Schuldscheins, falsche, wird m. d. Verluste d. Einwendungen gegen die Forderung bestraft, I, 774.
Diligentia rebus suis consueta, I, 134; II, 226, 227.
Dimissoriale, was es sei u. wann es zu ertheilen, IV, 264.
Dingliche Klagen, cessibel, I, 690.
Dingliches Recht, I, 122, 125.
Diöcesanrechte, IV, 218.
Direktoren der Kollegien, deren Rechte u. Pflichten, IV, 159.
Disciplinarwesen der Beamten, IV, 128 ff. u. Richter, 146 ff.: — academisches, 418, 424.
Dismembration, s. Zerstückelung.
Dispacheurs dürfen nicht Versicherungen ertheilen, III, 1007; nicht Bodmerei schließen, 1064; — fertigen die Schadensberechnung bei Haverien, 1051 ff.
Dispensation, von Ehehindernissen, III, 4 ff.; vom ehelichen Aufgebot, 58; — von kirchlichen Handlungen der Eximirten, IV, 246.
Dispensiren, in der Apothekerkunst, was es heiße, IV, 1087.
Disponenten, s. Faktoren.
Disposition der Aeltern unter Kindern, II, 51; III, 343, 345.
Dissensus, I, 286, 658.
Divisio parentum inter liberos, s. Disposition.
Dollmetscher, bei Verträgen, I, 241; bei Testamenten, II, 40.
Dolus, I, 132; — bei Verbrechen, IV, 921.
Domainen, IV, 453; Verjährung bei, 456.
Domainenpächter und Beamte können sich bei ihnen angetragenen Vormundschaften excusiren, IV, 734, und müssen zur Uebernahme einer Vormundschaft die Erlaubniß der verpachtenden Behörde haben, 727.
Domainen=Renten, III, 687.
Domcapitularen, IV, 363.
Domicellaren, IV, 361.
Domstifte, katholische, IV, 356. Bestimmung der Domkapitel, 356. Rechte derselben als für sich bestehender Korporationen, 356. Verhältniß gegen den Bischof, 357. Rechte des Kapitels während der Vakanz des Bisthums, 358. Wahl des Bischofs, 359.
Donatio mortis causa, I, 882; — propter nuptias, III, 134; — sub modo, I, 885. S. Schenkungen.
Dorfgemeinen, III, 585. Rechte u. Pflichten der Dorfgemeinen, 591. Rechte der einzelnen Mitglieder, 592. Einschränkung der Dorfgemeinen, 595.

Gemeinarbeiten und Lasten, 599. Schulzen oder Dorfrichter, 605. Schöppen und Gerichtsmänner 611.

Dorfgemeinen oder Mitglieder derselben können kein Rittergut erwerben, I, 378.

Dorfgerichte, III, 612; deren Besetzung, II, 30; — in wiefern sie Verträge der Landleute aufnehmen können, I, 238.

Dorfgerichtspersonen, deren Vertretungs-Verbindlichkeit, II, 31, 45.

Dorfschmiede, s. Schmiedezwang.

Dos praelegata, II, 115.

Dotalitium, s. Gegenvermächtniß.

Draufgabe, I, 245.

Drohungen, deren Einfluß auf Willenserklärungen, I, 158.

Duell, IV, 999, 1003.

Düngergruben an der Grenze, I, 409.

Dürre, ein Remissionsgrund bei Pachtungen, II, 1011.

Durchfahrt-Gerechtigkeit, II, 1047.

Edle Metalle, I, 99.

Effekten, Begriff, I, 98.

Ehe, Begriff, III, 1. — Erfordernisse einer gültigen, 2, in Ansehung der Religion, 21, des Alters, 21; der Freiheit der Einwilligung, 22; der Einwilligung des Vaters, 24; der Mutter, der Großältern und des Vormundes, 26. Gründe zur Versagung dieser Einwilligung, 27. Ergänzung der ohne Grund versagten Einwilligung, 28. — Vollziehung einer gültigen Ehe, 41. Aufgebot, 54. Einspruch, 62. — Trennung der Ehe durch den Tod, 130. Begräbniß, 130. Trauer, 130. Erbfolge I. aus Verträgen, 131. Ehevermächtniß, 133. II. Aus letztwilligen Verordnungen, 137. III. Aus Provinzialgesetzen oder Statuten, 140. IV. Nach gemeinen Rechten, 143. 1) Absonderung der zum Nachlaß nicht gehörigen Stücke, 143. 2) Der Gerade, der Niftel, und des Heergeräthes, 143. 3) Des Erbschatzes, 4) Des eigenthümlichen Vermögens des überlebenden Ehegatten, a) des vorbehaltenen Vermögens der Frau, 148, b) der eingebrachten Gelder u. Kapitalien, 149, c) der eingebrachten Mobilien, 151, d) der eingebrachten Grundstücke und Gerechtigkeiten, 152. Verbesserungen, wenn das Grundstück zurückgegeben wird, 157. e) wegen des Nießbrauchs, 162. f) der Schulden, 162. 5) Successionsordnung, 163. V. Bei bestandener Gemeinschaft, 1) der Güter, 165; 2) des Erwerbes, 173. S. Ehen.

Ehe zur linken Hand, III, 218, Begriff und Fälle, in welchen solche zuzulassen, 218. Erfordernisse derselben, 219. Ehe-Contract, 219. Vollziehung der Ehe, 220. Rechte und Pflichten aus dieser Ehe, 221, besonders in Ansehung des Vermögens, 222; der Geschenke, 223; der Bürgschaft, 224. — Trennung der Ehe zur linken Hand durch den Tod, 224; durch Verwandlung in eine vollgültige Ehe, 225; durch richterlichen Ausspruch, 226. Ehescheidungsstrafe, 227.

Ehebruch, IV, 787.

Ehefrau, deren Rechte und Pflichten, s. Eheleute; — kann das weibliche Gesinde miethen, III, 478; sich selbst aber nicht ohne Einwilligung des Mannes vermiethen, 479; und kein besonderes Gewerbe treiben, 70; — vertritt den abwesenden oder kranken Mann im Betriebe seines Gewerbes, 98; — darf das Gewerbe des Mannes während der Dauer einer Kuratel oder Nachlaßregulirung für ihre Rechnung betreiben lassen, 749. — Deren Rechte wegen des Eingebrachten im Vermögen des Mannes, 84.

Ehefrauen, deren Bürgschaft, III, 101; — deren Verträge mit dem Manne, 70 ff.; — deren Vollmacht für ihre Männer, II, 185; — gewerbtreibende, 100.

Ehegelöbnisse, III, 30. — heimliche, III, 28. Erfordernisse eines gültigen, III, 30. Form, 31. Bedingte, 33. Erfüllung, 34. — Gründe des Rücktritts, 34. Folgen eines ohne Grund genommenen Rücktritts, 36. Folgen eines aus erheblichen Gründen genommenen Rücktritts, 38. Folgen der ohne Schuld eines Theils unterbleibenden Erfüllung, 38. Rechte u. Pflichten der Erben aus Ehegelöbnissen der Erblasser, 38. Verjährung des Rechts aus Ehegelöbnissen, 39. Von mehreren Ehegelöbnissen, 40.

Ehegesetze, Uebertretung der, und Strafe derjenigen, welche Ehegesetze übertreten, III, 236, 237.

Eheleute. Gemeinschaftliche Rechte und Pflichten der, in Beziehung auf ihre Person, III, 65. Rechte und Pflichten des Mannes, 67; — der Frau, 68. — Rechte und Pflichten in Be-

ziehung auf ihr Vermögen, 72 ff.; — deren Schulden, 95. Erbfolge derselben, s. Ehe. — Von den Schulden der Eheleute, 95.
Ehelosigkeit kann nicht gültig versprochen werden, I, 152, 181.
Ehemann, dessen Rechte u. Pflichten, III, 67; — ist der natürliche Vormund seiner handlungsunfähigen Frau, IV, 710, 724; — erhält durch die Ehevollziehung die Verwaltung des nicht vorbehaltenen Vermögens der Frau, III, 72. — Dessen Rechte im Eingebrachten, 79; — Rechte wegen der eingebrachten u. vorbehaltenen Mobilien, 82; — Rechte bei vorhandener Gütergemeinschaft, 114, wenn die Frau noch minderjährig ist, IV, 812, 817; — in Ansehung des Erbschatzes, III, 90; — Rechte u. Pflichten im Falle einer nichtigen Ehe, 230; einer ungültigen, 234; — muß als Selbstschuldner den Stiefkindern haften, wenn er eine Wittwe vor der Auseinandersetzung mit ihren Kindern geheirathet hat, IV, 840.
Ehen, gesetzwidrig geschlossene. Begriff, III, 228. I. Nichtige Ehen, 228. II. Ungültige Ehen, 232; insonderheit Ehen zwischen Vormündern und Pflegebefohlenen, 233; zwischen angenommenen Aeltern und Kindern, 234; mit noch nicht mannbaren Personen, 235; — wobei die freie Einwilligung oder der Konsens der Aeltern fehlt, 235.
Ehescheidung, III, 174. Ursachen zur, 175. 1) Ehebruch, 176; 2) Bösl. Verl. 177; 3) Versagung der ehel. Pflicht, 182; 4) Unvermögen, 183; 5) Raserei und Wahnsinn, 184; 6) Nachstellung nach dem Leben, 185; 7) Grobe Gebrechen, 187; 8) Unordentliche Lebensart, 188; 9) Versagung des Unterhalts, 188; 10) Veränderung der Religion, 189; 11) Unüberwindliche Abneigung — gegenseitige Einwilligung, 190. Compensation bei Scheidungsklagen, 193. Was während d. Scheidungsprozesses Rechtens, 196. — Wirkungen der Ehesch., 199. Auseinandersetzung wegen des Vermögens, s. Auseinandersetzung.
Eheverbote, III, 2; wegen zu naher Verwandschaft, 2; zwischen angenommenen Aeltern und Kindern, 6; zwischen Vormündern und Pflegebefohlenen, 6; wegen schon bestehender Ehe, 7; zwischen Personen, welche Ehebruch mit einander getrieben haben, III, 10; wegen Ungleichheit des Standes, III, 13. — Ehen der Militairpersonen, 14.
Ehevermächtniß, III, 133.
Ehrbarkeit kann durch keine Willenserklärung beeinträchtigt werden, I, 151.
Ehre, bürgerliche, was deren Verlust umfaßt, IV, 911.
Ehrenrechte, incessibel, I, 690.
Ehrenstrafen, IV, 911.
Ehrenzeichen, deren unbefugtes Tragen, IV, 970.
Ehrfurcht kommt bei Willenserklärungen nicht in Betracht, I, 160.
Ehrverletzung, IV, 996.
Eier von jagbarem Federwild, wie deren Ausnehmen zu bestrafen, IV, 1090.
Eigenlehner bei Bergwerken, IV. 616.
Eigennutz, strafbarer, IV, 1057.
Eigenthum, Begriff, I, 375. Gegenstand des Eigenthums, 375 — schriftstellerisches, künstlerisches Eigenthum, 834 ff. — Personen, welche Eigenthum erwerben können, 376. — bestandtheile des Eigenthums, 379. Eintheilungen des Eigenthums, 379. — Grundsätze von dem getheilten und eingeschränkten Eigenthum, 380. Gesetzliche Einschränkungen, I. zum Besten des gemeinen Wesens, 383, 1) bei Gebäuden, welche unterhalten u. wiederhergestellt werden müssen, 385. Einschränkungen des Eigenthümers bei dem Bauen, 380, bei Gründung neuer Ansiedelungen, 391; 2) bei Graben und Wasserleitungen, 397. II. Einschränkungen — zum Besten des Nachbarn, 1) in Ansehung der Vorfluth, 398; 2) der Raine und Pflugrechte, 407; 3) der Winkel, 408; 4) der Erker, Altane ꝛc., 409; 5) der Bäume an den Häusern, 409; 6) der Schweineställe, Kloaken u. s. w., 409; 7) der Rinnen u. Kanäle, 410; 8) der Brunnen, 410; 9) des Gebrauchs einer gemeinschaftlichen Mauer, 410; 10) des Lichts und der Aussicht, 411; 11) der Thüren, 415; 12) der Zäune, Planken u. Scheidewände, 415; 13) der Boden-Erhöhungen, 419 u. Erniedrigungen, 420. — Aufhebung der vorstehenden Einschränkungen, 420. S. Grundgerechtigkeiten u. Servituten; gemeinschaftliches Eigenthum; Erwerbungsarten.
Eigenthumsklage, II, 346. Wer vindiciren könne, 346. Gegen wen die Vindikation stattfinde, 351. Wirkungen der Vindikation gegen einen unredlichen oder unrechtfertigen Besitzer,

352; gegen einen redlichen Besitzer, 356. — Angabe und Nachweisung des Besitztitels, 358. — Was für Sachen nicht vindicirt werden können, 359.
Einbruch, IV, 1036.
Einfriedigungen, I, 417.
Einfuhrverbote, Strafe der Uebertretung bei ansteckenden Krankheiten, IV, 1071.
Eingebrachtes der Ehefrau, III, 67, 74; — Rechte des Mannes im eingebrachten Vermögen, 79; Rechte wegen der eingebr. und vorbehaltenen Mobilien, 82; Rechte der Frau wegen des Eingebrachten in dem Vermögen des Mannes, 84.
Einkindschaft, III, 410.
Einkünfte, legirte, jährliche, II, 108.
Einnahme=Reste des Verwalters, II, 253.
Einquartirungen, wer sie bei Miethungen zu tragen schuldig, II, 965; bei Pachtungen, 1022.
Einschränkungen des Eigenthums, II, 735 ff.; — gesetzliche, s. Eigenthum.
Einspruch gegen Ehevollziehung, III, 62.
Einsteigen, IV, 1036.
Eintrittsrecht des Bürgen, II, 755; — des jüngern Pfandgläubigers, 754.
Einweisung des Pfarrers in sein Amt IV, 262.
Einwendungen kann stillschweigend entsagt werden, II, 466.
Einwilligung, gegenseitige, der Eheleute ein Scheidungsgrund bei kinderlosen Ehen, III, 190.
Eisenbahnanlagen, deren Beschädigung, IV, 1068.
Eisenbahnbau, Annahme und Beaufsichtigung der Handarbeiter dabei, III, 572 ff.
Eisenbahngesellschaft, eine, ist keine Staatsanstalt, IV, 1080.
Eisenbahnunternehmungen, III, 557.
Eisernvieh=Kontrakt bei Pachtungen, II, 1005.
Empfehlung, II, 207.
Empfehlungen, kaufmännische, III, 852.
Enten braucht der Fischereiberechtigte nicht zu dulden, I, 455.
Enterbung, II, 69. Gründe zur E. der Descendenten, III, 350; der Ascendenten, 370; der Ehegatten, 165. — Enterbung aus guter Absicht, 353, 371. Rechtliche Folgen einer widergesetzlichen Enterbung oder Uebergehung, 354, 371, 165.
Enterbung bei Bergwerksstollen, IV, 664.
Entführung, IV, 1018.
Enthauptung, IV, 909.
Entsagung der Rechte. Begriff, II, 465. Grundsätze, 465. Entsagung d. Einwendungen, 466 u. I, 243. — Von Entsagung. überhaupt, II, 467. Entsagungen, welche unentgeltlich, 468, oder gegen Entgeld geschehen, 469. — Personen, welche entsagen können, 469. — Rechte u. Einwendungen, welchen entsagt werden kann, 469. Auslegungsregeln, 470.
Entsagung der Erbschaft, I, 491; des Testamentserben, deren Folgen, II, 75; des Vertragserben, II, 157; — der Kompensation, II, 464; — des beneficii excussionis, 304; — der Lehen, 714; — des Nießbrauchs, 949, 950.
Entsagungen, deren Form, I, 227.
Entsagungsverträge in Beziehung auf Erbschaften, II, 158.
Entsetzung des Vormundes, IV, 835 ff.
Entwässerungen, Aufgebot bei, I, 405.
Equipage, was der Ausdruck bedeute, I, 99.
Erbanfall, I, 484.
Erbbegräbnisse, Rechte in Ansehung derselben, IV, 270. Entschädigung dafür bei Verlegung des Begräbnißplatzes, 229.
Erbe, wer so heißt, II, 3. S. Erbschaft, Intestaterbfolge, Testament, Erbverträge.
Erben, falsche, I, 505.
Erbeseinsetzung, II, 67; — bedingte, II, 122.
Erbeserklärung, s. Erbschaft.
Erbfähigkeit wird nach der Zeit des Erbanfalls beurtheilt, II, 17; I, 715.
Erbfolge, nach welchen Gesetzen sie sich richtet, II, 132; — der Eheleute, s. Ehe. S. Intestaterbfolge.
Erbkur, IV, 614; — dessen Ertrag gehört nicht dem Nießbraucher, II, 915.
Erblehen, Begriff, II, 684; Succession bei 684.
Erblose Verlassenschaften, in welchen Fällen sie dem Staate anfallen, IV, 596. In wiefern erblose Verlassenschaften in Besitz genommen werden dürfen: von Privatpersonen, 597; von milden Stiftungen, 597; von einem Gesellschafter, 597. Aufgebot erbloser Verlassenschaften, 597. Rechte und Pflichten des Fiskus in Ansehung eines solchen Nachlasses, 598. Rechte eines präcludirten Erben, 598. Theilnehmung mehrerer Privatberechtigten an einem erblosen Nachlasse, 598.
Erbpacht, II, 950. — Rechte des Ver=

pächters bei entstehendem Unvermögen des Pächters, wenn der Erbpächter das Gut verläßt, II, 952. — Rechte des Erbverpächters auf das übrige Vermögen des Pächters, 953.
Erbrechen, s. Einbruch.
Erbrecht, I, 12.
Erbschaft. Begriff, I, 101, 481. Was dazu gehöre, oder nicht gehöre, 481 ff. I. Erwerbung. Eine Erbschaft ist nicht Gegenstand der Usukapion, I, 568. Erbanfall, 484. Ueberlegungsfrist, 487. Antretung und Entsagung der Erbschaften überhaupt, 490. Entsagungen insonderheit, 491. Antretung der Erbschaft ohne Vorbehalt, 495, — mit Vorbehalt, 496. Vom Inventario, 500. Einschränkungen der Rechte eines Beneficialerben, 502. Von falschen Erben, 505. — Verlassenschaften, wozu der Erbe unbekannt, 506. Siegelung, 506. Wie es zu halten, wenn nur der Aufenthalt des Erben unbekannt, 506, oder wenn, wer Erbe sei, unbekannt, 607. — Legitimation des Erben, 509. Wirkungen der Präclusion eines unbekannten Erben, 513. II. Verlust der Erbschaft wegen Indignität und Impietät, II, 146; IV, 597.
Erbschaftsentsagung, in wiefern sie eine Veräußerung und durch die Gläubiger anfechtbar, I, 874. — S. Erbschaft.
Erbschaftsgläubiger, deren Rechte gegen den Beneficialerben, I, 504; gegen mehrere Miterben, II, 527; — bei Erbschaftskäufen, I, 718.
Erbschaftskauf, worin er sich von der Erbtheilung unterscheidet, I, 714. — Was für Erbschaften verkauft werden können, 714. Wer Erbschaften kaufen und verkaufen könne, 715. Was unter einem Erbschaftskaufe begriffen sei oder nicht, 715. — Verhältnisse in Ansehung der Legatarien, Gläubiger und Schuldner, 718. — Form, 719; Wirkungen eines Erbschaftskaufs, 719. Gewährsleistung, 721, wenn gar kein Erbrecht gewährt werden kann, 721; wenn mehrere Miterben sich finden, 722; bei bedingten Erbschaften, 722; bei andern dem Erbrechte entgegenstehenden Hindernissen, 723. Wenn der Erblasser noch am Leben ist, 724. — Abschoß bei Erbschaftskäufen, 724.
Erbschaftsklage, I, 568.
Erbschaftstheilung, wer darauf antragen könne, II, 526; Art der Theilung, 527. Rechte und Pflichten der Miterben in Ansehung der Erbschaftsschulden und Lasten, 528, besonders nach der Theilung, 529; was sie zu beobachten haben, wenn sie nach der Theilung nur pro rata haften wollen, 531. — Rechte der Miterben gegen einander, nach der Theilung, wegen der Erbschaftsschulden und Lasten, II, 533; — Rechte und Pflichten der Miterben wegen der erbschaftlichen Activforderungen, II, 534 ff. — Wie es zu halten, wenn das Erbrecht streitig ist, II, 537.
Erbschatz, III, 89.
Erbsonderungen, s. Erbschaftstheilung.
Erbunfähigkeit, I, 715.
Erbverträge, II, 151; persönliche Erfordernisse, 151; Gegenstände, 152; Form, 152; — Wirkungen während des Lebens der Kontrahenten, 153; nach dem Tode, 154; — in Ansehung eines Dritten, 157; Widerruf, 156; Aufhebung, 158; — zwischen Eheleuten, 158.
Erbzinsgüter, II, 719; Laudemien, 719; deren Ablösung, 721; Canon, 730; dessen Ablösung, 731; Remission am Erbzinse, 732.
Erderhöhungen und Erniedrigungen an der Grenze, I, 419.
Erfindungspatente, III, 731.
Erfüllung d. Verbindlichkeiten überhaupt. Wie erfüllt werden muß, II, 370. Was Rechtens bei Unmöglichkeit der Erfüllung bei Verbindlichkeiten aus Willenserklärungen, 370; bei Verbindlichkeiten unmittelbar aus dem Gesetze, 370. — Zeit der Erfüllung, 370. Zögerung und deren rechtliche Folgen, 370. — Ort der Erfüllung, 373. — Erfüllung der Verträge, I, 262.
Erhaltungskosten, I, 368.
Erker an der Grenze, I, 409.
Erlaß, Begriff und Grundsätze, II, 465; — der Rechnungslegung, was sie wirke und wann sie stillschweigend anzunehmen, 251.
Erlöschungsarten der Rechte, II, 369.
Ernster Wille bei Willenserklärungen, I, 163.
Erpressung, IV, 1042; — von Geständnissen und Aussagen, 1076.
Error, s. Irrthum, Unwissenheit.
Ersitzung, I, 555.
Erstgeburt, s. Primogenitur.
Erwerbsgesellschaften, wie sie sich von

Personen-Gesammtheiten (universitatibus mere personarum) unterscheiden, III, 515. S. Societät.
Erwerbungsart, Begriff u. Erfordernisse, I, 124.
Erwerbungsarten des Eigenthums, I, 421 ff.
Erzieher und Erzieherinnen, III, 511.
Erziehung der Kinder, III, 281; IV, 378; — aus geschiedenen Ehen, III, 284; — der unehelichen Kinder, 390.
Erziehungsanstalten, deren Errichtung u. Beaufsichtigung, IV, 378.
Erzpriester, was er sei u. worin sein Amt bestehe, IV, 222.
Eßwaaren ꝛc., Diebstahl an, IV, 1092; — verfälschte oder verdorbene, deren Feilhaltung, IV, 1087.
Eventualbelehnung, II, 685 ff.
Eviction, was bei erfolgter zu leisten, I, 635. S. Gewährleistung.
Evictionsfall bei einer in Zahlung gegebenen Sache, was bei dessen Eintritt Rechtens, II, 432.
Exceptio deficientis legitimationis, I, 375; — imminentis evictionis, 265; — mercis non traditae, 264; — nondum impleti contractus, 264; — non numeratae pecuniae, 770, 773; II, 495; — rei judicatae, I, 47; — veritatis bei Injurien, IV, 1000.
Exceptionen, welche gegen Wechselansprüche zulässig, III, 901 ff.
Excesse bei Pfändungen, II, 343.
Excommunikation, kirchliche, IV, 173.
Excusationsgründe in Ansehung der Uebernahme einer angetragenen Vormundschaft, IV, 734.
Excussionis beneficium, s. beneficium.
Execution wegen Lehnschulden, II, 665.
Executionsordnung bei Pfandschulden, II, 752, 759; — bei Hypothekenforderungen, 872; — bei einseitigen Schulden des in Gütergemeinschaft lebenden Ehemannes, III, 118; — bei Schulden einer privilegirten Gesellschaft, 538; — bei Kämmereischulden, 692, 693.
Executionsverfahren, administratives, IV, 463.
Exemtion von persönlichen Bürgerdiensten, III, 696; — vom Pfarrzwange, IV, 245, 349.
Exmission des Miethers oder Pächters, wann sie stattfinde, II, 968, 989. Was dabei wegen des Pachtgeldes u. der Rückgewähr Rechtens, 1026.
Expensae, s. Ausgaben.
Expositio infantis, IV, 1010.
Expromission, II, 320; — besonders der Frauenspersonen, 323.
Expropriationsrecht des Staats, I, 63, 599.

Fabrikanten, wer so heiße, III, 788.
Fabrikarbeiter, s. Gewerbe, Gewerberäthe.
Fabriken, III, 787.
Fabrikenvorräthe sind Zubehör einer in Pausch u. Bogen verkauften Fabrik, I, 620.
Fabrikunternehmer, wer so heißt, III, 788; deren Rechte u. Pflichten, 788.
Fähigkeit, persönliche, zu Willensäußerungen, I, 155; — Verträge zu schließen, 196; — zu Käufen, 602; — zu Cessionen, 692; — zu Erbschaftskäufen, 715; — zu Darlehnen, 752 ff.; besonders der Ehefrau, III, 94, 95; der Kinder in väterlicher Gewalt, 292; der Korporationen, 537; der Stadtgemeinen, 714; der Studenten, IV, 424; der Mitglieder des königl. Hauses, I, 753; der Militairpersonen, 753; IV, 42; der königl. Schauspieler, Sänger u. Musiker, I, 762; zur Zuwendung oder Erwerbung von Erbschaften u. Vermächtnissen, II, 5 ff.; — zu Expromissionen, II, 322; — zur Zahlungsleistung, II, 376; — zur Wechselbegebung, III, 860.
Fähren, deren Zerstörung, IV, 1069.
Fährrecht, IV, 517.
Fahren, was dabei wegen des Ausweichens zu beobachten, IV, 494, 503; — schnelles, in wiefern es strafbar, IV, 1086.
Fahrwasser in Strömen, Flüssen u. Kanälen, wie dessen Störung zu bestrafen, IV, 1069.
Faktoren. a) Ausstellung der Prokura, III, 823; b) Umfang, 824; c) Bekanntmachung, 824; d) wie weit unerlaubte Handlungen des Faktors den Prinzipal verbinden, 827. e) Ob ein Faktor substituiren kann, 828. f) Verhältnisse zwischen dem Prinzipal und Faktor, 828. g) Aufhebung der Prokura, 829. h) Verhältnisse zwischen dem Faktor u. denen, mit welchen er Geschäfte getrieben hat, 831.
Faktur, in wiefern durch deren Uebergabe die Verpfändung eingehender Waaren vollzogen werden kann, II, 835.
Falsche Erben, I, 505.

Fälschung, s. Urkundenfälschung.
Familie, Bedeutung des Ausdrucks bei letztwilligen Zuwendungen, I, 130, 131. — Rechte u. Pflichten der Mitglieder einer Familie, III, 418 ff. — Familie des Landesherrn, deren Rechte, IV, 435. — Wer zu einer Familie zu rechnen, I, 93; III, 418. Wie Familienverbindungen entstehen, III, 418. Allg. Familienrechte u. Pflichten: 1) Sorge für die Mitglieder der Familie, welche sich selbst nicht vorstehen können, 419; 2) Familientrauer, 420; 3) Pflicht zur gegenseitigen Unterstützung, 420. — Erbfolge der Geschwister, 423; der vollbürt., 423; der Halbgeschwister, 425; der übrigen Seitenverwandten, 425.
Familien-Fideikommisse, III, 430, 442. Was zu beständigen Familien-Fideikommissen gewidmet werden könne, 444. Errichtung, 447. Rechte und Pflichten des Fideikommiß-Besitzers, 449; insonderheit bei Verschuldungen des Fideikommisses, 450; bei Prozessen, 456. Wegen der Verjährung, 457. — Geldfideikommisse, 457. — Successionsordnung in Fam. Fid., 458, 468. Seniorate, 459; Majorate, 460; Minorate, 460; Primogenituren, 460. Wenn in einer Familie mehrere Fideik. von Einem Stifter, 463, von verschiedenen Stiftern sind, 464. Weibliche Succession, 466. — Auseinandersetzung zwischen dem Fideikommiß-Folger u. den Erben des letzten Besitzers, 469.
Familienrechte, incessibel, I, 690; — gemeinschaftliche, III, 426. Theilnehmung an Familienrechten, 426; Ausübung derselben, 427. Familienschlüsse, 428; Vorsteher d. Familien, 428.
Familienschlüsse, bei Familien-Fideikommissen, III, 437; bei Familien-Stiftungen, III, 440; bei Lehnen, 441.
Familienstiftungen, III, 429. Errichtung derselben, 430. Rechte und Pflichten der Familienmitglieder dabei, 431. Wie weit Familienschlüsse über solche Stiftungen gelten, 435, 436.
Familienurkunden, wo sie aufzubewahren, III, 429; — sind im Erbschaftskaufe nicht mitbegriffen, I, 720.
Familienvorsteher, wer dafür anzusehen und was ihm obliegt, III, 428.
Fehler des Besitzes, I, 348; — natürliche einer verkauften Sache, 279, 646.
Feiertage, allgemeine, I, 142; III, 909.
Feindliche Handlungen gegen befreundete Staaten, wie sie bestraft werden, IV, 938.
Feldfrevel, deren Verhütung und Bestrafung, II, 335.
Feldfrüchte, Diebstahl daran, wie er bestraft wird, IV, 1029, 1092, 1093.
Feldinventarium, Begriff, I, 106.
Feldprediger, deren Bestellung, IV, 177, 263. S. Militair-Geistlichkeit.
Felonie, II, 629, 710.
Fensterrecht, I, 411 ff.
Festtage, s. Feiertage.
Feuda extra curtem, I, 379; Succession in, I, 44.
Feueranzünden an gefährlichen Stellen, wie es zu bestrafen, IV, 1089.
Feuerarbeiter, welche die Polizeivorschriften nicht befolgen, IV, 1092.
Feuerassekuranzen, s. Feuerversicherungen.
Feuerfangende Stoffe, deren unvorsichtige Aufbewahrung, wie sie zu bestrafen, IV, 1089.
Feuerlöschgeräthschaften, wie deren unterlassene Unterhaltung zu bestrafen, IV, 1090.
Feuerschaden, in wiefern die Herrschaft für den durch das Gesinde verursachten hafte, I, 313; — am Viehinventario trägt der Verpächter, II, 1003.
Feuerstätte, wie deren unerlaubte Anlegung zu bestrafen, IV, 1089.
Feuerversicherungen, III, 1049. 1) Zulässigkeit, III, 1021. 2) Zulassung ausländischer Gesellschaften, 1023. 3) Agenten der Gesellschaften, 1024. 4) Buchführung der Agenten, 1026. 5) Aufsicht über die Versicherungen, 1026. 6) Strafbestimmung, a) in Betreff der Versicherer, 1029; b) in Betreff der Agenten, 1030; c) in Betreff d. inländischen Gesellsch., 1031.
Feuerversicherungs- (Brandentschädigungs-) Gelder sind nicht Pertinenz der versicherten Sache, I, 103 (Nachtrag), 115 (Nachtr.); II, 368 (Nachtrag), 858 (Nachtr.).
Feuerzeichen zur Sicherung der Schifffahrt, wie deren Zerstörung zu strafen, IV, 1070.
Fideikommiß, in wiefern es dem Erbschaftskäufer zufällt, I, 717.
Fideikommiß-Kurator, III, 452.
Fideicommissum ejus, quod superfuturum erit, II, 120.
Fiduziarerbe, II, 118, 121.
Filiationsklage, III, 266.
Finder verlorner Sachen, I, 426; — eines Schatzes, 436; — bei Bergwerken, IV, 620. S. Fund.

Firma, Begriff und Bedeutung, III, 824, 842.
Fischdiebstahl, IV, 1029, 1062.
Fischerei, I, 452; — Recht zur, II, 562; in öffentlichen Strömen, IV, 525; — gepachtete, in wiefern dabei Remission stattfinde, II, 1015.
Fiskalische Rechte, IV, 458. 1) Vorrechte der Staatskassen in dem Vermögen der Kassenbedienten, Domainenbeamten u. Pächter, 458; 2) in dem Vermögen anderer Kassenschuldner, 461; 3) bei der Administration der Domainen und Regale, 462; 4) in besonderen Angelegenheiten, 462; 5) bei Prozessen, 462. Exekutionsrecht u. Verfahren bei exekutivischer Beitreibung der direkten Steuern &c., 463.
Fiskus, Begriff des, IV, 451; — ist nur Eine Person, II, 461, verschieden von der Regierungsgewalt, I, 67. — Zinsenprivilegium, des, I, 798. — Dessen Recht auf Ansprüche aus einer turpis causa, I, 205, 714; II, 424; — auf gefundene Schätze, I, 439; — auf vakante Erbschaften, 509; IV, 594; — auf verlassene Grundstücke, 594; — auf unkonsentirte Offizier-Darlehne, I, 754; — auf wucherliche Darlehne, 765; — auf Geschenke zu unerlaubten Absichten, 861; — auf unerlaubte Studentenschulden, IV, 427; auf versicherte Contrebande, III, 1009. — Dessen Privilegium in Ansehung der Verjährung, I, 570; der restitutio in integrum, II, 255.
Fixa vincta, I, 111.
Flachsröthen, braucht der Fischereiberechtigte nicht zu leiden, I, 455.
Fleischesverbrechen, IV, 986.
Flößungsrecht, IV, 517.
Flüsse, s. Privatflüsse.
Flurbücher, III, 591.
Flußbette, wessen Eigenthum es sei, IV, 524.
Flußbetten, zugelandete, I, 468.
Flußwasser, Recht zu dessen Benutzung, IV, 517.
Folgen der Handlungen, mittelbare und unmittelbare, I, 128, — zufällige, 129.
Förmlichkeiten der Rechtsgeschäfte, I, 11, 137.
Form der Handlungen überhaupt, I, 36, 137, nach welchen Gesetzen sie zu beurtheilen, 33, 44, 218, 220; — der Willenserklärungen, 173; der Verträge, 217; der letztwilligen Verordnungen, II, 22 ff., III, 343, u. deren Widerrufs, II, 143. S. die einzelnen Rechtsgeschäfte.
Fornicatio, s. Hurerei.
Forstbediente dürfen keine Grundstücke in der Angrenzung ihres Reviers erwerben, I, 377.
Forsttheilungen, II, 586 ff.
Forum domicilii, originis, contractus, rei sitae, I, 38 ff.
Fossilien, welche zum Bergregal gehören, IV, 602.
Fouragirungen, in wiefern sie ein Remissionsgrund bei Pachtungen sind, II, 1022.
Frachtfahrer, s. Fuhrleute.
Frachtgelder sind in der Verpfändung des Schiffes nicht mit verpfändet, II, 827.
Frachtwagen, von, dürfen die geladenen Güter nicht gepfändet werden, II, 326.
Frauenspersonen, unverheirathete, werden bei Vertragsschließungen den Mannspersonen gleichgeachtet, I, 199; können wegen erlittener Verunstaltung Schadloshaltung fordern, I, 324; — Handeltreibende, III, 822. — Deren Bürgschaft, II, 271; — Expromission, 323; — Wechselfähigkeit, III, 860. — Sie können, mit Ausnahme der Mutter, nicht Vormund oder Kurator werden, IV, 725, 730; — nehmen an den Familienrechten Theil, III, 427, 432, u. können zu Familien-Vorstehern bestellt werden, 428.
Frauenstifte, weltgeistliche, IV, 369.
Freibauzeche, Begriff, IV, 647.
Freiheit, Entschädigung wegen verletzter, I, 326; — deren Versicherung, III, 1011, 1019, 1034, 1041, 1054.
Freiheitsberaubung, wie sie zu bestrafen, IV, 1018.
Freimaurer-Orden, III, 518, 525.
Fremde, I, 32, 47. S. Ausländer.
Fremde Regenten, Beleidigung gegen, wie sie zu bestrafen, IV, 958.
Freikure beim Bergbau, IV, 616, 644.
Freundeskauf, in wiefern er das Vorkaufsrecht ausschließt, II, 893.
Frost, in wiefern er bei Pachtungen ein Remissionsgrund, II, 1011.
Fruchterwerb, I, 461.
Früchte und Nutzungen, I, 370 ff., 461.
Fürstenrecht, (Privat-), I, 3, 35.
Fuhrleute, III, 1073.
Fund. Pflichten des Finders, I, 426; Pflichten des Richters, 427. Aufgebot gefundener Sachen, 428. Zuschlag der gefundenen Sachen, wenn der Verlierer sich nicht meldet, an

den Finder u. an die Armenkasse, 430. Wirkung des Zuschlages, 430. Was Rechtens, wenn der Verlierer sich meldet, 432. Was der Verlierer dem Finder zu leisten habe, 433. Von mehreren Findern, 434. Verlust des Fundrechts, 434.
Feudalobservanz, I, 8.
Furcht, deren Einfluß auf Willensäußerungen, I, 157.
Furtum possessionis, IV, 1061.
Fußangeln, in wiefern deren Legung strafbar, IV, 1087.
Fußboten, ihr Verhältniß zum Dingenden, III, 1074.
Fußsteige, in wiefern sich deren ein Jeder bedienen könne, II, 1047.
Fußwegegerechtigkeit, II, 1047.

Ganerbenrecht, II, 891.
Garderobe, was dazu gehöre, I, 99.
Garköche, III, 790.
Garnisonprediger, s. Feldprediger.
Gartenfrüchte, Diebstahl daran, s. Feldfrüchte.
Gastgemeinen, deren Zuschlagung hat nicht die Wirkung einer Einpfarrung, IV, 247; — in wiefern sie Theil nehmen an der Pfarrwahl, 258, am Pfarrbau, 320, 323, 330; — zum Schulbau, 383.
Gastwirthe, III, 790.
Gebäude, müssen erhalten werden, I, 385; — wie die Unterlassung zu bestrafen, IV, 1088. Nießbrauch derselben, II, 947.
Gebrauch, was er sei, I, 118; — unerlaubter des Depositums, II, 237.
Gebrauchsrecht, II, 742.
Geburt, was sie sei, I, 80.
Gefahr, deren Einfluß auf Willenserklärungen, I, 161. S. Periculum.
Gegenbuch, bei Ausnahme von Waaren auf Kredit, III, 837.
Gegenpfändung, unerlaubt, II, 344.
Gegenvermächtniß, III, 134.
Gehege muß unterhalten der Nießbraucher, II, 940, der Pächter, 1001.
Geheimnisse (Privat-), anvertraute, wie deren unerlaubte Offenbarung zu bestrafen, IV, 999.
Gehen, Fahren, Reiten rc. über Gärten, Wiesen, bestellte Aecker, wie es zu bestrafen, IV, 1090.
Gehülfen der Pfarrer, IV, 277; — bei Verbrechen u. Vergehen, IV, 929.
Geisteskranke, I, 85, 157.
Geistliche, s. Religionsgesellschaften.
Geistlichkeit, s. Kirchengesellschaften.
Geistliche Gesellschaften, Begriff und Grunds., IV, 348. Geistliche Verrichtung, 349. Aeußere Rechte in Beziehung auf den Staat, 349; in Ansehung ihres Vermögens, 350. Innere Verf., 350. Versammlung, 350. Rechte des Vorstheers, 352. Rechte des Kapitels bei vakantem Vorsteheramte, 352. Wahl und Postulation, 352. Kapitulation, 354. Konfirmation, 354. Konsekration, 354. Landesherrliche Approbation, 354. Koadjutoren, 355.
Geistliche Obern. Geistliches Departement; Bischöfe, IV, 217. S. Bischöfe. Protestantische Consistoria, 220. Mediat-Consistoria, 221. Superintendenten, Inspektoren u. Erzpriester, 222. Kirchenkollegia, 223.
Geläute IV, 231; dessen Unterhaltung, 325.
Geld, baares, in wiefern es vindicirbar, II, 360; — fremdes, als Darlehn gegeben, I, 750, als Kaufgeld gezahlt, 603.
Geldfideicommiß, IV, 457; — ist von Natur verzinslich, 870.
Geldstrafen, in wiefern sie von den Erben zu entrichten, I, 484; IV, 918; — deren Verwandlung in Freiheitsstrafe im Unvermögensfalle, 916, bei Polizeiübertretungen, 1081. Verwandl. d. Leibesstrafen, in Geldstrafen, 686.
Geldvermächtnisse, II, 81, 115.
Geldzehent, IV, 347.
Geldzinsen von verkauften Sachen, nach der Uebergabe fällige, gebühren dem Käufer, I, 624.
Gelübde, I, 195.
Gemeinarbeiten, was dazu gehöre, III, 599.
Gemeindeabgaben, Exekutionsverfahren bei deren Beitreibung, IV, 463.
Gemeinen, s. Korporationen.
Gemeines Recht, I, 2, 4.
Gemeinheitstheilungen, II, 562 ff. — 1) Nähere Bestimmung, 562; 2) Provokationsrecht, 563; 3) verschiedene Arten der Auseinandersetzung, 569; 4) Begründung des Antrags 569; 5) Beschränkung des Prov. Rechts, 569; 6) Theilnehmungsrechte. Allgemeine Bestimmungen darüber, 570; Nähere Bestimmungen: a) bei Gemeinweiden, aa) Berechnung nach dem Besitzstand, 571; bb) nach der Durchwinterung, 571; bei Stadt- u. Dorfgemeinden, 573; Anrechnung der bes. Weiden, 574; b) beim Plaggen- u. Bültenhieb, 576. —

7) Theilungsgrundsätze, 578. 8) Forsttheilungen, 586. 9) Wirkungen der Auseinandersetzung, 591. 10) Einführung neuer Gemeinheiten, 598. — Einschränkung der Gemeinheiten. 1) Einführung einer angemessenen Benutzung, 600; 2) Ausweisung des huthfreien Drittels, 603.
Gemeinschaft der Miterben, II, 525.
Gemeinschaftl. Eigenthum, Grundsätze, II, 501. — Wie Gemeinschaften entstehen, 502. Rechte der Theilnehmer, 502; Verwaltung, 508; Nutzen u. Lasten, 509. — Rechte und Pflichten der Gesellschafter gegen einen Dritten, besonders aus Handlungen einzelner Theilnehmer, 511. — Veräußerung einzelner Antheile, 512; Verpfändung derselben, 514; Aufhebung der Gemeinschaften, II, 517; Wirkung derselben in Absicht auf einen Dritten, II, 523. — In wiefern Theilungen angefochten werden können, 524.
Gemeinweiden, deren Benutzung, III, 594, 595.
Genehmigung, II, 193.
Generalvollmacht, II, 187.
Genugthuung, vollständige, was dazu gehöre, I, 301.
Genus, I, 265.
Gerade, III, 143; — hinterlassen und nehmen auch katholische Canonici, IV, 367.
Geräthschaften, was darunter begriffen, I, 98; — müssen die Hofearbeiter mitbringen, III, 624.
Geraubte Sachen, in wiefern sie verjährbar, I, 558, 578.
Gerechtigkeiten, Verträge über, deren Form, I, 228.
Gerichtliche Form erfordert die Erklärung des Ehemannes über Nichtanerkennung eines von seiner Frau geborenen Kindes, III, 269; die Erklärung über den Austritt aus der Kirchengesellschaft, 269.
Gerichtlicher Vertrag, in welchen Fällen er im Allgemeinen erforderlich, IV, 678; I, 237; besonders: bei Verfügungen über Immobilien, doch nur der Beglaubigung wegen, I, 593; bei Zertheilung von Grundstücken u. Veräußerung von Trennstücken, I, 117, 594; bei Verabredungen über die Verjährung, 550; bei Schenkungen, 858; bei Erbverträgen, II, 152; bei Lehnsverträgen, 622; bei Immobiliar-Verpfändungen, doch nur der Beglaubigung wegen, 770; bei Bestellung eines antichretischen Pfandes, 790; bei Verpfändung der Seeschiffe, 824; bei Pachtungen von Landgütern, wenn die jährliche Pacht 200 Thlr. oder mehr beträgt, 996; bei Ehegelöbnissen, III, 31; bei Verpflichtungen der Ehefrau gegen den Mann, 70; bei Verzichtleistungen der Ehefrau auf ihre Vorrechte im Vermögen des Mannes, 88; bei Bestellung eines Erbschatzes auf Grundstücke oder Kapitalien, 90; bei Errichtung, Aufhebung oder Ausschließung der ehelichen Gütergemeinschaft, 110, 127; bei Eingehung einer allgemeinen Gütergemeinschaft, II, 540; bei Errichtung oder Aufhebung eines Erbvertrages, 152, 156, 159; III, 131; bei der Adoption, 403; bei Familienstiftungen, 431; bei Familienschlüssen, 436; bei Errichtung einer Aktiengesellschaft, 553.
Gerichtliche Verwahrung, II, 239.
Gerichtsbarkeit, überhaupt, IV, 667. Bürgerliche, 667. Criminal-, 667. Polizei-Gerichtsbarkeit, 668. Höchste Gerichtsbarkeit des Staats, 673. Gerichtsbarkeit in nicht streitigen Sachen, 678. Nähere Bestimmungen wegen der bürgerlichen und peinlichen G. IV, 679. Verhältniß der Untergerichte gegen den Staat, IV, 680. Obergerichte, 680. Organisation der Gerichtsbehörden, IV, 680. Nutzungen der Gerichtsbarkeit, IV, 686.
Gerichtshöfe, mittelbare, aufgehoben, I, 3.
Gerichtsmänner, III, 611.
Gerichtsstand, I, 38.
Gesandten, I, 50; — können auch wegen Wechselschulden hier nicht belangt werden, I, 51.
Gesandtschaftsprediger, IV, 287.
Geschäftsführung ohne Auftrag. Grundsätze, II, 208. Rechte des Geschäftsbesorgers, wenn die Besorgung nützlich ist, 210; wenn sie zur Abwendung eines bevorstehenden Schadens geschehen ist, 211; wenn sie zur Beförderung eines Vortheils geschieht, 211. Geschäftsbesorgung wider des Andern Willen, 214. Auseinandersetzung zwischen dem Besorger und dem Eigenthümer, 215. Dauer der Verbindlichkeit des Besorgers, 216. Gemeinschaftliche Besorgung fremder und eigener Geschäfte zugleich, 216.
Geschenke, in wiefern sie konferirt werden müssen, III, 335.
Geschlechter, deren Unterschied, I, 84.

Geschmeide, s. Schmuck.
Geschwister und Geschwisterkinder, deren Erbfolge, der vollbürtigen, III, 423; der Halbgeschwister, 425; der Geschwister aus einer Ehe zur linken Hand, bei der Konkurrenz mit Kindern aus einer rechten Ehe, 379; der legitimirten und der ehelichen, 385, 386; der adoptirten und der eheleiblichen, 409.
Gesellen, von, III, 761; Beschädigung durch, I, 314.
Gesellschaften, III, 514, erlaubte, unerlaubte, 515. Rechte der erlaubten Privatgesellschaften, 522. Privilegirte Gesellschaften, 524. S. Korporationen.
Gesellschaften (Erwerbs-), Begriff und Grundsätze, II, 538. Allgemeine Gesellschaften, 540; besondere, 541. — Rechte und Pflichten der Gesellschafter: 1) in Ansehung der Beiträge, 542; 2) bei dem Betriebe der Geschäfte, 544; 3) wegen der Rechnungslegung, 547; 4) bei Verhältnissen gegen Andere, 548; 5) wegen Gewinnes und Verlusts, 551. — Austritt aus der Gesellschaft, 555; Tod eines Gesellschafters, 557. — Was beim Austritte einzelner Mitglieder zu beobachten, in Ansehung der übrigen Mitglieder, 558; in Ansehung der Societätsgläubiger, 560. — Gänzliche Trennung und Aufhebung der Gesellschaft, 560.
Gesetzbuch, dessen Schlußrevision, I, 1.
Gesetze. Davon überhaupt, I, 25. Deren Abfassung, 28; Publikation, 28; Anwendung, 11, 33. Wen sie verbinden, überhaupt, 35; bei beweglichen Sachen, 40; bei unbeweglichen, 43; bei der Form der Handlungen (bei Rechtsgeschäften), 44; in Ansehung der Fremden, 45. Retorsionsrecht, 52. — Deren Auslegung, 53; Aufhebung, 60.
Gesetzliches Pfandrecht, II, 746.
Gesinderecht, III, 475. I. Von gemeinem Gesinde, 475. Wer Gesinde miethen kann, 478. Wer als Gesinde sich vermiethen kann, 479. Gesinde-Mäkler, 480. Schließung des Miethsvertrages, 481. Lohn und Kost des Gesindes, 482. Dauer der Dienstzeit, 483. Antritt des Dienstes, 484. Pflicht des Gesindes in seinen Diensten, 486, außer seinen Diensten, 487. Pflicht der Herrschaft, 490. — Aufhebung des Vertrages durch den Tod, 495; nach vorheriger Aufkündigung, 497; ohne Aufkündigung von Seiten der Herrschaft, 497; von Seiten des Gesindes, 500; unter der Zeit, doch nach vorhergegangener Aufkündigung von Seiten der Herrschaft, 501; von Seiten des Gesindes, 501. Was alsdann wegen Lohn, Kost und Livree Rechtens, 502. Rechtliche Folge einer ohne Grund geschehenen Entlassung, 502. Verlassung des Dienstes, 504. Abschied, 505.
Gespann, was es sei, III, 621.
Gespilderecht, II, 891.
Gestio negotiorum, s. Geschäftsführung.
Getränke, verfälschte oder verdorbene, wie deren Feilhaltung zu bestrafen, IV, 1087.
Getreide, aufgeschüttetes, dessen Verpfändung, II, 830.
Gewährsleistung. I. Bei Verträgen überhaupt, I, 273, a) wegen fehlender Eigenschaften überhaupt, 275, b) wegen der Ansprüche eines Dritten, 275, c) wegen fehlender vorbedungener Eigenschaften, 276, d) wegen fehlender gewöhnlich vorausgesetzter Eigenschaften, 276, e) wegen der Sache anklebender Lasten, 277, f) bei einem Inbegriff von Sachen, 278. Zeit binnen welcher die Gewährsleistung gefordert werden muß, 279. II. Bei gewagten Verträgen, 281. III. Bei Kaufverträgen überhaupt, 630, insonderheit gegen die Ansprüche eines Dritten, 630. Was bei erfolgter Eviction der Verkäufer dem Käufer zu leisten habe, wenn die Sache dem Käufer gänzlich, 635, wenn ihm nur Theile oder Pertinenzstücke entzogen worden. a) Wenn der Käufer von dem Vertrage zurücktreten kann oder will, 638, b) wenn er nicht zurücktreten kann oder will, 638. — Gewährsleistung für die auf der Sache haftenden Lasten, 640, a) wenn der Käufer zurücktreten kann oder will, 644, b) wenn er nicht zurücktreten kann oder will, 644; wegen fehlender Eigenschaften, 645, wegen fehlender Quantitäten, 648. IV. Bei gerichtlichen Verkäufen (Subhastationen), 678. V. Bei Cessionen, in Ansehung der Richtigkeit, 706, in Ansehung der Sicherheit, 707. VI. Bei Erbschaftskäufen, 721, wenn gar kein Erbrecht gewährt werden kann, 721, wenn mehrere Miterben sich finden, 722; wenn nur eine bedingte Erbschaft gewährt werden kann, 722, wenn andere

dem Erbrechte entgegenstehende Hindernisse sich finden, 723, wenn der Erblasser noch lebt, 724. VII. Bei Schenkungen, 863. VIII. Bei Pachtungen der Landgüter, II, 998, 1030. IX. Bei Theilungen einer Gemeinschaft, 522; einer Erbschaft, 527. X. Bei einem Legat der Wahl, 103.
Gewährsmängel, I, 275, 645, 650, 652. S. Gewährsleistung.
Gewagte Geschäfte. Begriff, I, 727. Allgemeine Grundsätze, 727. 1) Versicherungsverträge, 730; 2) Lotterien, 730; 3) Verloosung, 733; 4) Spiel, 735; 5) Wetten, 735; 6) Verkauf künftiger Sachen, 735; 7) Verkauf fortdauernder Prästationen, 738; 8) Altentheil, 739; 9) Leibrenten, 740; 10) Wittwen-Heiraths u. Sterbekassen, 747.
Gewagte Verträge, deren Form, I, 228.
Gewahrsam, deren Begriff, I, 327; Verlust, 351; Wirkung u. Schutz, 355, 356, 360.
Gewalt, deren Einfluß auf Willensäußerungen, I, 138; — bei der Besitznehmung schließt die Besitzerwerbung aus, 348; — ist erlaubt zum Schutze der Gewahrsam u. des Besitzes, 355.
Gewerbe. I. Aufhebung bestehender Beschränkungen des Gewerbebetriebes, 736. II. Bedingungen des Gewerbebetr., 738. 1) Allgemeine Bestimmungen, 739. 2) Erforderniß besonderer polizeilicher Genehmigung, 741. a) Gewerbliche Anlagen, welche einer besonderen polizeilichen Genehmigung bedürfen, 741; b) Gewerbtreibende, welche einer besonderen polizeilichen Genehmigung bedürfen, 745; c) besondere Bestimmungen, 748; III. Umfang, Ausübung und Verlust der Gewerbebefugnisse, 749. IV. Marktverkehr, 751. V. Taxen. VI. Innungen, s. Innungen. VII. Gewerbegehülfen, Gesellen, Fabrikarbeiter und Lehrlinge. 1) Befugniß, Gesellen, Gehülfen und Lehrlinge zu halten, 761; 2) Verhältniß der Gesellen, Gehülfen und Lehrlinge, a) im Allgemeinen, 763; insbesondere α) der Gesellen und Gehülfen, 764; β) der Lehrlinge, 765. VIII. Prüfungen für die Aufnahme in Innungen und für die Befugniß zur Aufnahme von Lehrlingen, 768. IX. Ortsstatuten, 769. X) Verbrechen und Vergehen der Gewerbtreibenden, 770.
Gewerberäthe. I. Errichtung, III, 774. II. Handwerksmäßiger Gewerbebetrieb, 778. III. Prüfungen der Handwerker, 780. IV. Verhältnisse d. Lehrlinge, Gesellen, Gehülfen u. Fabrikarbeiter, 782. V. Unterstützungskassen u. ähnliche Einrichtungen, 783. VI. Innungsgebühren und Abgaben, 784. VII. Allgemeine Bestimmungen, 785.
Gewerkschaft, bei Bergwerken, IV, 616.
Gewicht, was für ein, bei Verträgen gemeint sei, I, 253; — ungestempeltes, wie dessen Gebrauch zu bestrafen, IV, 1090.
Gewinn, entgangener, s. Genugthuung.
Gewissensfreiheit ist gewährleistet, I, 152; IV, 164, 168, 171, 209, 225, 371, 378, 436.
Gewohnheitsrecht, I, 2, 4 ff., 26.
Gift, unerlaubter Handel mit, wie er zu bestrafen, IV, 1087.
Gläubiger, Begriff, II, 374.
Gnadengehalt gebührt dem dienstunfähig gewordenen Pfarrer, IV, 279.
Gnadenjahr der Pfarrer-Wittwen und Waisen, IV, 336.
Gold u. Silber, was darunter zu verstehen, I, 99.
Goldmünzen, preußische, deren Cours, I, 782.
Gottesdienst, wem die Anordnungen wegen dessen äußerer Form und Feier zustehen, IV, 172; — dessen Störung, wie sie zu bestrafen, IV, 985.
Gotteslästerung, IV, 984.
Grabmäler, deren Beschädigung, wie sie zu bestrafen, IV, 1064.
Grade der Verwandtschaft, wodurch sie bestimmt werden, I, 93,
Gräben, deren Anlegung an öffentlichen Oertern und Flüssen, I, 397; — müssen unterhalten werden: vom Nießbraucher, II, 940; vom Pächter, 1001.
Gräber, deren Beschädigung, wie sie zu bestrafen, IV, 985.
Gränzen einer Sache oder eines Rechts, in wiefern sie durch Verjährung verändert werden können, I, 584.
Gränzerneuerungen, II, 609.
Gränzscheidungen, II, 606; wie sie anzulegen, II, 606.
Gränzverrückung, wie sie zu bestrafen, IV, 1047, 1092.
Gräserei, Recht zur, II, 563.
Großältern elternloser Kinder müssen um die Einwilligung bei deren Verheirathung angegangen, III, 26; — bei der Wahl der Lebensart derselben

mit ihrem Gutachten vernommen werden, IV, 752.
Gruben, unverwahrte, auf öffentlichen Straßen, IV, 1088.
Grubenschulden bei Bergwerken, was in Ansehung derselben Rechtens, IV, 646.
Grundeigenthümer, dessen Rechte u. Pflichten beim Bergbau, IV, 107.
Grundgerechtigkeiten, II, 1036. Erwerbung derselben, 1036. Arten der Grundgerechtigkeiten, 1039. Umfang und Schranken der Grundgerechtigkeiten überhaupt, 1039. Pflichten des Besitzers des belasteten Grundstückes, besonders wegen Unterhaltung, 1040, und Wiederherstellung der belasteten, S. 1041. — Wie Grundgerechtigkeiten aufhören, 1042; — können nicht abgetrennt und an eine Person übertragen werden, II, 742. — Grundgerechtigkeiten; I. auf Gebäude, II, 1045, II. bei Wegen und Fußsteigen, Viehtreiben, Durchfahrten u. s. w., 1047; III. Hütungsgerechtigkeit, 1049.
Gülten-Kauf, I, 738.
Güte, s. Sicherheit.
Gütergemeinschaft, allgemeine, in wiefern sie zulässig, II, 540. Was in Ansehung der einseitigen Veräußerung einzelner dazu gehöriger Stücke oder Theile Seitens eines Gemeinschafters Rechtens, 513, 517.
Gütergemeinschaft unter Eheleuten, III, 103. Wie sie entstehe, 103. I. Rechte bei der Gemeinschaft aller Güter, 112. II. Gemeinschaft des Erwerbes, 124. — Ausschließung u. Aufhebung der Gemeinschaft, 126. Endigung der Gütergemeinschaft durch den Tod des Einen, 165; durch Ehescheidung, 205.
Güterrecht, eheliches, nach welchen Rechten es sich richte, I, 13, 18.
Gustum, Kauf ad, I, 208.
Gutsherrlich-bäuerliche Verhältnisse, deren Regulirung, III, 663.
Gutsherrschaften haben zu Schulbaue u. Reparaturen selbstgewonnene überflüssige Materialien herzugeben, IV, 384; — ernennt den Schulzen, III, 605, und die Schöppen 611.
Gymnasien, s. Schulen.

Häusliche Gesellschaft, woraus sie bestehe, I, 77, 78.
Hafen, von, IV, 504, 526; — wann ein H. für eingeschlossen zu achten, I, 460.
Hagestolzen, II, 65.
Haiden-Hieb, Recht zum, II, 562.
Halbgeschwister, s. Geschwister.
Hammerschlagsrecht, I, 416.
Hammerwerke, s. Bergwerksregal
Hand- und Spanndienste, s. Dienste, Gemeinarbeiten.
Hand wahre Hand, I, 597.
Handarbeiter, gedungene, I, 815.
Handelsbillets abgeschafft, III, 913.
Handelsbude, in wiefern sie eine unbewegliche Sache, I, 96.
Handelsfrauen, III, 822.
Handelsrecht, III, 820.
Handlungen u. deren Folgen, von, überhaupt, I, 127. Zurechnung d. Handlungen, 129. Allgemeine Grundsätze, 134. Wirkungen rechtlicher Handlungen, 135. Form der Handlungen, 137.
Handlungsbücher, I, 52; III, 833.
Handlungsdiener, III, 831; auf sie finden die Bestimmungen der Gewerbeordnung über das Verhältniß der Gewerbegehülfen (§§. 134—160) nicht Anwendung, III, 768.
Handlungsgesellschaften. A. überhaupt, III, 840. B. Societätshandlungen besonders. a) Form, 840. b) Rechte und Pflichten der Gesellschafter, 1) in Ansehung der Beiträge, 843; 2) bei dem Betriebe der Geschäfte, 843; 3) wegen der Rechnungslegung, 844; 4) bei den Verhältnissen gegen Andere, 845; 5) wegen Gewinnes und Verlustes, 846. c) Aufhebung der Societät. 1) Austritt einzelner Mitglieder, 846. 2) Gänzliche Trennung und Aufhebung der Societät, 847.
Handlungslehrlinge, s. Handlungsdiener.
Handlungsunfähigkeit, I, 156.
Handlungsvorsteher, s. Faktor.
Handmühlen, verbotene, II, 1090.
Handwerker, gedungene, I, 818.
Handwerker und Zünfte, III, 727; s. Gewerbe, Innungen.
Harzscharren, Recht zum, II, 563.
Hausoffizianten, III, 477, 497, 504, 508.
Hausrath, was darunter zu verstehen, I, 98.
Hausrecht, dessen Verletzung, wie es zu bestrafen, IV, 1018, 1088.
Hausstellen, wüste, in wiefern der Eigenthümer zur Wiederbebauung angehalten werden könne, I, 385.
Hauswirth, in wiefern er für seine Miethsleute bei Beschädigungen hafte, I, 314.
Haverei. Gemeinschaft zwischen Schiff u.

Ladung, III, 988. I. Ordinaire oder kleine Haverei, 989. Was dazu gehöre, 990. Wie solche von den Interessenten zu tragen, 990. II. Extraordinaire oder große Haverei, 990. Vorzüglichste dazu gehörige Fälle. a) Seewurf, 992; b) vorsätzliche Strandung, 994; c) Erleichterung des auf eine Klippe oder Sandbank gerathenen Schiffs, 995; d) Prangen, 995; e) Einlaufen in einen Nothhafen 995; f) Stilliegen wegen Convoy, 996; g) Ranzionirung des Schiffs, 996; h) Vertheidigung des Schiffs gegen feindliche Anfälle, 997; i) außerordentliche Kosten überhaupt, 997. Wie die Havereirechnung anzulegen, 997. Wie der Schade zu bestimmen, 998. Wie der Betrag des Schadens auszumitteln, 998. Wie der Beitrag zur großen Haverei festzusetzen, vom Schiffe, 1000, v. der Ladung, 1000. III. Partikulairhaverei, 1003. Schiffskontrebande, 1004. Beschädigung der Schiffe durch An- und Uebersegeln, 1004. Antreiben u. Stoßen, 1005.
Hazardspiel, in wiefern es strafbar, IV, 1059, 1085.
Hebammen, fahrlässige, wie sie zu bestrafen, IV, 1017.
Hebungen, vermachte jährliche, wie sie zu entrichten, II, 84.
Hecken, deren Anlegung an der Gränze, I, 418.
Heerden, von deren Pfändung, II, 328, 331, 334.
Heergefolge gehört nicht zum Soldatenstande, IV, 69.
Heergeräthe, III, 143, 144, 145, 146; IV, 367.
Hehlerei, IV, 1043.
Heilung, unerlaubte, wie sie zu bestrafen, IV, 1017.
Heimathsrecht, dessen Erwerbung und Verlust, IV, 861.
Heirathskassen, I, 747.
Hereditatis petitio, II, 67, 537.
Herkunft, Recht der, I, 39, 40.
Herrenlose Güter. Allg. Grundsätze, IV, 592. 1) Grundstücke, die von Anfang herrenlos, 595; 2) verlassene Grundstücke, 596. S. erblose Verlassenschaften.
Herrschaften, s. Gesinderecht.
Hetzen von Hunden auf Menschen, wie es zu bestrafen, IV, 1088.
Heuer des Schiffsvolks, III, 958, 961, 962; — in wiefern sie mit Arrest belegt werden kann, 942.
Heuschreckenfraß, in wiefern er bei Pachtungen ein Remissionsgrund, II, 1101.
Hindernisse bei der Verjährung, I, 521 ff.
Hochverrath, IV, 950.
Hochzeitsgeschenke, wem sie zukommen, III, 65.
Hochzeitskosten, wer sie zu tragen hat, III, 65, 208.
Hoffnungskauf, I, 727.
Hoheitsrechte, s. Majestätsrechte.
Holzungsgerechtigkeit, II, 1069.
Holzwaaren, auf dem Lager befindliche, wie sie verpfändet werden können, II, 833.
Homagialeid, s. Huldigungseid.
Honorarium des Mandatarii, II, 176; — des Vormundes, IV, 744, geht verloren durch ein grobes Versehen, 838.
Hordenschlag, II, 1063.
Hospitäler, deren Stiftung und Verwaltung, IV, 866.
Hüttenwerke, s. Bergwerksregal.
Hütungsgerechtigkeit, II, 1050. Koppelhütung, 1059. Aufhebung der Hütungsgerechtigkeit, 1059.
Huldigungseid, I, 378; II, 625.
Hunde auf fremden Jagdrevieren, IV, 600. S. Hetzen.
Hurerei, wie sie zu bestrafen, IV, 993.
Hyperrocha ist dem Verpfänder herauszugeben, II, 788, 813.
Hypothekenrechte erlöschen nicht durch bloße Vereinigung, II, 488.
Hypothekenrechte. 1) Gegenstände ders., II, 839; 2) Titel zur Erlang. eines Hypothekenrechts, 843; 3) Erwerbungsart durch Eintragung, 847; — Protestationen gegen präjudicirliche Eintragungen, II, 850; Einwendungen gegen eingetragene Forderungen, 851. 4) Form der Eintragung, 853. 5) Vertretung des das Hypothekenbuch führenden Richters, 853. 6) Wirkungen des Hypothekenrechts, 856. Worauf das dingl. Recht des Hypothekengläubiger sich erstrecke, 857. Für was die Hypothek dem Gläubiger hafte, 870. 7) Arten der Ausübung des Hypoth.-Rechts, 872; besonders gegen den dritten Besitzer, 872. 8) Ordnung und Vorzugsrechte der eingetragenen Forderungen, 873. 9) Cessionen und Verpfändungen, 877. 10) Löschungen, 879.

Jagd, auf fremdem Grund und Boden aufgehoben, I, 444.

Jagdcontravention, IV, 1062, 1090.
Jagdfolge, I, 451.
Jagdpolizei, I, 445.
Jagdregal. Begriff, IV, 598. Was jagdbare Thiere sind, 598 (Nachtr.). Hohe, mittlere u. niedere Jagd, 598 (Nachtr.). Einschränkungen d. Jagdgerechtigkeit: 1) in Ansehung d. Zeit der Ausübung, 599; 2) in Ansehung der Art der Ausübung, 600. Hunde auf fremden Revieren, 600.
Jahr, I, 141; Jahr und Tag, 142.
Illaten, s. Eingebrachtes.
Illegitimitätsklage, III, 266, 267.
Immatrikulation bei Präbenden, IV, 377; — der Studirenden, IV, 416.
Immemorialbesitz, I, 20.
Immemorial=Verjährung, I, 571, 582.
Impensae, I, 368. S. Auslagen.
Impietät, II, 146.
Inbegriff von Sachen, bei der Gewährsleistung, I, 278, 627.
Inbegriff von Sachen und Rechten (universitas juris), I, 100.
Incest, IV, 989.
Indignität, I, 715; II, 146.
Indossament, s. Wechsel.
Infanticidium, IV, 1007.
Inhaber, dessen Rechte, s. Gewahrsam.
Injurie, s. Ehrverletzung, Beleidigung.
Injurienklagen, nicht cessibel, I, 694.
Innungen. I. Bestehende Innungen, III, 756. II. Neue Innungen. 1) Innungen, bei denen die Mitgliedschaft von einer besonderen Aufnahme abhängig ist, 757; 2) Innungen, bei denen eine besondere Aufnahme nicht erforderlich ist, 760. S. Gewerbe.
Inofficiositätsklage, s. Querela inoff.
Insekten, kann Jeder fangen, I, 443.
Inseln in öffentlichen Strömen, IV, 524.
Insinuation der Klage versetzt in Verzug, II, 384; unterbricht die Wechselverjährung, III, 900.
Inspektoren, geistliche, IV, 222.
Instrument, dessen Rückgabe, II, 394, 400; dessen Kassation, 395.
Instrumentum indiscretum, I, 768.
Intercession, II, 266, 275.
Interdictum de liberis ducendis utile, III, 482.
Interesse, I, 266.
Interimistikum bei Scheidungen, III, 196.
Interpellation. II, 371.
Interpretation des A. L. R. verboten, I, 21. S. Auslegung.
Intestaterbfolgen, I. 13, 17. I. In absteigender Linie, III, 323. 1) Absonderung der zum Nachlaß nicht gehörenden Stücke, insonderheit des eigenthümlichen Vermögens der Kinder, 325; des Erbschatzes, 326. 2) Gesetzliche Erbfolge der Kinder des ersten Grades, 327. Ausgleichung unter denselben wegen der Ausstattungen und anderer Zuwendungen, 328. Grundsätze zur Bestimmung des Betrages, 335. 3) Gesetzliche Erbfolge der Enkel und übrigen Abkömmlinge weiterer Grade, 338. 4) Erbfolge der Descendenten bei der Gütergemeinschaft, 341. 5) Erbfolge der Descendenten aus letztwilligen Verordnungen, 343. Pflichttheil, 345. Enterbung, 350. Pflichttheil der Kinder aus geschiedenen Ehen, 360. 6) Erbfolge der Descendenten aus Verträgen, 364. — II. Erbfolge in aufsteigender Linie, der Aeltern ersten Grades, 365; der weitern Ascendenten, 367. Letztwillige Verordnungen der Kinder, 369. Pflichttheil der Ascedenten, 369. Enterbungsursachen, 370. III. Erbfolge in der Seitenlinie, der Geschwister, 423; der Halbgeschwister, 425; der übrigen Seitenverwandten, 425.
Invaliden, in wiefern sie noch als wirkliche Soldaten zu betrachten, IV, 39.
Inventarium, Begriff, I, 115; — von Erbschaften, 500.
Inventur, wenn Pflegebefohlene Miterben sind, IV, 757.
Investitur, II, 622.
Irrthum bei Rechtsgeschäften, I, 167; — bei Zahlungen, II, 411.
Juden, wie deren Personenstandsfälle zu beurkunden, III, 51 ff., — deren Zinsprivilegium, I, 791.
Judicatzinsen, I, 805 (Nachtr.).
Jura ad rem, — in re, I, 121, 122, 126, 127; II, 735.
Juramentum in litem, I, 119, 318, 326, 506; III, 792; IV, 831.
Juris quasi — possessio, I, 343; II, 1037.
Jus interstitii, I, 412; — majestatis circa sacra, IV, 168; — offerendi, II, 754; — protemiseos, s. Vorkaufsrecht; — separationis, II, 498.
Jussus, s. Befehl.
Justizpersonen, in wiefern sie streitige Forderungen durch Cession erwerben können, I, 692.
Juwelen, was darunter begriffen, I, 99.

Kähne, deren Verpfändung ohne Uebergabe, II, 823.
Kalende, IV, 347.

Kalkbrennerei-Gerechtigkeit auf fremdem Grunde und Boden, II, 1081.
Kanäle an der Grenze, I, 410; s. Canäle.
Kanon, s. Canon.
Kanonisches Recht, in wiefern es noch gültig, IV, 163.
Kanten, gehören zum Putze, nicht zur Wäsche, I, 99.
Kaperei, I, 458.
Kapitalien, Nießbrauch von II, 934.
Kapitalsvermögen, I, 97.
Kapitel, s. geistliche Gesellschaften, Domstifte, Klostergesellschaften.
Kaplaken, III, 935.
Kassation des Instruments, was sie wirke, II, 395.
Kassen, öffentliche, deren Verwaltung, II, 254; — deren Verbindlichmachung durch Verträge, I, 200; Compensation mit landesherrlichen, II, 461.
Kassen-Anweisungen, I, 786; deren Einführung, II, 387, 389.
Kassen-Verbrechen und Vergehen, IV, 1078.
Kauf ad gustum, I, 208, 673.
Kauf bricht Miethe, II, 983.
Kauf- und Verkauf, Begriffe u. Grundsätze, I, 598, besonders vom nothwendigen Kaufe, 599. — Erfordernisse eines gültigen Kaufs überhaupt, 600; in Ansehung der Person der Kontrahenten, 600; in Ansehung des Kaufpreises, 607. Verletzung über die Hälfte, 609. Simulirte Käufe, 613. — Form der Kaufverträge, 617. — Verbindlichkeiten des Verkäufers: a) zur Uebergabe, 617, b) in Ansehung der Pertinenzstücke, 617, bei Verkäufen in Pausch und Bogen, 618. Zeit und Ort der Uebergabe, 621, in Ansehung der Gefahr, der Lasten u. Nutzungen bis zur Uebergabe, 621, besonders bei Verkäufen in Pausch und Bogen, 627; bei einem Inbegriff von Sachen, 627. Wie die Uebergabe zu leisten, 628, besonders unter Abwesenden, 628. c) Gewährsleistung, s. Gewährsleistung. — Verbindlichkeiten des Käufers, 1) wegen Uebernahme der Sache, 650; 2) wegen Bezahlung des Kaufgeldes, 651. — Aufhebung der Kaufverträge: 1) wegen nicht geleisteter Erfüllung, 655; 2) durch gegenseitige Einwilligung, 658; 3) wegen Verletzung über die Hälfte, 659. — Nebenverträge: 1) bedingte Käufe, 660; 2) Vorbehalt des Eigenthums, 661; 3) Vorbehalt eines bessern Käufers, 663; 4) Vorkaufs- u. Näherrecht, s. Vorkauf; 5) Wiederkauf, s. Wiederkauf; 6) Reukauf, 672; 7) Verkauf auf die Probe, 673. — Gerichtliche Verkäufe, s. Subhastation.
Kaufgeld, dessen Bezahlung, I, 651.
Kaufleute, deren Zinsenprivilegium, I. 791; III, 850.
Kaufmännische Empfehlungen, III, 852; — Zinsen, III, 850.
Kaufmannsrecht, s. Handelsrecht.
Kaufmannswaaren, deren Verpfändung, II, 829.
Kaution des Verwalters, II, 254; des Vormundes, s. cautio pupillaris.
Kautionen, von, II, 257. Zweck derselben, 257. Befugniß sie zu fordern, 257. Gesetzliche, 258; — durch Verträge, 262. — Amtskautionen, 287.
Keller, deren Anlegung auf der Straße, I, 391; — unverwahrte, auf öffentlicher Straße, IV, 1088.
Kinder, wer in Testamenten darunter zu verstehen, II, 130; — nachgeborene, deren Rechte gegen den Stiefvater, wenn die Mutter sich zu früh mit demselben verheirathet hat, III, 272; — rumpiren das älterliche Testament, 360; berechtigen zum Widerruf einer Schenkung, I, 880. S. Aeltern.
Kinder, eheliche. Rechtmäßigkeit d., welche 1) in stehender Ehe, III, 265; 2) nach dem Tode des Ehemannes, 271; 3) nach geschiedener Ehe geboren worden, 274. — Von Kindern aus nichtigen und ungültigen Ehen, 275. — Rechte ehelicher Kinder, 276; Pflichten, 277. — Rechte u. Pflichten der Aeltern gegen die Kinder: 1) wegen der Verpflegung, 279; 2) wegen der Erziehung u. des Unterrichts, 280. 3) Rechte der älterlichen Zucht, 283. 4) Erziehung der Kinder aus geschiedenen Ehen, 284. 5) Rechte und Pflichten der Aeltern bei der Wahl einer Lebensart für die Kinder, 287; 6) bei der Verheirathung der Kinder, 288. 7) Pflichten der Kinder zu häuslichen Diensten, 288. 8) Erwerb der Kinder, 289. — S. C. Macedon. 289. 9) Verpflichtung der Aeltern aus unerlaubten Handlungen der Kinder, 294. — Vermögen der Kinder, s. Vermögen.
Kinder aus einer Ehe zur linken Hand, III, 377. Stand- und Familien-Rechte solcher K., 377. Unterhalt u. Erziehung, 378. Verhältniß in

Ansehung des Vermögens, 378. Rechte auf die Erbsch. des Vaters, 378, auf den Nachl. der Mutter u. ihrer Verwandten, 380. Erbfolge der Aeltern, 380. Rechte der Kinder bei getrennter Ehe zur linken Hand, 380.
Kinder, uneheliche, III, 13, 17; — Legitimation, III, 381 ff.; deren Rechte, 387. Verpflegung u. Erziehung, 387; deren Dauer, 396. — Rechte des Standes und der Familie, 397; Rechte auf den Nachlaß des Vaters, 398; auf den Nachlaß der Mutter, 400. — Erbrechte der Aeltern in dem Nachlaß des Kindes, 401. Erbrechte der Kinder in d. Nachlaß d. väterl. u. mütterlichen Verwandten 401.
Kindermord, IV, 1007.
Kirchen, IV, 166; was in Ansehung derselben Rechtens, 225; — deren Errichtung, 226.
Kirchenbauten, IV, 311 ff. Untersuchung der Nothwendigkeit u. Erforderniß des Baues, 312. Woher die Kosten zu nehmen, 315. Aufsicht über den Bau, 325.
Kirchenbücher, deren Führung, IV, 273. Was zu beobachten bei Eintragung der Trauungen, 273; der Taufen, 273; der Todesfälle, 274; der in andern Kirchen vorgenommenen Handlungen, 274. Duplikat des Kirchenbuchs, 275.
Kirchenbediente, weltliche, IV, 287.
Kirchendiebstahl, IV, 1030.
Kirchengebäude, s. Kirchen.
Kirchengeräthe, IV, 227.
Kirchengesellschaften, Grundsatz, IV, 166. Unerlaubte, 166. Oeffentlich aufgenommen, 166. Geduldete, 167. Verhältniß der K. G. gegen den Staat, 168; gegen andere K. G., 171; gegen ihre Mitglieder, 171. Geistliche Mitglieder, 174. Erfordernisse derselben, 204. Bestallung, 208. Rechte u. Pflichten in Ansehung des Amts, 208. Rechte und Pflichten in ihren Privatangelegenheiten, 212. Wie das geistliche Amt aufhöre, 215. Weltliche Mitglieder, 216. Obere u. Vorgesetzte der Kirchengesellschaften, s. Geistliche Obere, Bischöfe u. Konsistorien.
Kirchengüter, Verwaltung der, IV, 297. Allgemeiner Grundsatz, 297. Art der Verwaltung, 299. Rechte u. Pflichten der Kirchenverwalter, 300. Kirchenkapitalien, 301. Schulden der Kirche, 303. Grundstücke, 303. Prozesse, 304. Vergleiche, 307. Einkünfte, 307. Vermiethen und Verpachten der Grundstücke, 307. Vermiethung der Kirchstellen, 308. Ausgaben aus dem Kirchenvermögen, 310. Rechnungslegung, 310. Bau und Besserung der Kirchengebäude, 311. Unters. der Nothwendigkeit u. Erforderniß des Baues, 312. Woher die Kosten zu nehmen, 315. Aufsicht über den Bau, 325. Bau u. Besserung der Kirchhöfe, 325. Unterhaltung des Geläutes, 325.
Kirchenkollegia, IV, 223.
Kirchenpatrone, Begriff, IV, 289. Erwerbung des Patronatrechts, 290. Rechte und Pfl. des Patrons, 293. Wem die Ausübung eines Realpatronats zukomme, 294. Mehrere Patrone, 295. Wie das Patronat aufhöre, 296.
Kirchenvermögen. Begriff, IV, 224. Verhältniß desselben gegen den Staat, 224; gegen die geistl. Obern, 225. Verwaltung, des, 232; Veräußerung, 232; Verpfändung, 233. Besondere Vorrechte des Kirchenvermögens, 233.
Kirchenvorsteher, IV, 288.
Kirchenzeugnisse, IV, 275.
Kirchenzucht, IV, 173, 349; — gebührt dem Bischofe, 218.
Kirchhöfe, IV, 228; deren Bau u. Besserung, 325; — deren Nutzung, 333.
Kleinhandel mit Getränken, s. Ausschank.
Kleinzehent, IV, 344.
Klingebeutel gehört zu den Kircheneinkünften, IV, 307.
Kloaken an der Grenze, I, 409.
Klostergelübde, persönliche Fähigkeit dazu, IV, 369, 370; Wirkung, 374, 376.
Klostergeistliche, nur diese haben Sitz u. Stimme im Convent u. Kapitel, IV, 360.
Klostergesellschaften, Begriff, IV, 359. Geistliche Obern, 360. Kapitel u. Konvente, 360. Klosterzucht, 360. Aufnahme u. Versetzung der Mitglieder, 361.
Klosterpersonen, deren Testamentsfähigkeit, II, 6, 7.
Klosterzucht, IV, 360.
Körperverletzung, Strafe wegen, IV, 1012, 1069. Entschädigung des Verletzten, I, 321.
Knappschaften, IV, 631.
Kollation, III, 328. Bestimmung des Betrags der Zuwendungen, 335.
Kollegiatstifte, IV, 359.
Kollegien der Beamten, IV, 158. Vorgesetzte solcher Kollegien, 159. Vertretungsverbindlichkeit, 160.

Kollision der Eigenthumsansprüche mit andern persönlichen Rechten zu derselben Sache, II, 736 ff.; — der Rechte, I, 36, 40, 63, 72.
Kommodat, s. Lehnvertrag.
Kompensation, II, 446 ff.; — Begriff, 446; — was für Forderungen kompensirt werden können, 447; a) eigene 447; Korrealforderung, 448; Erbschaftsforderung, 448; cedirte und assignirte, 450; — in Konkursen, 451; — zwischen dem Gläubiger u. Bürgen, 454; — der Forderung eines Dritten, 454; — bei Bevollmächtigten, 454; bei Vormündern, 454; bei Eheleuten, 455. — b) nur fällige und gleichartige Forderungen, 456; nicht verjährte und präkludirte, 456, 464; c) nur liquide, 459. — Forderungen u. Fälle wo die Kompensation nicht stattfindet, 460; gegen andere fiskalische Kassen, 461; — bei Handlungen, 464; bei mehreren Forderungen, 465. — Entsagung der, 464. — Vermuthung aus der unterlassenen, 464. — Kompensation der Ehescheidungskl., III, 193.
Kompetenz des Erbschaftsbesitzers, I, 514.
Kompetenz der Strafgerichte, IV, 887.
Komplott bei Verbrechen, IV, 928.
Konfiskation, wie sie stattfinde, IV, 436, 916, 918.
Konkurrenz der Rechte, I, 72; — der Verbrechen, s. Zusammentreffen.
Konkurs, dessen Einfluß auf Bauverträge, I, 824; auf Schenkungen, 873; auf den Bevollmächtigungsvertrag, II, 204; auf den Verwahrungsvertrag, 235; auf Kompensationen, 452; auf Miethen und Pachtungen. 991.
Konnexität der Verbrechen, IV, 891.
Konsistorien, s. geistliche Obern.
Konsuln, deren Bestimmung, Befugnisse u. Pflichten, III, 926.
Konventionalstrafe, s. Conventionalstrafe.
Konzession zur Erwerbung von Grundeigenthum für Ausländer, I, 378.
Koppelhütung, II, 1059.
Korporationen und Gemeinen, III, 527. I. Grundverfassung ders., 527. II. Innere Rechte, 529. Berathschlagung u. Schlüsse, 530; insonderheit bei neuen Anlagen, 532; wegen des Vermögens, 533; wegen der Stiftungen, 535. III. Aeußere Rechte, 536; insonderheit wegen der Schulden, 538. IV. Repräsentanten, 541. V. Vorsteher, 544. VI. Beamte, 545. VII. Dauer, 548. VIII. Austritt einzelner Mitglieder, 549. IX. Aufhebung der Korporationen und Gemeinen, 549. — Deren Besitz, I, 333, s. juristische Personen; — ausländische, dürfen nicht Grundeigenthum erwerben, I, 378.
Kosten, der Ausklagung 2c., dafür haftet die Hypothek von selbst, II, 871 (Nachtr.); — der Hypothekbestellung, 871; — der Löschung, 882; — des Kaufs bei Ausübung des Retrakts, 902; des Kaufs und der Rückgabe im Falle des Rücktritts wegen Nichtzahlung des Kaufgeldes, I, 658; — bei Aufhebung des Kaufs durch Einwilligung, 659; — beim Wiederkaufe, 668; — bei der Geschäftsführung ohne Auftrag, II, 211, 212, 216; beim Antritte des Pfarrers, IV, 262; bei der Subhastation im Falle versäumter Förmlichkeiten, I, 683; bei der Resubhastation, 679; bei der Todeserklärung, IV, 826.
Krämer, Begriff, III, 822.
Kramladen, was dazu gehöre beim Verkaufe in Pausch und Bogen, I, 620.
Krebsen, unberechtigtes, wie es zu bestrafen, IV, 1062.
Krebsfang gehört zur Fischerei, I, 453.
Kreditiren, vom, I, 708.
Kriegsbeamte, s. Militairbeamte.
Kriegsgericht, wie es zu besetzen, II, 30.
Kriegsschäden bei Pachtungen, II, 1020 ff.
Kriegssteuern, in wiefern sie dem Verkäufer zur Last fallen, I, 641.
Kritik, in wiefern sie als Injurie strafbar, IV, 999.
Krugnahrung, welche Befugniß sie enthalte, II, 1094.
Krugverlag, II, 1090, 1093, 1099.
Kündigung der Pacht und Miethe, II, 977; s. Aufkündigung.
Künftige Sachen, deren Kauf, I, 735.
Künstler, III, 787; — Verträge mit ihnen, I, 818.
Küstenschifffahrt, III, 942.
Küster, IV, 288.
Kugeln, bei den Militair-Uebungen verschossene, wie deren Zueignung zu bestrafen, IV, 1093.
Kulmsches Recht I, 5.
Kuppelei, IV, 994.
Kurator, welchen Personen er zu bestellen, IV, 709; — dessen Rechte und Pflichten, 840. Kurator 1) einer noch ungebornen Leibesfrucht, 841; 2) behufs der Auseinandersetzung mit dem Vater, 842; besonders wenn mit einer solchen Kuratel eine Vermögens-

verwaltung verbunden, 843; 3) eines Lehns, 846; 4) unbekannter Interessenten, 847; 5) einer Nachlaßmasse, I, 507. Der Vater als Kurator seiner Kinder, IV, 844.
Kur, Begriff, IV, 616; — kann auch ein Fremder unbedingt erwerben, 617; — wird zum unbeweglichen Vermögen gerechnet, 636. Was bei dem Verkaufe eines solchen Rechtens, 649.

Ladenthüren, welche auf die Straße gehen, dürfen nur mit polizeilicher Erlaubniß angelegt werden, I, 391.
Laesio enormis, s. Kauf.
Lagergeld kann von Kaufleuten nach Ortsgewohnheit gefordert werden, III, 852.
Land= und Heerstraßen, IV, 476. Begriff und Wegeklassen, 476. Rechte des Staats, 476; Pflichten des Staats, 477. Anlegung neuer Wege, 480. Besonders der Dammstraßen, 481. Chausseebau, 482. Vorschriften wegen des Ausweichens auf den Straßen, 486.
Landesherr, IV, 432, 440.
Landesverrath, IV, 950.
Landesverweisung, deren Bruch, IV, 974.
Landfriedensbruch, IV, 1065.
Landgesinde, III, 484, 486.
Landgut. Begriff, I, 105; II, 944.
Landkutschen, III, 1073.
Landschmieden, deren Verhältniß, I, 126; II, 1084.
Landstreicher, wie er zu bestrafen, IV, 974.
Landzwang, IV, 1018.
Laudemiallast, I, 8; II, 719; — deren Ablösung, 721; III, 721.
Laudemien, II, 719, in welchen Fällen sie nicht bezahlt zu werden brauchen, 720.
Lebenszeichen bei der Geburt eines Kindes sind nicht bestimmt, I, 82.
Legat, II, 79 ff.; — einer bestimmten Sache, II, 83, 105; einer wiederkehrenden Hebung (**leg. ann., menstruum**), 84; einer Geldsumme, 89; einer künftigen Sache, 97; der eigenen Sache des Erben, 97; einer fremden Sache, 98; zur Strafe, II, 116; — einer **res extra commercium**, II, 101; gewisser Handlungen, 101; der Wahl (**leg. optionis s. elect.**), 101; einer Gattung (**leg. generis**), 104; einer bestimmten Sache, 105; einer Schuldverschreibung (**leg. nominis**), 105; des Gebrauchs oder Nießbrauchs, 108; der jährlichen Früchte, 108; einer Passivschuld des Legatars, 110; des Erblassers, 111; — von Alimenten, 113; einer Ausstattung, 114; von Sachen, die der Legatar nicht besitzen kann, II, 115.
Legatarien, in wiefern sie zu den Erbschaftslasten beitragen, II, 90. Deren Verhältniß zum Erben, II, 81 ff.; gegen den Fideikommissarius, 82.
Legate, wenn sie die Erbmasse erschöpfen, II, 94; — zu Messen, II, 15.
Legatum poenae nomine relictum, II, 116; — **sub modo**, 126.
Legitimation der Erben, I, 509.
Legitimation unehelicher Kinder, durch richterlichen Ausspruch, III, 381; durch Heirath mit der Mutter, 383; durch gerichtliche Erklärung des Vaters, 384; durch obrigkeitliche Deklaration, 385; der im Ehebruch erzeugten, 385; — zum bloßen Behufe des bessern Fortkommens, 402.
Lehnbrief, II, 623 ff.
Lehen. I. Begriffe und Grundsätze, II, 612. II. Unterschied zwischen gegebenen und aufgetragenen Lehen, 612. III. Was Lehen seien könne, 612. IV. Wer Lehn geben könne, 616. V. Wer Lehn empfangen könne, 617. VI. Eintheilung und Arten der Lehen, 620. VII. Ursprüngliche Bestellung der Lehen, 621. VIII. Erneuerung der Lehen, 624. IX. Verhältnisse zwischen dem Lehnsherrn und Vasallen. 1) Lehnstreue, 629; 2) Lehnsgerichtsbarkeit, 631; 3) Veräußerung des Obereigenthums, 633; 4) Veräußernng des Lehns, 634; 5) Afterbelehnungen, 636; 6) Verschuldung und Belastung des Lehns, 638. X. Verhältnisse der Agnaten gegen den Lehnsherrn u. Vasallen, 646. 1) Descendenten, 652; 2) Agnaten u. Mitbelehnte, 657. a) Rechte derselben überhaupt, 658; b) insonderheit bei Veräußerungen, 660; c) bei Verschuldungen, 662. Beitreibung der Lehnsschulden durch Veräußerung der Substanz, 665; durch Sequestration der Früchte und Nutzungen, 668. Lehnscompetenz, 669. XI. Lehnssuccession: 1) Unter den Descendenten des ersten Erwerbers. a) Successionsfähigkeit überhaupt, 670. Legitimirte, 671, und adoptirte Kinder, 672; Klosterpersonen, 672; Wahn= und Blödsinnige, 673. b) Successionsordnung selbst, 674. c) Aufsteigende Linie, in wiefern sie zur Succession gelangt,

678. 2) Succession der Mitbelehnten, 680. 3) Succession in Weiberlehn, 682. 4) Succession bei Erblehen, 684. 5) Anwartschaften, 685. XII. Theilung des Lehns, 689. XIII. Auseinandersetzung zwischen Lehnsfolgern und Allodialerben. 1) Ueberhaupt, 692; 2) wegen der Nutzungen, 693; 3) wegen des Inventarii, 693; 4) wegen der Meliorationen, 696; 5) wegen der Verschlimmerungen, 699; 6) wegen der Schulden, 704. XIV. Veränderung und Einschränkung der Lehnseigenschaft, 708. Lehnsstämme, 708. XV. Verlust des Lehns durch Felonie, 710. XVI. Aufhebung des Lehns, 1) durch Entsagung des Vasallen, 714; 2) des Lehnsherrn, 715; 3) durch Verjährung, 715; 4) durch Abgang aller Lehnsberechtigten, 717; 5) durch Konsolidation, 718; 6) durch den Untergang der Sache, 718.
Lehnsabfindung, II, 689 ff.
Lehnscompetenz, II, 669.
Lehnseid kann durch einen Bevollmächtigten geleistet werden, II, 625.
Lehnsgerichtsbarkeit, II, 631.
Lehnsindult, wegen Leistung des Lehnseides, II, 626.
Lehnskurator, II, 673; IV, 846.
Lehnsmuthung, II, 626.
Lehnsrevers, II, 623.
Lehnsschein, II, 623.
Lehnsschulden, II, 638 ff.
Lehnsstamm, II, 708.
Lehnssuccession, II, 670.
Lehnsträger, II, 618, 619, 673; — bei Bergwerken, IV, 638.
Lehnstreue, II, 614, 629.
Lehnsvertrag, II, 620.
Lehnwaare, s. Laudemien.
Lehrgeld, wie es festzusetzen, III, 765.
Lehrjungen, Beschädigung durch, I, 314.
Lehrlinge, deren Verhältniß, III, 765.
Leibgedinge, III, 134.
Leibrenten-Vertrag, I, 740.
Leibwäsche, gehört zur Garderobe, I, 99.
Leibzucht, s. Altentheil.
Leichenentwendung, IV, 985.
Leichenpässe, IV, 270.
Leihvertrag, II, 954. — Recht zur Rückforderung dabei, 955; Rechte und Pflichten des Leihers, 955; besonders wegen Zurückgebung der geliehenen Sache, 956, wegen des von ihm zu vertretenden Grades der Schuld, 936, wegen des Zufalls, 958. — Pflichten des Verleihers, 959.
Leinpfad, I, 397; IV, 518.
Leinwand, zugeschnittene, gehört zur Garderobe, I, 99; — aller Art zur Niftelgerade, III, 147.
Leiterrecht, I, 416.
Lenocinium, s. Kuppelei.
Lettres aux porteur payables, s. Papiere.
Letztwillige Verordnungen, s. Testamente und Codicille.
Lex Anastasiana, I, 694; — commissoria, 662.
Lichtöffnungen in Gebäuden, I, 411.
Liefrungsverträge. Begriff und Grundsätze, I, 826; — über Kriegsbedürfnisse, wie deren Nichterfüllung zu bestrafen, IV, 1072.
Liegende Erbschaft, I, 504.
Liquidationsprozeß, erbschaftlicher, I, 504.
Litigiose Sachen, I, 558; — sind cessibel, 691.
Locus regit actum, I, 36, 48, 218.
Löben dürfen nur mit polizeilicher Erlaubniß angelegt werden, I, 391.
Löschungen, II, 879.
Lohgruben, deren Anlegung an der Gränze, I, 409.
Loos, ein Mittel zur Auseinandersetzung, I, 733; II, 102, 507.
Lotterie, I, 730; — in wiefern sie strafbar, IV, 1059.
Lucrum cessans, s. Genugthuung.

Maaß, ungestempeltes, wie dessen Gebrauch zu bestrafen, IV, 1090.
Maaß und Gewicht, was für ein — bei Verträgen zu vermuthen, I, 253.
Mäkler, III, 914. Unbefugte Mäkler, 914. Bestallung der Mäkler, 915. Erfordernisse, 915. Ausschließung d. Mäkler vom eigenen Verkehr, 916, Befugniß z. Substituiren, 917. Verrichtung der Mäkler, 917. Tagebuch des Mäklers, 920. Beweiskraft desselben, 922. Gebühren des Mäklers, 923.
Märkte, deren Zahl, Zeit u. Dauer setzt der Minister fest, III, 751.
Mäusefraß, in wiefern er bei Pachtungen ein Remissionsgrund, II, 1011.
Magistrat, Stadt-, dessen Zusammensetzung u. Wahl, III, 710, 724; — dessen Geschäfte, 716.
Mahnung, II, 371.
Majestätsbeleidigung, IV, 956.
Majestätsrechte, IV, 433.
Majorate, III, 460.
Majorennitätserklärung, IV, 808. S. Vormundschaft.

Mala fides superveniens, I, 331, 564; II, 356; s. Unredlichkeit, unredlicher Besitzer.
Mandat, wodurch es sich von dem Lieferungsvertrag wesentlich unterscheidet, II, 162 (Nachtr.); s. Vollmachtsvertrag.
Mandatum qualificatum, II, 268, 303, 310.
Mangel der Erfüllung, I, 286.
Mantelkinder, deren Lehnsfolgefähigkeit, II, 671.
Markgroschen, eine Besitzveränderungs-Abgabe, II, 721.
Marktrecht, III, 690.
Marktverkehr, III, 751.
Marktwechsel, s. Meßwechsel.
Martini-Marktpreis, was darunter zu verstehen, II, 581.
Maskopeien, s. Erwerbsgesellschaft, Societät.
Mastungsrecht, II, 1068.
Mauer, gemeinschaftliche, I, 410.
Medaillen gehören nicht zum baaren Vermögen, I, 97.
Medicinal-Personen, welche die Hülfe versagen, wie sie zu bestrafen, IV, 1017.
Meeresufer, vom, IV, 504, 526.
Meineid, IV, 979.
Meinungen der Rechtslehrer, I, 27.
Meistgebot, Recht aus dem, cessibel, I, 690.
Meliorationen, beim redlichen Besitz, I, 367; beim unredlichen und unrechtfertigen, 372, 373; beim Lehen, II, 296; beim Nießbrauch, II, 937; bei eingebrachten Grundstücken der Ehefrau, III, 157, 160; beim väterlichen Nießbrauch, 301, 337.
Mennoniten, in wiefern sie Grundeigenthum erwerben können, I, 377.
Menschenraub, IV, 1018.
Mentalreservation, I, 163.
Messen, s. Marktrecht.
Messen, Legate zu, II, 15.
Meß- u. Marktwechsel, III, 866, 873, 881.
Metus reverentialis, I, 160.
Meuterei, IV, 967.
Mieth- und Pachtvertrag, II, 959. Mieth- oder Pachtzins, 960. Form des Vertrages, 960. Rechte und Pflichten des Miethers und Pächters, 961. Grad der Verschuldung, 963. Verbesserungen, 963. Conservationskosten, 964. Lasten und Abgaben, 964. Bestimmungen wegen Entrichtung und Erlassung des Pacht- und Miethzinses, II, 967. — Sublokationen, 970. — Endigung der Pacht oder Miethe: 1) mit dem Ablaufe der bestimmten Zeit. Stillschweigende Verlängerung, 974; 2) nach vorhergegangener Aufkündigung, 977. Fälle, wo die Aufkündigung auch innerhalb der Kontrakts-Zeit stattfindet, a) wegen nothwendiger Veräußerung, 981; b) wegen nothwendiger Reparaturen, 984. 3) Durch den Tod des Pächters oder Miethers, 984. 4) Durch eine Veränderung in der Person oder den Umständen des Miethers, 987. 5) Wegen Veränderungen in der Sache, 988. 6) Wegen Mißbrauchs der Sache, 989. 7) Wegen Erlöschung des Rechts des Vermiethers oder Verpächters, 990. 8) Wegen der von dem andern Theile verweigerten Erfüllung, 991. Rechte im Concurse, — Pfandrecht d. Verpächters u. Vermiethers, 991.
Miethsgeld des Gesindes, III, 480. 485, 486; bei Hausoffizianten, 509.
Milde Stiftungen, s. Armenanstalten.
Milderungsgründe, IV, 892, 933.
Militairbediente, IV, 37. Gesetze nach welchen sie zu beurtheilen, 37. Besondere Rechte der Mil. Pers., 39; in Ansehung der bürgerlichen Gewerbe, 40; in Ansehung der Grundstücke, 40. Weiber u. Kinder der Militair-Personen, 43. Kantonisten, 43. Kriegsbeamte, 66. Gesinde, 69. Andere Personen, die dem Lager folgen, 69. Wie der Soldatenstand aufhöre, 69.
Militair-Equipage, was dazu gehöre, I, 100.
Militair-Geistlichkeit, IV, 174.
Militair-Personen, deren Ehen, III, 14; — deren Darlehnsfähigkeit, I, 753. S. Militairbediente.
Militair-Strafgesetze, Abänderung mehrerer, IV, 904.
Minderjährige, deren Vertragsfähigkeit, I, 197, 198; — deren Testamentsfähigkeit, II, 7; — Verjährung durch Nichtgebrauch gegen sie kann nicht anfangen, I, 528; — haben die Restitution gegen die vollendete, 529; — in wiefern die Ersitzung gegen sie anfangen kann, 560; — sind in Angelegenheit des ihnen übertragenen Amts den Großjährigen gleichgestellt, IV, 821.
Minderjährigkeit, deren Dauer, I, 84; IV, 805; — deren Verlängerung, 806; deren Verkürzung, 808 ff.
Minister, Befugnisse und Verantwortlichkeit der, IV, 442.

Minorat, III, 460.
Missio in possessionem, I, 67.
Mißbrauch, Begriff, I, 381.
Mißgeburt, I, 80, 83.
Mißhandlung, IV, 1012.
Mißwachs, in wiefern er ein Remissionsgrund bei Pachtungen, II, 1011; beim Zehnten, IV, 346.
Mitbau zur Hälfte, s. Bergwerksregal; — nicht cessibel, I, 691.
Mitbelehnte, II, 613, 625, 634, 646, 657; — deren Succession, 680.
Mitberechtigte, in wiefern alle zusammen bei der Ausübung des gemeinschaftlichen Rechts mitwirken müssen, II, 502 ff., 534. S. Correalgläubiger.
Mitbesitzer, I, 332.
Miterben, deren Rechte, II, 71; — Verhältniß, II, 525 ff.
Mitgabe, III, 319; — wird konferirt, 330.
Mittelbare Erwerbung, I, 587.
Mitverpflichtete, s. Correalschuldner.
Mobiliarvermögen, Begriff, I, 97.
Mobilien, Begriff, I, 98; — eingebrachte und vorbehaltene der Frau, Rechte des Mannes wegen der, III, 82.
Modus acquirendi, I, 124, 421.
Modus bei Willenserklärungen, I, 188.
Möbel, Begriff, I, 98.
Mönche, Erforderniße zum Mönchs- u. Nonnenstande, IV, 369. Probejahr, 370. Gelübde, 370. Geistliche Obliegenheiten, 371. Rechte in Ansehung des Vermögens während des Probejahrs, 371. Geistliche Brautschätze, 372. Aeußere Rechte nach abgelegtem Gelübde, 373. Aeußere Rechte nach aufgehobenem Gelübde, 374.
Mohatra, ungültig, I, 764.
Monat, I, 140.
Montirungsstücke, der Kauf von Soldaten wird bestraft, IV, 1093.
Mora bei der Uebergabe, deren Folgen beim Kauf, I, 622; — bei der Uebernahme, 650. S. Erfüllung, Verzug, Zögerung.
Mord, IV, 1006.
Morgengabe, III, 73.
Mortificirung verlorener Instrumente, II, 400; eines Wechsels, III, 854, 897.
Moventien, Begriff, I, 98.
Mühlen, Remission bei gepachteten, II, 1015.
Mühlengerechtigkeit, IV, 589. Mühlen an öffentlichen Flüssen, 589. Mühlen an Privatflüssen und Windmühlen, 590. Was Rechtens bei Anlegung neuer oder Veränderung alter Mühlen, 590. Wer zum Widerspruche dagegen berechtigt sei oder nicht, 590. Polizeigesetze in Mühlensachen, 591.
Mühlenzwang, aufgehoben, II, 1087.
Mündigkeit, I, 84; s. Minderjährigkeit.
Mündliche Nebenabreden, I, 224.
Münzen, seltene, gehören nicht zum baaren Vermögen, I, 97.
Münzfuß, Begriff, I, 783.
Münzreduktion, I, 784.
Münzsorte, I, 256; bei Rückzahlung eines Darlehns, 780; bei Zinszahlungen, 800; bei Legaten, II, 115; bei der Zahlung, 385; fremde, I, 258.
Münzverbrechen und Vergehen, IV, 976.
Münzverfassung, II, 385.
Munition, verschossene, darf sich Niemand zueignen, I, 425; — wie deren Zueignung zu bestrafen, IV, 1093.
Mußtheil, III, 147.
Muthung, s. Bergwerksregal.
Mutter, die, muß bei vaterlosen Kindern um die Einwilligung zu deren Verheirathung angegangen werden, III, 26; — soll ihr Kind selbst säugen, III, 279; — behält im Falle der Ehescheidung die Erziehung der Kinder bis zum zurückgelegten vierten Jahre, 285; — muß für die Sicherstellung des Vermögens der Kinder sorgen, wenn der Fall eintritt, 306; — tritt an die Stelle des verstorbenen oder unvermögenden Vaters bei der Ausstattung, 318; — in wiefern sie pupillariter substituiren, 375; — einen Vormund ernennen, IV, 730; — gegen einen vom Vater ernannten Vormund Einwendungen erheben, 731; — selbst Vormund werden kann, 731; — ihr die Erziehung gebührt, 750; — kann der Handlung ihrer bevormundeten Kinder vorstehen, 793; — muß, wenn sie Vormund ist, ihre bevorstehende anderweite Verheirathung dem Vormundschaftsamte anzeigen, 839; muß ihre Kinder ernähren, wenn der Vater unvermögend oder nicht auszumitteln ist, III, 395.
Mutterkirche IV, 237.

Nachbar, Einschränkungen des Eigenthums zu dessen Besten, I, 398 ff.
Nachbarliches Vorkaufsrecht aufgehoben, II, 906.
Nachdruck, siehe Büchernachdruck.

Nachfolger im Besitz, I, 336.
Nachgeborene Kinder, s. Kinder.
Nachlässigkeit, I, 132.
Nachlaßkurator, I, 507.
Nachlese auf fremden Aeckern, unerlaubte, wie sie zu bestrafen, II, 337.
Nachrede, Recht zur, II, 563.
Näherecht, I, 666; II, 890; — auf Familiengüter, III, 472.
Namen, nicht zukommender, wie dessen Gebrauch zu bestrafen, IV, 970.
Nationalkokarde, deren unbefugtes Tragen, IV, 970.
Naturaliensammlung, was zu einer in Pausch und Bogen verkauften gehöre, I, 621.
Nebenabreden, mündliche, I, 224.
Nebenämter, deren Uebernahme von Staatsbeamten, IV, 83.
Nebengebäude dürfen auf die Straße hinaus nicht ohne polizeiliche Erlaubniß angelegt werden, I, 391.
Nebengeistliche, IV, 286.
Nebenverträge beim Kaufe, I, 660.
Neffe, in wiefern er zu seiner Verheirathung mit der Tante Dispensation nöthig habe, III, 5.
Negotiorum gestio, s. Geschäftsführung ohne Auftrag.
Neuland, was dafür nicht zu halten, IV, 343.
Neunte, s. Bergwerksregal.
Nichtgebrauch bei Servituten, II, 1044; s. Verjährung.
Nichtige Ehen, III, 228.
Nichtigkeit der Handlungen überhaupt, I, 137; — der Willenserklärungen: 1) wegen des Gegenstandes, 151; 2) wegen Unfähigkeit der Person, 155; 3) wegen Unfreiheit des Willens, 158; — der Verträge insbesondere: 1) wegen persönlicher Unfähigkeit der Kontrahenten, 196; 2) wegen des Gegenstandes, 202 ff.; 3) wegen Formmangels, 217, 232. S. die besonderen Rechtsgeschäfte.
Niederlegung, s. Deposition.
Nießbrauch. Begriff, II, 911. Rechte des Nießbrauchers, 911. — Obliegenheiten des Nießbrauchers in Ansehung der Gebäude, 917; in Ansehung der übrigen Zubehörungen, 928; wegen Verzinsung der auf der Sache haftenden Schulden, 928; wegen Berichtigung der Kapitalien, 929; wegen persönl. Prästationen, 930; bei Processen, 930; in Ansehung and. Lasten u. Abgaben, 931. — Verjährung bei d. Nießbrauche, 932. — Rechte und Pflichten des Eigenthümers während der Dauer des Nießbrauchs, 934. — Nießbrauch von Kapitalien, 934. — Rückgewähr der zum Nießbrauch eingeräumt gewesenen Sache, 935. Verbesserungen, 937. Verringerungen, 939. Auseinandersetzung wegen der Nutzungen, 941; aus früheren Jahren; 943; im letzten Jahre, 944; bei Landgütern, 944; bei anderen Grundstücken, Gerechtigkeiten u. Kapitalien, 947. — Endigung des Nießbrauchs, II, 948.
Nießbrauch des Ehemannes an dem eingebrachten Vermögen der Frau, III, 19; s. Eingebrachtes.
Nießbrauch, väterlicher, III, 308, 326.
Niftel, III, 143.
Nöthigung, IV, 1018.
Nomen, I, 686.
Nomina ipso jure divisa, II, 448, 483, 528 ff., 534 ff.
Nonnen, IV, 369.
Normaljahr, I, 574; IV, 457.
Nothschule, IV, 388.
Nothtaufe, IV, 269.
Nothwehr schließt die Strafbarkeit der Handlung aus, IV, 938.
Nothwendige Cession, I, 713.
Nothwendige Servitut, II, 1033.
Nothzucht, IV, 991.
Novation, Begriff, II, 481; Grundsätze, 482; Fähigkeit zur, 483; bei mehreren Schuldnern oder Gläubigern, 483. — N. durch Veränderung in den Personen, 484; in der Art der Verbindlichkeit, 484. — Folgen der Ungültigkeit einer Novation, 484. — Wirkungen einer gültigen, 484; in Ansehung der Pfandrechte u. Bürgschaften, 485.
Noxae datio, I, 315.
Nützliche Verwendung, Grundsätze, II, 217. Was nützliche Verwendungen sind, 218; Rechte daraus, 220. — Nützliche Verwendung bei einem ungültigen Darlehn, I, 762.
Nutzen, Begriff, I, 118.
Nutzung, Begriff, I, 118.
Nutzungsrechte auf fremdes Eigenthum, II, 906 ff.

Obereigenthümer, dessen Rechte nicht cessibel, I, 691.
Obern, s. geistliche Obern.
Obligation, Begriff, I, 94.
Observanzen, I, 7, 9, 26; III, 588, 590.
Occupation, I, 423.

Oeffnungen in der Wand an der Grenze, I, 411.
Opus, s. Werk.
Orbär, III, 647.
Ordenszeichen, nach dem Tode des Inhabers, I, 482.
Ordensleute, IV, 369.
Ordination, IV, 261.
Ort, dessen Rechte zur Anwendung kommen, I, 38 ff., 218. — Der Erfüllung, I, 251; II, 373; besonders beim Kaufe, I, 621; beim gerichtlichen, 678; — der Zahlung überhaupt, II, 380; bei Darlehnsschulden, I, 779; bei Wechselschulden, III, 885, 886, 908; — der Rückgabe des Depositums, II, 236.
Ortsgerichte, wer darunter zu verstehen, I, 647.

Pacht, s. Miethe u. Pacht.
Pachtungen der Landgüter, II, 995. Form, 995. — Rechte des Pächters in Ansehung der ihm zukommenden Nutzungen, 997. Pflichten in Ansehung der Lasten und Abgaben, 998. Rechte und Pflichten wegen des Beilasses, 998. Gewähr, die der Verpächter zu leisten hat, 998. Pflichten des Pächters bei der Conservation und Bewirthschaftung des Guts, 1000; wegen Unterhaltung d. Gebäude, 1001; bei der Cultur der Wiesen, 1002; bei der Düngung, 1003; bei dem Viehstande, 1003; in Ansehung des Wirthschaftsgeräths, 1004. — Verlust des Pachtsrechts wegen unwirthschaftlicher Verwaltung, 1006. — Remissionsforderung a) bei Pachtungen überhaupt, 1006. b) Partialremissionen bei Mißwachs, 1010; c) bei Viehsterben, 1012; d) bei Brandschäden, 1013; e) bei Fischereien, 1015; f) bei Mühlen, 1015; g) bei Kriegsschäden, 1018.
Pacta adjecta, I, 660; — claudicantia, 155, 197; III, 71; — dotalitia, III, 131; — in rem, I, 210.
Pactum antichreticum, II, 789; — commissorium beim Pfande unerlaubt, 754; — de cedendo, I, 661, 687, 695, 696; — de mutuo dando, 749; — de non amplius oppignorando, II, 856; — de oppignorando, 769, 772; — de quota litis, IV, 1073; — displicentiae, I, 208, 672; — remissorium, II, 465; — reservati dominii, I, 661
Papiere, auf jeden Inhaber lautende, in wiefern sie vindicirt werden können, II, 360; — deren Außer- u. Incourssetzung, 361.
Papiergeld, I, 97, 786; II, 382; — wie dessen Nachmachung zu bestrafen, IV, 978.
Papiergeldähnliche Empfehlungskarten u. s. w. verboten, wie deren Anwendung zu bestrafen, IV, 1084.
Parochien, Begriff, IV, 235. Errichtung u. Grenzen, 236. Mutter- u. Tochter-, ingleichen vereinigte Mutterkirchen, 237. Auswärtige Parochien, 240. Wer zur Parochie gehöre, 240. Exemtionen von der Parochie, 245. Vagirende Distrikte u. Einwohner, 247. Verlassung der Parochie, 248. Aufhebung d. Parochie, 249. Simultaneum, 250.
Parricidium, IV, 1006.
Parthiererei, IV, 1043.
Partial-Cession I, 697; s. Cession.
Partikular-Recht, I, 2.
Passagiere, s. Reisende.
Pathengeschenke gehören zum nichtfreien Vermögen der Kinder, III, 296.
Patrimonialgerichtsbarkeit, aufgehoben, I, 38.
Patronat, persönliche Fähigkeit zur Ausübung desselben, IV, 6.
Patrone, s. Kirchenpatrone.
Pekulium, s. Vermögen der Kinder.
Pensionen, nicht cessibel, I, 691.
Pensionirung der Schullehrer, IV, 406; der Civil-Staatsdiener, IV, 108. 1) Wem ein Pensions-Anspruch zugestanden wird, 109. 2) Davon ausgeschlossen sind: a) vorübergehend angenommene Beamte, 109; b) Beamte, welche nur ein Nebenamt bekleiden, 109; c) die Hofdienerschaft, 109; d) die Geistlichkeit, 109, u. e) der Lehrerstand, 110. 3) Nähere Bestimmung über die Dauer der Dienstzeit, 110. 4) Bestimmung über den Fall einer relativen Dienstunfähigkeit, 110. 5. Auf Vermögen und Familienstand ist keine Rücksicht zu nehmen, 110. 6) Anfang der Dienstzeit, 110. 7) Welche Jahre hierbei gerechnet werden, 111. 8) Was hierbei wegen der in Civildiensten angestellten Militairpersonen stattfindet, 112. 9) Pensions-Klassen-Sätze, 113. 10) Erhöhung in außerordentlichen Fällen, 114. 11) Feststellung einer Grenze für das Minimum, 114. 12) Berechnung des Dienstgenusses: a) Fixirtes Geh., 114; b) freie Wohnung, 114; c) freie Heizung und Licht, 115; d)

Naturalbezüge, 115; e) Dienstgrundstücke, 115; f) steigende und fallende Dienstemolumente, 115; g) Tafelgelder, 115; h) accidentieller Dienstgenuß, 116. 13) Verfahren bei Ermittelung u. Bestimmung der Pens.; a) Erörterung der Umstände, 116; b) wenn das Gesuch vom Staatsdiener ausgeht, 116; c) wenn die vorges. Beh. darauf anträgt, 117; d) Feststellung der Pens., 117; e) Entscheidung der vorkommenden Beschwerden, 121. 14. Beiträge zum Pens.=Fond: a) durch Besold. Abzüge, 121; 1) Sätze für diese, 122; 2) Befreiungen von diesen Beitr., 122; 3) Berechnung des Dienstgenusses, 123; 4) Erhebung der Beitr., 123; b) Specielle Berechtigungen einzelner Stände, 128. c) Abzug an den Pensionen, welche außerhalb Landes gehen, 128; d) Aufhören der Pension: 1) mit dem Tode des Pensionairs, 128; 2) in sonstigen Fällen, 128.

Periculum rei creditoris est, I, 284, 621.

Persönliche Befugnisse des Gläubigers gehen bei Cessionen nicht über, I, 701.

Persönliche Fähigkeiten, I, 36, 155.

Persönliche Rechte, I, 121.

Person I, 77; — juristische, 79, 199, 304, 347, 354.

Personalissima jura, I, 74.

Personen=Gesammtheiten, s. Gesellschaften.

Personenrechte, I, 77.

Personenstand, wie Verbrechen und Vergehen gegen denselben zu bestrafen, IV, 986.

Pertinenzstücke, deren Unterschied von Substanztheilen, I, 103; dessen Einfluß auf Hypothekenrechte, II, 858; — in wiefern später hinzugekommene dem Hypothekenrechte des Gläubigers mit unterworfen sind, 861 ff.

Pfändungen, II, 324; — beim Ueberhüten des Viehes in Waldungen, II, 1066. — Excesse bei, 343; IV, 1062.

Pfandbriefe, s. Papiere.

Pfandgeld, dessen Betrag u. Bestimmung, II, 332; bei Pfändungen in Schonungen, 1066, 1067.

Pfandgewerbe, II, 796 ff. I. Bestimmung derjenigen, für welche das Pfd.= u. Leihregl. gegeben ist, 798. II. Erfordernisse des Pfd.=Kontrakts, 799. III. Form des Pfd.=Kontr., 802. IV. Revision der Pfd.=Bücher, 806. V. Zinsen. 807. VI. Pflichten des Pfandverleihers, 808. VII. Rechte des Pfandnehmers, 810.

Pfandkehr, wie sie zu bestrafen, II, 343; IV, 1062.

Pfandleihe, unerlaubte, wie sie zu bestrafen, IV, 1059.

Pfandleiher, welcher die Pfandstücke gebraucht, wie er zu bestrafen, IV, 1059; — welcher den erlassenen Anordnungen über sein Gewerbe entgegenhandelt, wie er zu bestrafen, IV, 1093.

Pfandrecht, II, 745 ff., Begriff, 745; Titel zum, 745; Erwerbungsart, 747; Fälle des gesetzlichen (prätorischen) Pfandrechts, 746. — Für welche Ansprüche ein Pfandrecht bestellt werden könne, 749. — Wer ein Pfdr. bestellen könne, 750. — Wirkung des Pfdr. 751, besonders wegen der Veräußerung der verpfändeten Sache, 752. — Eintrittsrecht eines jüngeren Pfdgl. oder eines Bürgen, II, 754. — Wie weit der Gläubiger außer seinem Pfandrecht auch an das übrige Vermögen und an die Person des Schuldners sich halten könne, 756; die Forderung wird getilgt, so weit das Kaufgeld für die verpfändete Sache reicht, obgleich es unbezahlt bleibt, 757. — Aufhebung des Pfdr. 1) wenn die Hauptanspr.=Verbindlichkeit getilgt oder erloschen ist, 763; 2) wenn die bestimmte Zeit verlaufen ist, 763, besonders bei Pfdr., die auf der Einwilligung eines Dritten beruhen, 764; 3) durch die Annahme einer anderen Sicherheit, 765.

Pfandrecht, eigentliches. 1) Gegenstand, II, 766, — Verpfändung fremder Sachen, 766; 2, Form; 769; 3) Vollziehung des Pfandgeschäfts durch Uebergabe, 771. Verpfändungen ohne Uebergabe: 1) überhaupt 818; 2) insonderheit bei ausstehenden Forder., 820; 3) bei Kähnen und Stromschiffen, 823; 4) bei Seeschiffen, 823; 5) bei Kaufmannswaaren, 829; 6) bei eingehenden Waaren, 835; 7) bei ausgeh. Waaren, 837; 8) bei Verpfändungen an die Bank, 837. Verpfändung künft. Sachen, 772—4). 4) Rechte u. Pfl. des Pfandinhab. a) Besitz, 773; b) Vindikation, 773; c) Verwahrung, 773; d) Gebrauch, 774; e) Weiterversatz, 774; f) Verwaltung u. antichretische Nutzung, 776; g) Rechte auf An= u. Zuwüchse, 779; h) Rückgabe des Pfds., 779;

i) Veräußerung, 785; k) Vorrecht im Concurs, 789. — 5) Nebenverträge, 789. — 6) Aufhebung des Pfandrechts, 792.
Pfarrabgaben, IV, 347; s. Zehnten.
Pfarrer, Begriff, IV, 251. Erfordernisse u. allgemeine Pflichten dess., 251. Wahl des Pfarrers überhaupt, 251. Insonderheit bei Patronatkirchen, 252. Bei Kirchen, welche keinen Patron haben, 256. Vocation, 259. Präsentation, 260. Devolutionsrecht, 261. Ordination, 261. Amtspflichten der Pfarrer, 263. — Einweisung, 261. Vertretung des Pfarrers in seinem Amte, 276. Kapelläne, 277. Pfarrgehülfen, 277. — Niederlegung des Amts, 278. Vergehungen der Pfarrer, 279.
Pfarrgüter, IV, 326. Was dazu gehöre, 326. Rechte ders. überhaupt, 327. Nießbrauch des Pfarrers, 328. Unterhaltung der Gebäude, 328; des Inventarii, 331. Benutzung des Pfarrwaldes, 331. Pfarrbauten, 333. Nutzung des Kirchhofes, 333. Auseinandersetzung zwischen dem an- u. abziehenden Pfarrer oder dessen Erben, 334. Sterbequartal, 335. Gnadenjahr, 336.
Pfarrwald, s. Pfarrgüter.
Pfarrzwang, IV, 263; s. Parochie.
Pferchrecht, II, 1063.
Pferde, wie die Legitimation zu deren Verkauf zu führen, II, 353.
Pflanzen der Bäume, I, 470.
Pflanzen u. Säen, vom, I, 469.
Pflegebefohlene, I, 87; Unterhalt derselben, IV, 749. Erziehung, 750. Wahl der Lebensart, 752. Erziehungskosten, 752. Verheirathung, 752. Sorge für die Wahn- und Blödsinnigen, 753. Sorge für das Vermögen der Pflegebefohlenen; Sicherungsanstalten, 754. Siegelung, 755. Inventur, 757. Privatverzeichnisse, 757. Auseinandersetzung, 761. Einl. der Administration, 764. Bestimmung der Kaution des Vormundes, 765. Verwaltung des Vermögens der Pflegeb.: 1) der Mobilien, 767; 2) deren baarer Gelder, 769; 3) der Kapitalien, 770; 4) in Anseh. der Prozesse, 776 u. der Vergleiche, 779; 5) in Ansehung der Passivschulden, 779; 6) in Ansehung der Grundstücke, 780, besonders wegen deren Veräußerung, 783; wegen des Ankaufs von Grundstücken, 792; 7) wegen Ankaufung von Leibrenten u. Pensionen, 792; 8) wegen zu übernehmender Pachtungen, 793; 9) wegen einer anzulegenden oder fortzusetzenden Kaufmannshandlung, 793; 10) wegen einer dem Pflegebefohlenen zugefallenen Erbschaft, 797. Rechnungslegung des Vormundes, 798.
Pflegekinder, III, 415.
Pflichttheil der Kinder aus geschiedenen Ehen, III, 360; — darf durch Schenkungen nicht verkürzt werden, I, 869. S. Enterbung.
Pflichttheilsergänzungsklage, s. **Querela inofficiosi testamenti.**
Pflugrechte, I, 407.
Pfründen, deren Verleihung, IV, 358.
Plätze, öffentliche, dürfen nicht verengt, verunreinigt oder verunstaltet werden, I, 391.
Plaggenhieb, Recht zum, II, 562.
Planken, I, 412, 415.
Polizei-Aufsicht, Stellung unter, deren Wirkung, IV, 919. Wie die darunter Gestellten zu bestrafen, welche den ihnen auferlegten Beschränkungen zuwiderhandeln, IV, 974.
Polizei-Uebertretungen, IV, 1081.
Polizei-Verwaltung, Gesetz über die, I, 28.
Polnisches Erbrecht, III, 368.
Polygamie, verboten, III, 7; — wie sie zu bestrafen, IV, 987.
Possessorienklagen, I, 344, 345, 352, 355; II, 67.
Possessorien-Prozeß, wo er nicht stattfindet, I, 361.
Possessorium summarissimum, s. Possessorienklagen.
Postbeamte, untreue, wie sie zu bestrafen, IV, 1078.
Postfuhrkontrakt, nicht cessibel, I, 691.
Postregal, IV, 540 ff. Umfang desselben und des Postzwanges, 540. Garantie der Postverwaltung, 542. Besondere Vorrechte der Posten, 545. Strafbestimmungen bei Post- und Porto-Uebertretungen, 546. Strafbestimmung für andere in Beziehung auf das Postwesen verübte Uebertretungen, 548. Vorschriften über die Benutzung der Posten und über die Postverwaltung, 558 ff.
Präclusion des aufgerufenen Eigenthümers, deren Wirkung, II, 366; — der Realprätendenten, I, 593; unbekannter Erben, I, 513.
Prälegat, II, 72 ff.
Prämien, I, 828; — bei Bürgschaften, II, 816.
Pränumeration bei Alimenten. II, 381.

Präsentation des Pfarrers, s. Pfarrer; — der Wechsel, s. Wechsel.
Prästationen, Ankauf fortdauernder, I, 738.
Prätendenten, mehrere, bei Erwerbung des Eigenthums, I, 595.
Prahmen, Recht sie zu halten, IV, 517; kann durch Verjährung erworben werden, 530.
Prangen des Schiffes, Begriff, III, 995; gehört zu der großen Haverei, ebd.
Prävarikation, IV, 1079.
Preisgegebene Sachen oder Gelder, I, 480.
Prekarium, I, 350; II, 954.
Pretium affectionis, I, 119.
Pretium succedit in locum rei, I, 115, 117, 603; II, 592; III, 145; IV, 826.
Primogenituren, III, 460; s. Familien=Fideikommiß.
Prior, ein Klosteroberer, IV, 360.
Prioritätscession, deren Unterschied von einer Verpfändung der betr. Post, II, 873.
Prise, was gute sei, I, 459; III, 1017 ff.
Privatflüsse, I, 397; — deren Benutzung, IV, 505; — Fischerei in solchen, I, 454.
Privat=Fürstenrecht, s. Fürstenrecht.
Privilegia causae gehen bei Cessionen mit über, I, 701.
Privilegien, I, 59.
Probejahr in Klöstern, IV, 370.
Probepredigt, IV, 252, 256.
Probst, ein Klosteroberer, IV, 360.
Procurator in rem suam, I, 687, 692, 701; II, 434.
Pröven, IV, 347.
Professoren können sich von angetragenen Vormundschaften excusiren, IV, 735.
Prokura, s. Faktoren.
Prolongation eines Vertrages, I, 232; — stillschweigende, der Pacht oder Miethe, II, 974; s. Verlängerungen.
Prospectus coeli, I, 412.
Protestatio de non amplius disponendo, deren Wirkung, II, 848, 850, 851; — pro conservando loco, deren Wirkung, II, 847, 849, 850.
Protestationen, von, II, 344; — gegen präjudicirliche Eintragungen, II, 850.
Proteste, wann sie aufgenommen werden müssen, III, 856, 908; von wem u. wie, 905.
Protokollführer, wer dazu bei Testamentshandlungen geeignet, II, 27.
Protutoren, IV, 736.
Provasallagium, II, 618.
Provinz, was darunter zu verstehen, I, 523.
Provinzial=Recht, I, 2, 4 ff., 25, 44.
Provision der Kaufleute, III, 851.
Provisoren, III, 804, 816.
Proxeneticum eines Beauftragten, II, 172; s. Mäkler.
Prozeßkosten, dafür haftet die Hypothek von selbst, II, 871; — der Frau in Betreff ihrer Person gehören zu deren Unterhalte, III, 67, 221; — nicht Untersuchungskosten, 69; — müssen bei Ehescheidungen vom Manne der Frau vorgeschossen werden, 197; — in Familien=Fideikommißsachen muß der Fideikommißbesitzer tragen, 456; — wegen der dem Nießbraucher unterworfenen Sache muß der Nießbraucher vorschießen, II, 930.
Publikation des A. L. R., I, 1; — der Gesetze, 28, 30; — der Testamente, II, 59.
Publikum, Begriff, I, 79.
Punktationen, I, 222.
Purgatio morae, II, 381.
Pupillar=Substitution, II, 21; III, 371. Substitution für unmündige Kinder, 371. Wie der Vater disponiren könne, 373. Wie lange die väterliche Substitution gelte, 375. — Pupillar=Substitution von Seiten der Mutter, 375. — Pupillar=Substitution für wahn= und blödsinnige Kinder, 375. Wann diese Substitution aufhöre, 376.
Putz, was darunter zu verstehen, I, 99.

Quarta Falcidia, aufgehoben, II, 52, 90; — Trebellianica, abgeschafft, II, 120.
Quartiererei, IV, 1043.
Quasidelikt, I, 132, 136.
Quasi juris possessio, I, 328, 329, 343 ff., 354.
Quasi=Usufruktus, II, 910, 937, 948.
Quedlinburg, I, 2.
Querela inofficiosi testamenti, I, 871; II, 517; III, 341, 346, 347, 358, 369; — nullitatis, III, 346, 347.
Quittung über Rechnungslegung des Verwalters, II, 248.
Quittungen, von, II, 392 ff.; — deren Kosten, wer sie trage, 392; — deren Beweiskraft, 396; — Präsumtionen aus, II, 403; I, 803.
Quod metus causa actio, I, 126; — exceptio, I, 162.
Quod quisque juris etc., I, 53.

Rädelsführer, IV, 928.
Raff= und Leseholz, Begriff, II, 1073.
Raine, I, 407.
Rangverhältnisse der Beamten, IV, 87.
Ranzionirung des Schiffs gehört zur großen Haverie, III, 996.
Rasende und Wahnsinnige, Begriff, I, 85.
Ratenwechsel, III, 864.
Rath, II, 207; — bei Verbrechen, IV, 928, 929.
Ratihabition, II, 193.
Raub, IV, 1040.
Raubbau bei Bergwerken, IV, 629.
Raupen, unterlassenes, wie es zu bestrafen, IV, 1089.
Real=Arrest, Entschädigung für ungerechtfertigt, I, 326.
Real=Gewerbberechtigungen, in wiefern sie aufgehoben oder ablösbar sind, II, 1102; III, 736.
Realkontrakte, I, 810 ff.
Rebus sic stantibus, I, 285.
Receptien, s. vorbehaltenes Vermögen der Ehefrau.
Rechenschaft des Bevollmächtigten, II, 172.
Rechnung, unterschriebene, ersetzt den schriftlichen Vertrag, I, 232.
Rechnungsabnahme, verzögerte, II, 251,
Rechnungsfehler, II, 248.
Rechnungslegung des Verwalters, II, 246; — deren Erlaß, 251.
Recht, dessen Eintheilung, I, 3; — allgemeine Grundsätze, 63. — Verhältniß des Staats gegen seine Bürger, 63. — Quelle, 68.
Rechte, persönliche, I, 121; dingliche, 122. Grundsätze vom dinglichen Rechte, 125. — Ausübung der Rechte, I, 70; — Collision, 72; — Uebertragung, 73. — Verlust, 74.
Rechte der Personen, I, 77; — der Menschheit und der Ungeborenen, 80; — der Zwillinge, 83; — der Mißgeburten, 83; — der Zwitter, 83.
Rechtsbeugung, wie sie zu bestrafen, IV, 1074.
Rechtsgeschäfte, nach welchen Rechten sie zu beurtheilen, I, 46 ff.
Rechtshandlungen, I, 135; — nach welchen Rechten sie zu beurtheilen, I, 47.
Rechtslehrer, deren Meinungen, I, 27.
Regalien, IV, 455; — Verjährung bei, 456.
Regredienterbenrecht, II, 683.
Regreß der Correalschuldner gegen einander, I, 297; — bei unerlaubten Handlungen, 305; — des Assignatars, II, 443.
Regula Catoniana, II, 99.
Reichsstände, vormals unmittelbare deutsche, deren Verhältnisse, IV, 10. I. Rechtsverhältnisse der Standesherren im Allgemeinen, 14. Huldigung, 14. Leistung der Lehnspflicht, 15. Unterwerfung unter die Landesgesetze, 15. Titel und Wappen, 15. Kanzleizeremoniel, 15. Kirchengebet, 15. Oeffentliche Trauer, 16. Ehrenwache, 16. Freie Wahl des Aufenthalts, 16. Exemtionen der Standesherren und der Mitglieder ihrer Familien, 16. Gerichtsstand in Civilsachen, 16. Gerichtsstand in peinlichen Sachen: a) der Häupter der Familien, 17; b) der übrigen Mitglieder der standesherrlichen Familie, 18. Gerichtsbarkeit in nicht streitigen Sachen der Standesherren und der Mitglieder ihrer Familie, 18. Unterordnung in Polizei=Sachen, 19. Familien=Verträge der Standesherren, 19. II. Rechtsverhältniß der Standesherren in Beziehung auf ihre Besitzungen u. Einkünfte, 19. Jagd= und Fischereigerechtigkeit, Berg= und Hüttenwerke, 20. Steuerfreiheit der Domainen, 20. Grund= oder patrimonialherrliche Gerechtsame, 20. Befreiung der Wohnsitze der Standesherren von Einquartierung, 20. Erhebung directer Steuern, 21. Gerichtsnutzungen, 22. Genuß der Dispensations= und Konzessions=Gelder, 22. Brücken= und Chausseegeld, 22. Rechte der Standesherren in Beziehung auf Kommunallasten, 22. Dienste der standesherrlichen Untersassen, 23. Rechte der Standesherren: a) in Absicht der Beitreibung rückständiger Einkünfte, 23; b) in Absicht ihrer Vertretung bei den darüber entstehenden Rechtsstreitigkeiten, 24. Allgemeines Verhältniß zu den standesherrlichen Untersassen, 24. III. Ausübung bestimmter Regierungsrechte durch die Standesherren. 1) Standesherrliche Gerichtsbarkeit, 24; 2) standesherrliche Polizei=Verwaltung, 24. Forstpolizei, 26. Verhältniß der standesherrlichen Polizei=Behörden a) zu dem Landrathe des Kreises, 26; b) zur Provinzial=Regie=

rung, 26. 3) Standesherrliche Gerechtsame in Beziehung auf Kirchen, Schulen und milde Stiftungen, 26. Beamte für Privat-Angelegenheiten der Standesherren, 27. IV. Veräußerung der Rechte der Standesherren, und zwar a) der Eigenthumsrechte, 28; b) der Standesherrlichkeit, 28.
Reihebrauen berechtigt zum Ausschank des Gebrauten, III, 789.
Reisende, deren Verhältniß zu den Eisenbahn-Gesellschaften, III, 565, 569; — zu den Gastwirthen, 790; — zur Postverwaltung, IV, 569; — zum Schiffer, III, 984.
Reiten, schnelles, in wiefern es strafbar, IV, 1086.
Reivindikation, II, 346 ff.
Relegation, deren Anwendung und Wirkung, IV, 423.
Religionsgesellschaften. Allg. Grundsätze, IV, 163. Häuslicher Gottesdienst, 165. S. Kirchengesellschaften.
Religionsverbrechen, IV, 984.
Relokation, stillschweigende, der Grundstücke, II, 974; — des Gesindes, III, 497.
Remission der Verbindlichkeit, II, 465; bei Miethungen, II, 968; bei Pachtungen, 1006 ff.; bei Zehnten, IV, 346; — des Ehescheidungsgrundes, III, 194; — der Ehrverletzung, IV, 1001.
Remotion eines Vormundes, IV, 836; s. Vormundschaft.
Remuneratorische Schenkung, I, 889.
Rentenbanken, III, 674. Errichtung von Rentenbanken und deren Bestimmung, 674. Ausführende Behörden, 674. Reallasten, welche zur Ablösung durch die Rentenbanken geeignet sind, 675. Feststellung der Renten Behufs deren Ueberweisung an die Rentenbank, 675. Einziehung und Sicherstellung der Renten, 677. Tilgung der Renten, 677. Abfindung des Berechtigten, 678. Rentenbriefe und Zinskupons, 679. Rechte dritter Personen, 680. Lösung des Verhältnisses zwischen den bisher Berechtigten und Verpflichteten, 681. Steuerumschreibung, 681. Reservefonds, 681. Kosten, 682. Schließung der Rentenbanken, 682. Aufgebot und Amortisation verlorener Rentenbriefe, 682. Besondere Bestimmungen: a) für diejenigen Landestheile, in welchen bereits Rententilgungskassen bestehen, 684; b) für die Fälle, in denen die Abfindung des Berechtigten in Rentenbriefen durch Vermittelung des Staats erfolgt, 686.
Rentenkauf, I, 738.
Renuciation, II, 465.
Repräsentationsrecht bei der Erbfolge, III, 339, 424.
Repudium, III, 30, 34.
Resignation der Präbenden an einen Andern, IV, 364, 365.
Res derelictae, I, 424; — **extra commercium**, 154, 376; — **litigiosae**, 558; cessibel 691; — **merae facultatis**, 517, 669; — **religiosae**, IV, 228 ff.
Res succedit etc., s. **pretium succedit etc.**
Rescripte, deren Eintheilung, I, 26; — deren Wirksamkeit in Staatsverwaltungs-Angelegenheiten, 31.
Residenten, I, 50.
Residenz, Pflicht der Canonici zur, IV, 366.
Respekttage finden nicht Statt, III, 881.
Restitution gegen die Verjährung, I, 527, — gegen Handlungen der Vertreter, II, 255; — gegen ein Judikat, oder einen Vergleich **ex capite noviter repertorum**, II, 475.
Retentionsrecht, s. Zurückbehaltungsrecht.
Retorsion, I, 52.
Retract, II, 902.
Retractus gentilitius, III, 472.
Reukauf, I, 672.
Rezeptum der Gastwirthe, III, 790.
Rhederei, III, 925. I. Von Schiffen überhaupt, 925. V. Schiffsarresten, 941. II. Von Rhederei überhaupt, 942. Verhältniß der Rheder unter sich, 943. Vom Austritt aus der Rhederei, 944. Vorkaufs- und Rückforderungsrecht, 944. Verhältniß zwischen Rhedern und Schiffern, 945. S. Schiffer.
Richtersprüche, (Präjudize), in wiefern darauf bei künftigen Entscheidungen Rücksicht zu nehmen, I, 27.
Richtigkeit, die, muß der Cedent vertreten, I, 706.
Rinnen an der Grenze, I, 410.
Ristorno, III, 974; — bei Versicherungen, 1059; — bei der Bodmerei, 1069.
Rittergüter, Fähigkeit zu deren Erwerbung, I, 378.
Rohrnutzung, Recht zur, II, 562.
Rückanwendung der Gesetze, I, 11.
Rückbürge, II, 318.
Rückfall bei Verbrechen und Vergehen, IV, 948.

Rückforderung einer Zahlung, s. Condictionen, wucherliche Zinsen.
Rückgewähr nach geendeter Pacht, II, 1026.
Rückladung im Hofedienste, III, 630; — bei der Schifffahrt, 983.
Rücktritt wegen Mängel, von Verträgen überhaupt, I, 276; — vom Kaufe, 638.
Ruta caesa, I, 111.

Saamen wird beim Säen auf fremden Boden Eigenthum des Grundeigenthümers, I, 469.
Sache, Begriff, I, 94. Substanz der Sache, 95. Bewegliche und unbewegliche Sachen, 96. — Besondere Sachen, 100. Inbegriff von Sachen und Rechten, 100. Theilbare u. untheilbare Sachen, 102. — Unschätzbare Sachen, 120. Verbrauchbare und unverbrauchbare Sachen, 120.
Sachsenrecht, I, 3.
Sackzehent, IV, 345.
Säen und Pflanzen, I, 469.
Sammt und sonders und sammt oder sonders, II, 206.
Schade. Begriff, I, 300. Grundsätze vom Schadensersatze überhaupt, 301. S. Entschädigung.
Schäfereigerechtigkeit, II, 742, 1044, 1060.
Schärfkorn, I, 126.
Schätze, gefundene, I, 345.
Schaltjahr, wie es bei der Verjährung zu berechnen, I, 535.
Schamhaftigkeit, wie deren Verletzung zu bestrafen, IV, 995.
Schankgerechtigkeit, II, 1093; kann nicht von dem Grundstücke abgezweigt u. als selbstständige Gerechtigkeit veräußert werden, 1094.
Schankstuben müssen zur gebotenen Zeit verlassen werden. Wie die Uebertretung zu bestrafen, IV, 1085.
Schankwirthe, Strafe der, welche über die Zeit Gäste dulden, IV, 1085.
Schauspieler, königliche, s. Darlehn.
Scheidewände, I, 412, 415.
Scheidling, I, 407.
Scheingeschäfte, s. Simulation.
Schenkungen. Begriff u. Grundsätze, I. 847. Wann die Absicht von Schenkungen vermuthet werde, 850. Schenkungsverträge, welche den lästigen gleich zu achten, 852. Wie Schenkungsverträge geschlossen werden, 857. Form, 858. Welche Schenkungen wegen des Zwecks oder der Person des Beschenkten ungültig sind, 861. Schenkungen unter Eheleuten, III, 93; an Kirchen und geistliche Gesellschaften, sowie an andere Anstalten und Korporationen, II, 14. — Wirkungen eines gültigen Schenkungsvertrages, 862. — Widerruf der Schenkungen: 1) überhaupt, 864; 2) wegen Uebermaaßes, 865; 3) wegen Verkürzung des Pflichttheils, 869; 4) wegen entzogener Alimente, 871; 5) wegen einer dem Geschenkgeber zu reichenden Competenz, 873; 6) wegen entstandenen Concurses, 873; wegen sich ergebender Vermögens=Unzulänglichkeit des vergeblich exekutirten Schenkers, 874; 7) bei Schenkungen von Todeswegen; 8) wegen nachgeborner Kinder, 884; 9) wegen Undanks, 886. Allgemeine Regeln vom Widerruf, 888. — Belohnende Schenkungen, 889.
Scherz bei Willenserklärungen, s. Ernst.
Schießen in der Nähe von Gebäuden, wie es zu bestrafen, IV, 1090,
Schießpulver, wie der unerlaubte Handel damit zu bestrafen, IV, 1087.
Schiffbarmachung eines Privatflusses unterliegt den Expropriationsrechten d. Staats, IV, 504.
Schiffe, deren Verpfändung ohne Uebergabe, II, 823. S. Rhederei.
Schiffer. I. Bestellung desselben, III, 946. Entlassung desselben, 947. II. Pflichten des Schiffers gegen die Rheder überhaupt, 947; bei Ladung des Schiffs, 949; bei Führung desselben, 951; bei der Einlaufung in einen Hafen, 952; bei Aufnehmung der nöthigen Gelder, 952; wegen der Korrespondenz mit den Rhedern, 953; wegen Führung des Tagebuchs, 953; wegen der Fracht, 954; wegen der Rechnungslegung, 955; Verpflichtung der Rheder durch die Handlungen des Schiffers, 955. III. Verhältniß zwischen dem Schiffer u. d. Schiffsvolke, 957. Annehmung des Schiffsvolks, 958. Abdankung des Schiffsvolks a) durch eigene Schuld, 959; b) durch Zuthun des Schiffers, 960; c) Krankheit, 960; d) Absterben, 961. Rechte des Schiffsvolks wegen der Heuer: a) wenn die Reise nicht angetreten, 962; b) wenn die Antretung der Reise verzögert, 962; c) wenn die Reise nicht vollendet, 962; d) abgekürzt, 963; e) verlängert wird, 963. Pflichten des Schiffsvolks vor Antritt der Reise, 964;

während der Reise, 965. Rechte d. Schiffers über das Schiffsvolk, 966. Rechte u. Pflichten des Schiffsvolks nach vollendeter Reise, 968. IV. Verhältniß zwischen den Schiffern u. den Befrachtern, 968. Was bei der Ladung zu beobachten, 969. Was Rechtens sei, wenn die Ladung nicht zu rechter Zeit angewiesen wird, 971. Wenn der Schiffer vor beendeter Ladung krank wird oder stirbt, 972. Wenn die Exped. rückgängig wird, 972. Wenn die Waaren auf ein anderes Schiff verdungen, 973, oder zurückgelassen werden, 973. Pflichten des Schiffers nach geendigter Ladung. Connoissement, 974. Was Rechtens sei, wenn die Reise rückgängig, 976, oder abgebrochen wird, 977; wenn ihre Vollendung verzögert wird, 977. Aufsicht des Schiffers über die Waaren, 979. Wenn der Schiffer Waaren verkaufen muß, 979. Pflichten des Schiffers nach seiner Ankunft am Bestimmungsorte, 980. Rechte des Schiffers wegen der Fracht, 981. Vertretung des Schiffers gegen die Befrachter, 983. Rückladung, 983. V. Verhältnisse zwischen dem Schiffer und den Reisenden, 984.

Schifffahrende, deren Rechte gegen die Ufereigenthümer, IV, 518.

Schifffahrt auf öffentlichen Strömen Jedem erlaubt, IV, 517.

Schiffsdirector, dessen Verhältniß zu den Mitrhedern, III, 944.

Schiffsklarirer darf nicht assekuriren und auf Bodmerei geben, III, 1007, 1064.

Schiffsleute, welche von der Ladung verkaufen, sind verdächtige Verkäufer, II, 354.

Schiffsmühlen, I, 97.

Schiffsparte, deren Verpfändung, II, 829.

Schiffsprediger, IV, 287.

Schiffsrath, s. Seemannschaft.

Schilder dürfen auf die Straße hinaus nur mit Erlaubniß der Polizei angelegt werden, I, 391.

Schirrholz, Begriff, II, 1070.

Schlägerei, IV, 1014; — wechselseitige, I, 303.

Schlageisen, deren Legung, in wiefern sie strafbar, IV, 1087.

Schleusen, wie deren Zerstörung zu bestrafen, IV, 1069.

Schlittenfahrt, ohne Deichsel u. Schellen, wie sie zu bestrafen, IV, 1086.

Schloß an der deponirten Sache, dessen Verletzung wirkt eine Vermuthung der Thäterschaft gegen den Verwahrer, II, 228.

Schlosser, welche unbefugt Schlüssel zu fremden Zimmern anfertigen, oder Schlösser öffnen, wie sie zu bestrafen. IV, 1090.

Schlüssel müssen bei Verpfändung von Waaren an den Pfandgläubiger ausgehändigt werden, II, 821.

Schlußrechnung des Vormundes, wann sie einzureichen, IV, 828.

Schmelzöfen dürfen an der gemeinschaftlichen Mauer nicht ohne Genehmigung des Nachbars angelegt werden, I, 410.

Schmerzengeld, I, 322.

Schmieden, deren Rechtsverhältniß, I, 126. S. Landschmieden.

Schmiedezwang, nicht aufgehoben, II, 1091. S. Landschmieden.

Schmuck und Geschmeide, was darunter zu verstehen, I, 99.

Schöppen, III, 611; — deren Eigenschaften, II, 27.

Schonungen bei Waldhütungen, II, 1064.

Schornsteine können an der gemeinschaftlichen Mauer angelegt werden, I, 410; aber nicht ohne polizeiliche Genehmigung, 389, 410. — Die unterlassene Reinigung der Schornsteine wird bestraft, IV, 1089.

Schriftliche Form der Verträge, I, 220; in wiefern sie im allgemeinen nothwendig, 226.

Schürfen, was dabei Rechtens, IV, 617 ff.

Schulden der Eheleute, s. Eheleute; — sind nicht Bestandtheil eines ganzen Vermögens, I, 864.

Schuldschein, dessen Erfordernisse, I, 767; — dessen Beweiskraft, 775.

Schulen, Begriff, IV, 377. Privaterziehungsanstalten, 377. Häusliche Erziehung, 378. Oeffentliche Schulen, 378. I. Gemeine Schulen. Aufsicht und Direktion derselben, 379. Aeußere Rechte der Schulanstalten, 379. Bestellung d. Schullehrer, 380. Rechte und Pflichten derselben, 380. Unterhalt, 381. Pflicht der Schulgemeine zur Herbeiholung neuer Schulmeister, 386. Pflicht der Aeltern, ihre Kinder zur Schule zu halten, 386. Pflicht der Schulaufseher, 391. Pflicht des Predigers, 392. Schulzucht, 387, 392. II. Gelehrte Schulen und Gymnasien, 392.

Schulgebäude, deren Unterhaltung, IV, 383.

Schullehrer, deren Pensionirung, IV, 406.

— in wiefern sie sich gegen ihnen angetragene Vormundschaften excusiren können, IV, 735. S. Schulen.
Schulstrafen gegen die Aeltern, IV, 392.
Schulzen oder Dorfrichter, III, 605.
Schulzucht, IV, 387, 392.
Schulzwang, IV, 387.
Schutzgeld, aufgehoben, III, 646.
Schutzwehre, wie deren Zerstörung zu bestrafen, IV, 1069.
Schwägerschaft, Begriff, I, 93; — deren Grade, III, 4.
Schwängerung, außereheliche, III, 238 (Nachtr.).
Schweineställe an der Grenze, I, 409.
Schwiegereltern u. Schwiegerkinder dürfen sich nicht heirathen, III, 3. S. Schwägerschaft.
Schwurgerichtshöfe, deren Kompetenz, IV, 888.
Sclaven, III, 512.
Seelenkräfte, I, 85.
Seeleute, wie sie wegen Kontraktsbruchs zu bestrafen, IV, 1064.
Seemannschaft, in welchen Fällen sie gehalten werden muß, III, 948.
Seen, abgelassene, deren Bette, I, 469.
Seeschäden, s. Haverie.
Seeschiffe, s. Schiffe.
Seewurf, s. Haverie.
Seitenverwandte, s. Geschwister.
Sekretair, s. Subalternbeamte.
Selbstgeschosse, wie deren Legung zu bestrafen, IV, 1087.
Selbsthülfe ist unerlaubt, I, 66; — wie sie zu bestrafen, IV, 939.
Selbstverstümmelung, in wiefern strafbar, IV, 973.
Seniorate, III, 459. S. Familien-Fideikommiß.
Separation, Recht der, hindert die Confusion, II, 498.
Sequestration, II, 241.
Servitus oneris ferendi, I, 411. S. Grundgerechtigkeit.
Sicherheit, in wiefern der Cedent dafür haftet, I, 707.
Sicherheitsbestellung, Recht solche zu fordern, II, 258. S. Kaution.
Sichtwechsel, III, 865, 874.
Siegel, s. Schloß.
Siegelung einer Verlassenschaft, I, 506; IV, 755.
Silbercourant ist die gangbare Münzsorte, I, 257.
Simonie macht für immer unfähig zu einem geistlichen Amte, IV, 253.
Simulation bei Rechtsgeschäften überhaupt, I, 163; — bei Käufen, I, 613.
Simulationen in der Absicht, sich Credit zu verschaffen, II, 267.
Simultaneum, IV, 250.
Sittlichkeit, Verbrechen und Vergehen gegen die, wie sie zu bestrafen, IV, 986.
Socien bei Verbrechen, s. Theilnehmer, Gehülfen.
Societät, s. Gesellschaften.
Societätshandlung, s. Handlungsgesellschaften.
Societas leonina, II, 552.
Sodomie, IV, 991.
Soldaten unter 24 Jahren sind in Bezug auf ihre freiwillige Entschließung zum Fortdienen handlungsfähig, I, 85; — mit Soldaten soll man sich nicht in Kaufgeschäfte einlassen, II, 355.
Sonntagsschulen, IV, 387.
Spanische Papiere, Verkehr damit, I, 144.
Special-Vollmacht, II, 181; wo sie erforderlich, 182 ff.; Form derselben, 184.
Species, I, 265.
Specifikation, I, 473.
Spiel, I, 735. S. Hazardspiel.
Spitzen, gehören zum Putz, nicht zur Wäsche, I, 99.
Sponsalia clandestina, III, 28.
Sponsalien, s. Ehegelöbniß.
Sportelexcesse, wie sie zu bestrafen, IV, 1078.
Sprachunkundige, was bei Testamenten solcher Personen, deren Sprache der Richter nicht versteht, zu beobachten, II, 39; — bei Verträgen, I, 240.
Staat, dessen Verhältniß zu seinen Bürgern, I, 63 ff.; IV, 432 ff.
Staatsanwaltschaft, deren Anciennitäts- und Rang-Verhältniß, und Gehaltsstufen, IV, 92.
Staatsbürgerliche Rechte, Verbrechen und Vergehen, in Beziehung auf deren Ausübung, IV, 959.
Staatsdiener, s. Beamte, Pensionirung.
Staatspapiere als Valuta bei Darlehnen, I, 786. S. Papiere.
Staatsrechte, IV, 432. Allgem. Grundsätze, 432. Majestätsrechte, 433. Privatrechte des Landesherrn und seiner Familie, I, 67; IV, 435.
Staatsverbrechen, IV, 950 ff.
Staatsverfassung, IV, 435. I. Staatsgebiet, 435. II. Rechte der Preußen, 435. III. Vom Könige, 440. IV. Von den Ministern, 442. V. Von den Kammern, 442. VI. Von der

richterlichen Gewalt, 445. VII. Von den nicht zum Richterstande gehörigen Staatsbeamten, 449. VIII. Von den Finanzen, 449. IX. Von den Gemeinden, Kreis-, Bezirks- und Provinzial-Verbänden, 449. Allgemeine Grundsätze, 450.
Stadtbürgerrecht, worin dasselbe bestehe und wie es erworben werde, III, 703.
Stadtgemeinen, III, 691. Kämmerei, 691. Bürgervermögen, 692. I. Grundlagen der städtischen Verfassung, 693. II. Zusammensetzung und Wahl der Stadtverordneten-Versammlung, 705. III. Zusammensetzung u. Wahl des Magistrats, 710. IV. Versammlung und Geschäfte der Stadtverordneten, 712. V. Geschäfte des Magistrats, 716. VI. Gehälter u. Pensionen, 720. VII. Gemeindehaushalt, 722. VIII. Einrichtung der städtischen Verfassung ohne kollegialischen Gemeindevorstand, 724. IX. Verpflichtung zur Annahme von Stellen und Ausscheiden aus denselben wegen Verlustes des Bürgerrechts, 724. X. Oberaufsicht über die Stadtverwaltung, 725.
Stadtmauern, I, 384.
Stadverordnete, III, 705.
Städte, III, 690. Rechte der Städte, Marktrecht, 690.
Stände, I, 77 ff.
Stammgeld, Begriff, II, 1073 (Nachtr.).
Standesherren, s. Reichsstände.
Standesrechte, incessibel, I, 690.
Standtschaft, persönliche Fähigkeit zur Ausübung der, IV, 6.
Statusrechte, I, 12, 36, 73; — incessibel, I, 690.
Statuten, I, 2, 4 ff, 25, 36, 40, 44.
Stellionat, IV, 1045.
Stellvertretung, freie, bei Erwerbungen, II, 160.
Sterbejahr der Erben eines Canonici, IV, 368.
Sterbekassen, I, 747; — wie deren unerlaubte Errichtung zu bestrafen, IV, 1084.
Sterbequartal der Wittwe und Kinder eines verstorbenen Pfarrers, IV, 335.
Steuermann, dessen Pflicht, IV, 951, 965; — Heuer, 958.
Steuern, deren Beitreibung, IV, 463.
Stiefeltern und Stiefkinder dürfen sich nicht heirathen, III, 3; — wie die Unzucht zwischen ihnen zu bestrafen, IV, 990.
Stiefverbindungen, I, 93.
Stifte, protestantische, IV, 375. S. geistliche Gesellschaften.
Stiftungen für Korporationen, III, 535.
Stolgebühren, IV, 264.
Stollen, s. Bergregal.
Strafrecht, IV, 875.
Strandrecht, aufgegeben, IV, 526.
Strandung, wie die vorsätzlich bewirkte zu bestrafen, IV, 1070.
Strandungen, was dabei die Strandbewohner beobachten sollen, IV, 526 ff.
Straßen, s. Land- und Heerstraßen.
Straßenrecht, I, 5.
Ströme, IV, 504.
Stromschifffahrt ist Jedem erlaubt, IV, 517.
Stückzahlung, s. Abschlagszahlung.
Studirende, s. Universitäten.
Stumme, in wiefern sie vertragsfähig, I, 199, — testamentsfähig sind, II, 10, 39.
Stuprum, s. Hurerei.
Subalternbeamte der Justizbehörden dürfen keine streitigen Rechte durch Cession an sich bringen, I, 693.
Subhastation, I, 674; — Abschaffung verschiedener Mißbräuche dabei, 674.
Sublokation, II, 970 ff.
Subsidiarisches Recht, I, 2.
Substanz der Sache, I, 95.
Substanztheile, worin sie sich von Pertinenzstücken unterscheiden, I, 103; II, 858.
Substitutionen der Erben, II, 19, 21; gemeine, 117; fideikommissarische, 118. — Rechte aus Substitutionen sind unter dem Erbschaftskaufe nicht begriffen, I, 717.
Substitutionsbefugniß bei Vollmachtsverträgen, II, 169.
Superficies, II, 1082.
Superintendenten, IV, 222.
Superinventarium bei Pachtungen, II, 1005.
Surrogatum sapit naturam surr. I, 115.
Suspension des A. L. R. I, 10.
Syndikatsklage, IV, 98; s. actio subsidiaria.
Syndikus, Bestellung eines, III, 545.
Synoden, s. Bischöfe.

Tabackrauchen in Scheunen, Ställen &c., wie es zu bestrafen, IV, 1089.
Tag, wie er gerechnet wird, I, 139.
Tagelöhner, gedungene, I, 815.
Tante, s. Neffe.

Taube, in wiefern sie handlungsfähig, I, 199, und testamentsfähig, II, 10, 39.
Tauben, welche ohne Recht gehalten werden, I, 442; II, 337.
Taubstumme, deren Verträge, I, 237; — deren Bevormundung, IV, 707; — deren Verpflegung und Beaufsichtigung, 754.
Taufen, wem sie gebühren, IV, 268.
Tauschvertrag, I, 684.
Taxatoren für Haverie-Sachen dürfen nicht assekuriren, III, 1007, 1064.
Telegraphenanstalten, wie deren Beschädigung zu bestrafen, IV, 1068.
Tempus regit actum, I, 12, 34.
Termin, I, 192, 248.
Terminliche Leistungen, Verträge über, I, 228.
Testamente und Codicille. I. Begriff u. Grundsätze, II, 3. II. Persönliche Fähigkeit, letztwillige Verordnungen zu errichten, 5. III. Persönliche Fähigkeit, aus letztwilligen Verordnungen zu erwerben, 13. IV. Was und wie in einem Testamente und Codicille verordnet werden könne, 17. Substitutionen, 19. Bedingung, Zweck u. s. w., 21. V. Form der Testamente und Codicille: 1) gerichtliche, 22; Kompetenz des Gerichts, 24; Besetzung desselben, 26; dorfgerichtliche Testamente, 30; gerichtlich übergebene, 33; mündlich aufgenommene, 35. Testamente der Blinden, Gelähmten, Schreibunfähigen, 37; ingleichen der Tauben und Stummen, der Sprachunkundigen, 39. Testamente, worin dem Richter etwas verlassen wird, 41. Folgen der verabsäumten gesetzlichen Form, 43. Anweisung für den Richter zur Vermeidung künftiger Prozesse, 45. 2) Außergerichtliche Verordnungen, 48. 3) Privilegirte Testamente: a) dem Landesherrn übergebene; b) militairische; c) andere privilegirte Testamente, 56. VI. Publikation der Testamente und Codicille, 59. VII. Wirkungen gehörig errichteter und publicirter Testamente und Codicille. A. In Ansehung der Erbeseinsetzung, 66. Besitz der Erbschaft, 67. Ausschließung der gesetzlichen Erben, 69. Rechte mehrerer eingesetzter Erben, 71. Folgen der Entsagung sämmtlicher Testamentserben, 75. Recht des Zuwachses, 76. B. In Ansehung der Vermächtnisse überhaupt, 79. Wenn bestimmte Sachen oder Rechte vermacht worden, 83. Von Geldvermächtnissen, 89. Wie weit Legatarii zu den Erbschaftslasten beitragen müssen, 90. Was Rechtens, wenn der Nachlaß durch Vermächtnisse erschöpft wird, 94. Zuwachsrecht bei Legaten, 96. Besondere Arten der Vermächtnisse: a) künftige Sachen, 97; b) eigene Sachen des Erben, 97; c) fremde Sachen, 98; d) Sachen, die nicht im Verkehre sind, 101; e) Handlungen, 101; f) Vermächtnisse der Wahl; g) vermachte Gattung, 104; h) Vermächtniß einer bestimmten Sache, 105; i) Vermächtniß einer Schuldverschreibung, 105; k) Vermächtniß des Gebrauchs oder Nießbrauchs, 108; l) Vermächtniß einer Passivschuld des Legatarii, 110; m) Vermächtniß einer Passivschuld des Erblassers, 111; n) vermachte Alimente, 113; o) vermachte Ausstattung, 114. Münzsorte bei Legaten, 115. Vermächtnisse von Sachen, die der Legatar nicht besitzen kann, 115. Vermächtnisse, die als Strafe verordnet sind, 116. C. In Ansehung der Substitutionen, 1) der gemeinen, 117; 2) der fideikommissarischen, 118. D. Bedingte Erbeseinsetzungen und Vermächtnisse, 122; aufschiebende Bedingungen, 122; auflösende, 123; mehrere Bedingungen, 124. Erfüllung der Bedingungen, 124. Bedingungen, die Mehreren aufgelegt sind, 125. Schon erfüllte Bedingungen, 125; unmögliche Bedingungen, 126. — Zweck, 126. — Bedingungen oder Zwecke zum Besten des gemeinen Wesens, 127. — Unbestimmte Bedingungen, 128. VIII. Auslegungsregeln, 129. IX. Testaments-Exekutoren, 135. X. Wie Testamente aufgehoben und widerrufen werden, 138. Widerruf a) durch Zurücknahme, 138; b) durch Errichtung eines neuen Testaments, 140; c) durch ausdrücklichen Widerruf, 143, — insonderheit bei Vermächtnissen, 145; durch Wegstreichen, Auslöschen u. s. w. bei außergerichtlichen Verordnungen, 145; d) wegen des dem Erblasser verursachten Lebensverlustes, 146; e) wegen nachgeborner Kinder, 146; f) durch Untergang oder Verlust des Testaments oder Codicills, 146. — Strafe desjenigen, welcher Jemand an Errichtung eines Testaments, oder an dessen Uebergabe, oder an dessen Widerruf hindert, oder ein Testament verheimlicht, 148; IV, 1047.

Strafe desjenigen, der durch Gewalt oder Betrug ein Testament bewirkt hat, 148. XI. Verstärkung der letztwilligen Verordnung durch Anerkenntniß, 148. XII. Wechselseitige Testamente, 150. — Anwendung neuer Gesetze auf Testamente, I, 14, 17; — auf deren Form, I, 48.
Testamentszeugen, deren Eigenschaften, II, 37.
Testamentum correspectivum, II, 119; — reciprocum, II, 150; — ad pias causas, 57; — militare, 53, 56; — parentum inter liberos, 57; III, 343; — perigrinantium, II, 56, 59; — principi oblatum, 52, 56; — ruri conditum, 30, 56; — tempore pestis, 57, 58.
Testirfähigkeit, II, 5 ff.
Thatbestand, Begriff, IV, 933.
Theilnahme an Verbrechen oder Vergehen, IV, 927.
Theilung bei Gemeinschaften, II, 517; — ist kein Kauf und daher kein laudemialpflichtiger Fall, 720.
Thiere, Beschädigung durch, I, 315; — wie die unterlassene Beaufsichtigung beim Stehenlassen oder Führen derselben in Städten und Dörfern 2c. zu bestrafen, IV, 1086; — gefährliche, wie deren polizeiwidriges Halten zu bestrafen, IV, 1087.
Thierfang, I, 442.
Thierquälerei, wie sie zu bestrafen, IV, 1085.
Thüren an der Grenze, I, 415.
Titel, Begriff, I, 124, 422; bei der Verjährung durch Besitz, 560.
Titulus pro herede, I, 565 ff.
Tod, I, 88; — dessen Beweis, 89; — bürgerliche, unstatthaft, I, 88; IV, 438.
Todeserklärung eines Ehegatten; — der Verschollenen und Vermißten, I, 88, 89 ff.; IV, 823, 824.
Todesstrafe, IV, 909.
Tödtung, IV, 1006; — aus Fahrlässigkeit, 1011; — in einer Schlägerei, 1014. — Entschädigung bei einer, I, 319.
Tontine, I, 741.
Torfnutzung, Recht zur, II, 563.
Tortur, s. Erpressung.
Tradde, s. Erbkur, Bergregal.
Tradition, s. Uebergabe.
Trauer, III, 130, 420.
Traufrecht, I, 408.
Trauung, Begriff, III, 41; Vollziehung, Ort und Zeit, 64.
Trauungen, wem sie gebühren, IV, 266.
Tresorscheine, I, 786; II, 386.
Trödelpfad, s. Leinpfad.
Trödelvertrag, I, 724.
Trunkenheit, I, 157; — als Strafmilderungsgrund, IV, 893.
Tutel, s. Vormundschaft.

Uebergabe, I, 339; körperliche, 340; durch Anweisung, 341; durch bloße Willenserklärung (brevi manu traditio, constitutum possessorium), 342. — Wie sie bei Käufen zu leisten, 628, 650; besonders unter Abwesenden, 628; — ist zur mittelbaren Erwerbung des Eigenthums erforderlich, 587; — in wiefern bei Erbschaftskäufen, 720.
Uebergewicht der Schuld bei Scheidungen allein zieht die Ehescheidungsstrafe nach sich, III, 203.
Ueberlegungsfrist, I, 487.
Uebermaß einer Schenkung, I, 865.
Uebernahme von Schulden in partem pretii, II, 760.
Ueberschwemmung, in wiefern sie bei Pachtungen ein Remissionsgrund, II, 1011, 1014; — verursachte, wie sie zu bestrafen, IV, 1067.
Ueberströmungen, vorübergehende, wirken keine Veränderung am Grundeigenthum, I, 469.
Uebertragung der Rechte, I, 73. S. Cession.
Ufer der öffentlichen Flüsse, wem sie gehören, IV, 518.
Umschaffung, s. Novation.
Undank ist Grund zum Widerruf einer Schenkung, I, 886. S. Impietät.
Uneheliche Kinder, s. Kinder, uneheliche.
Unehelicher Beischlaf, Folgen desselben, III, 238 (Nachtr.).
Unerlaubte Handlungen, deren rechtliche Folgen, I, 48, 136, 300; — Verträge über, I, 207.
Unfug, verübter, wie er zu bestrafen, IV, 1085.
Ungeborene, deren Rechte, I, 80.
Ungerechtigkeit, s. Rechtsbeugung.
Unglücksfall, s. Zufall.
Ungültige Ehen, III, 232. Insonderheit Ehen zwischen Vormündern u. Pflegebefohlenen, 233; zwischen angenommenen Eltern und Kindern, 234; mit noch nicht mannbaren Personen, 235; wobei die freie Einwilligung oder der Consens der Aeltern ermangelt, 235.
Ungültigkeit, s. Nichtigkeit.
Uniformwesen der Beamten, IV, 97.
Unio prolium, s. Einkindschaft.

Unitas actus ist bei Testamenten nicht erforderlich, II, 46.
Universitäten, IV, 410. Innere Verfassung, 410. Gerichtsbarkeit, 410. Rechte der Lehrer, 416. Aufnahme der Studirenden, 416. Aufsicht über ihre Studien und Lebensart, 418. Akademische Disciplin, 418. Rechte der Studirenden in ihren Privatangelegenheiten, 424; besonders in Ansehung des Schuldenmachens, 424. Akademische Zeugnisse, 431.
Universitas juris, s. Inbegriff.
Universitates personarum, s. Gesellschaften.
Unmöglichkeit der Erfüllung, in wiefern sie ein Aufhebungsgrund eines Vertrages, I, 282. S. Bedingung, Zweck.
Unmöglichkeitsklage bei Diensten, III, 635 ff.
Unmündige, Begriff, I, 84; — deren Willenserklärungen, 155; — deren Verträge, 190; — gegen sie fängt die ordentliche Verjährung durch Nichtgebrauch nicht an, 528; der Fortlauf der angefangenen Verjährung aber wird nicht gehemmt, 528; — erhalten gegen die abgelaufene Verjährung Restitution, 329, 560; — werden aus dem Depositum verbindlich, II, 232.
Unredlicher Besitzer, dessen Verhältniß zum Eigenthümer, I, 361, 369.
Unredlichkeit beim Besitze, I, 329; — bei Erwerbung des Eigenthums, I, 596; — des Stellvertreters hat keinen Einfluß auf das mit dem Dritten abgeschlossene Geschäft, II, 204.
Unruhe, wie deren Verursachung zu bestrafen, IV, 1085.
Unschätzbare Sachen, I, 120.
Unterbrechung der Verjährung, I, 542, 562.
Untergang eines Testaments, II, 146; — einer Sache, 368.
Unterlassungen, als Gegenstände eines Vertrages, was davon Rechtens, I, 815.
Unteroffiziere und Soldaten, deren Verfügungsfreiheit in Beziehung auf ihr Vermögen, IV, 40 ff.
Unterpfandsrecht, II, 745 ff.
Untersagungsrecht, dessen Besitzerwerbung, I, 346; — Verlust, 354.
Unterschiebung einer fremden Geburt, IV, 986.
Unterschlagung, IV, 1037; — öffentlicher Gelder durch Kassenbediente, 1078.
Unterschrift ist erst die Vollendung eines schriftlichen Vertrages; wie sie zu vollziehen, I, 220, 222.
Untheilbare Sachen, s. Sachen.
Untreue, wann und wie sie zu bestrafen, IV, 1048.
Unverbrauchbare Sachen, s. Sachen.
Unvordenkliche Verjährung, s. Immemorialverjährung.
Unwillkührliche Handlungen, I, 307.
Unwissenheit in facto, in jure, I, 32. S. Irrthum.
Unwürdigkeit zur Erwerbung einer Erbschaft, I, 715; II, 146; III, 217.
Unzucht, wie sie zu bestrafen, IV, 989.
Urbarien, Begriff und Beweiskraft, III, 615; — wirken in rem, I, 661.
Urheber bei Verbrechen, IV, 927.
Urkunden, deren neue Ausstellung über eine schon vorhandene Schuld ändert nichts in der Natur derselben, II, 482; — neu aufgefundene, in wiefern sie einen Vergleich entkräften, 475; — erbschaftliche, welchem Erben sie verbleiben, 527; — über gemeinschaftliche Familienrechte, von wem und wo sie aufzubewahren, III, 429; — Fälschung, IV, 1049; durch Beamte, 1077; — öffentliche, wie deren Vernichtung zu bestrafen, 971.
Urtheile, rechtskräftige, deren Wirkungen, I, 47.
Usukapion, I, 555.
Usus, II, 742.
Ususfruktus, s. Nießbrauch.

Vacatio bei Gesetzen, I, 31.
Väterliche Gewalt, deren Entstehung, I, 13; III, 277; — deren Inhalt, 277; — deren Aufhebung bei einem großjährigen Sohne, III, 309; bei einem minderjährigen, 312; bei einer Tochter, 316. — Folgen dieser Aufhebung: 1) Herausgabe des eigenen Vermögens der Kinder, 316; 2) Ausstattung, 316. — Rechte der Aeltern nach aufgehobener Gewalt, 320; insonderheit wegen wechselseitiger Unterstützung, 320. — Besondere Fälle, wo die väterliche Gewalt aufhört, 321; Einschränkungen derselben, 322.
Vagabondiren, wie es zu bestrafen, IV, 974.
Vagirende Distrikte und Einwohner in Parochien, IV, 247.
Vakante Erbschaften, s. erblose Verlassenschaften.

Vakanz des Bisthums, IV, 352, 358; — einer Pfarre, 260.
Valuta, bei Cessionen, I, 694; — bei Darlehnen, 764, 769.
Vasall, s. Lehen.
Venia aetatis, s. Großjährigkeitserklärung.
Veränderung der Umstände, I, 285.
Verarbeitung fremder Materialien, I, 473.
Verarmung, Strafe verschuldeter, IV, 976.
Verbesserungen, s. Meliorationen.
Verbindungen, unerlaubte, wie die Theilnahme daran zu bestrafen, IV, 968.
Verbot der Veräußerung, was darunter begriffen, II, 132.
Verbotene Verträge, I, 143 ff.
Verbrauchbare Sachen, s. Sachen.
Verbrechen, Begriff, IV, 899.
Verdingungs = Verträge, I, 815 ff.; — 1) mit gedungenen Handarbeitern u. Tagelöhnern, 815; 2) mit Handwerkern u. Künstlern, 818; 3) über ein verdungenes Werk 819; insonderheit von verdungenen Bauen 823, — Rechte aus diesem Vertrage bei entstandenem Konkurse, 823.
Vereine, politische, können beschränkt werden, IV, 438.
Vereinigung, s. Confusion.
Vereinigungsrecht, III, 517 ff.
Verfassung des Staats, s. Staatsverfassung.
Vergiftung, IV, 1016.
Vergleiche, Begriff, II, 471; wer Vergleiche schließen könne, 472; Form, 472; nur über streitige und zweifelhafte Rechte, 472; — über Alimente, 473 — über unerlaubte Handlungen, 474; über Rechte Dritter, 475; über Rechnungen, 477; über Inbegriff v. Sachen, 478; über Erbschaften, 478. — Wie weit Irrthum den Vergleich entkräfte, 474; Betrug, 475; neu aufgefundene Urkunden, 475; — sind nicht ausdehnend zu erklären, 476. — Gerichtliche, 480. — Wirkung eines, in Ansehung der Bürgen, 480, des Pfandrechts, 482.
Verheimlichung der Besitzergreifung, I, 348.
Verjährung. Begriff, I, 514. Eintheilung, 515. Gegenstände, 517. Allgemeine Grundsätze, 521. Nach welchen Gesetzen sie zu beurtheilen, 14, 19. I. Verjährung durch Nichtgebrauch, 528. Anfang derselben, 528. Zeitraum, 534. Kürzere Verjährung, 535. Unterbrechung, 542. Verträge über die Verjährung, 549. Wirkung der Verjährung, 550. II. Verjährung durch Besitz, 555. Gewöhnliche Verjährung, 556. Anfang, 559. Fortsetzung, 561. Unterbrechung, 562. Zeitraum, 568. Dreißigjährige Präscription, 569. III. Arten der ungewöhnlichen Verj. durch Nichtgebrauch u. Besitz, 570. Vier= u. vierzigjährige, 572. Verjährung durch Besitz im Normaljahre, 374. Vierzigjährige, 568. Fünfzigjährige Präscription, 582. Wirkungen der Verjährung durch Besitz, 586. — Verjährung der Anfechtung einer Willenserklärung wegen Zwanges, I, 161; — der Gewährsleistung, 279; — der Entschädigungsklage, 310; — der Schuldscheine, 775; der Rechnungen, II, 249; — der Ehegelöbnisse, III, 39; — der Protestation des Ehemannes gegen die Ehelichkeit eines von seiner Frau geborenen Kindes, 269; — der Illegitimitätsklage der Lehns= u. Fideikommiß=Anwarter, 270; — der Inofficiositätsklage, 358; — der Schwängerungsklage, 238 (Nachtr.); — der Beweiskraft der Handlungsbücher, 838; — des Anspruchs der Societätsgläubiger an den ausgetretenen Gesellschafter, 848; — des Wechselrechts, 898; der Klage aus Versicherungen, 1060; — des Rechts aus der Bodmerei 1072; — der Vindikation des gewesenen Pflegebefohlenen IV, 792; der Vormundschaftsrechnungen, 829; — der Verbrechen u. Vergehen, 942; — der Injurien, 944, 1002; — der Uebertretungen, 1082.
Verität, s. Richtigkeit.
Verlängerungen der Verträge, I, 232.
Verlagsverträge, I, 829.
Verlagszeche, Begriff, IV, 647.
Verlassene Sachen, s. herrenlose Güter.
Verlassenschaften, was dazu gehöre, I, 482.
Verlautbarung der Verträge, aufgehoben, I, 593.
Verletzung über die Hälfte, bei Käufen, I, 609, 659.
Verleumdung, IV, 1000.
Verlorene Sachen, I, 426; — Vertragsurkunden, I, 237.
Verlust des Besitzes, I, 351; — der Rechte, I, 74; — der Erbschaft, II, 146; — eines Testaments, 146.
Vermächtnisse, s. Testamente u. Codicille.
Vermengung u. Vermischung, I, 472.
Vermessung bei Bergwerken, IV, 625.
Vermögen, Begriff, I, 101, 746.

Vermögen der Kinder, freies, III, 295. nicht freies, 295. I. Rechte des Vaters u. der Kinder in Ansehung des freien Vermögens, III, 296. II. In Ansehung des nicht freien. Verwaltung, 298. Gesetzliches Vorrecht, 301. Fälle, wo besondere Sicherheit bestellt werden muß, 302; — wer für diese Sicherstellung zu sorgen habe, 306. Rechte der Kinder in Anseh. des nicht freien V. 307. Väterlicher Nießbrauch, 308.
Vermögensbeschädigung, wie sie zu bestrafen, IV, 1064.
Verordnungen v. Todes wegen, II, 1 ff.; — königliche, IV, 442, 450.
Verringerungen, s. Verschlimmerungen.
Versammlungs= u. Vereinigungsrecht, III, 517 ff.
Verschlimmerungen, I, 368.
Verschollene, I, 91.
Verschuldete, welche den Klosterstand ergreifen, Rechte der Gläubiger gegen sie, IV, 370.
Verschwender, I, 87; IV, 707, 754, 828.
Versehen, I, 132, 265.
Versicherungen, III, 1007. Gegenstände der, 1009. Wie weit Versicherungen genommen u. gegeben werden können, 1012. Verbot mehrerer Versicherungen über den vollen Werth eines u. ebendesselben Gegenstandes, 1014. Rückversicherung, 1015. Pflicht der Contrahenten vor u. bei Schließung des Vertrages, 1016. S. Feuerversicherungen. Form des Kontracts, 1031. Erfordernisse der Polize: a) Name des Versicherten, 1032; b) Gegenstand der Versicherung, 1032; c) Betrag der Versicherungssumme, 1034; d) Art u. Dauer der Gefahr, 1034; e) Unterzeichnung, 1035. Pflichten aus dem Kontracte, 1035. I. Pflichten des Versicherten: a) in Absicht der Prämie, 1035; b) bei vorgehenden Veränderungen, 1036; c) bei entstehendem Schaden, 1042. II. Pflichten des Versicherers, 1043. Zeit der Gefahr, 1043; Art der Gefahr, 1046. Besonders bei Feuerversicherungen, 1049. Ausmittelung des Schadens, 1050. Berechnung d. Schadens, 1051. Zahlung der Versicherungssumme, 1054. S. Abandonniren. Ristorno, 1059. Verjährung, 1060.
Versiegelte Behältnisse, wenn sie bei dem Verwahrer geöffnet gefunden werden, was dabei Rechtens, II, 228.
Versio in rem, s. nützliche Verwendung.
Versuch, bei Verbrechen u. Vergehen IV. 921.
Verstärkung der Verträge, I, 194; — der letztwilligen Verordnungen, II, 148.
Verträge, Anwendung neuer Gesetze, auf, I, 16; — nach welchem Rechte sie zu beurtheilen, I, 44; — über Handlungen, I, 202, 810 ff.; — über die Sache eines Dritten, 204; — über unmögliche Handlungen, 205; — über res extra commercium, 206; — über unerlaubte Handlungen, 207; — über nutzlose, 208; — über unbestimmte, 208; — über den Vortheil eines Dritten, 209; — über die Verjährung, 549.
Verträgen, von, I, 194. Begriffe, 194. I. Persönliche Fähigkeit, Verträge zu schließen, 196. II. Gegenstände, s. Verträge. III. Acceptation, 212. Bestimmung der Zeit der Annahme, 214. IV. Form der Verträge, 217. 1) Nach welchen Gesetzen die Form zu beurtheilen, 218, 16, 44. 2) Schriftliche Verträge, 220. 3) Punktationen, 222. 4) Mündliche Nebenabreden, 224. 5) Gesetzliche Nothwendigkeit schriftlicher Verträge, 226. In wiefern die schriftliche Abfassung bei anderen Willenserklärungen nothwendig, 226. Nähere Bestimmungen: a) bei Gerechtigkeiten, 228, b) bei terminlichen Leistungen, 228; c) bei gewagten Verträgen, 228; d) bei Conventionalstrafen, 229. Schließung schriftlicher Verträge durch Briefwechsel, 229. Fälle, in denen es keines schriftlichen Vertrages bedarf, 230. Verlängerungen, 232. Rechtliche Folgen, wenn die schriftliche Abfassung unterblieben, 232. Was Rechtens, wenn der schriftliche Vertrag nicht mehr vorhanden, 237. 6) Gerichtliche Verträge, 237. V. Verstärkung der Verträge: 1. durch Anerkenntniß, 241; 2. durch Entsagung der Einwendungen, 243; 3. durch gerichtliche Bestätigung, 244; 4. durch Draufgabe, 245. Was Rechtens, a) wenn die Draufgabe zugleich eine Wandelpön, 246. b. wenn sie keine Wandelpön, 246. VI. Nebenbestimmungen bei Verträgen. 1. Bedingung, Zweck, Bewegungsgrund, 248; 2. Zeit, 248; 3. Ort, 251. VII. Auslegungsregeln, 252. VIII. Erfüllung der Verträge. Versehen, 265. Interesse, 266. Conventionalstrafen, 269. Gewährsleistung, s. Gewährs=

leistung. IX. Aufhebung der Verträge, 1. wegen Betruges, 281; 2. wegen Unmöglichkeit der Erfüllung, 282; 3. wegen veränderter Umstände, 285; 4. durch wechselseitige Einwilligung, 286; 5. wegen Mangels der Erfüllung von der andern Seite, 288; 6. durch Erlaß, Vergleich u. s. w., 291; 7. durch den Tod, 291.
Verunstaltung, Entschädigung wegen, I. 324.
Veruntreuung, IV, 1037.
Verwahrer, dessen Rechte auf Belohnung u. Kostenersatz, II, 236.
Verwahrungskontrakt, II, 225. Begriff, Form, 225. Pflichten des Verwahrers bei der Aufbewahrung, 225, bei der Zurücklieferung, 227. Wie lange die Pflicht zur Aufbewahrung dauert, 231. In wiefern Unfähige durch Verwahrungsverträge verpflichtet werden, 232. Mehrere Verwahrer oder Erben, 233. Mehrere Niederleger, 234. Rechte im Konkurse, 235. Zurückbehaltung, 235; Folgen der widerrechtlichen Zurückbehaltung, 236. Ort der Rücklieferung, 236. Rechte des Verwahrers gegen den Niederleger wegen Bemühungen und Kosten, 236. Gebrauch in Verwahrung gegebener Sachen, 237. Verwahrung unbeweglicher Sachen, 239. Gerichtliche Verwahrung, 239.
Verwaltung fremder Sachen u. Güter. Grundsatz, II, 243. Allg. Obliegenheiten eines Verwalters, 243. Verantwortlichkeit des Verwalters, 244. Rechte und Pflichten des Verwalters bei den durch seine Hände gehenden Geldern, 244. Wegen der Befugniß zu substituiren, 245, in gerichtlichen Angelegenheiten, 245; wegen Creditnehmens u. Gebens, 245; wegen anderer für den Prinzipal geschlossener Verträge, 246. Unfähige, welche Verwaltungen übernehmen, 246. Rechnungslegung, 246. Quittung, 248. Was Rechtens, wenn die Rechnungsabnahme verzögert, oder wenn die Rechnung erlassen worden, 251. Ausantwortung der Rechnungsbücher und Schriften, 253. Einnahmereste, 253. Kaution, 253. Zurückbehaltungsrecht, 253. Verwaltung ohne Auftrag, 253. Verwaltung öffentlicher Kassen, 253.
Verwandte, wer darunter in Testamenten zu verstehen, II, 130.
Verwandtenmord, IV, 1006.
Verwandtschaft, Begriff, I, 93.
Verwendung, s. nützliche Verwendung.
Verzichtleistung, Begriff, II, 465.
Verzichtleistungen, deren Form, I, 227.
Verzug, s. Mora.
Vidimation der Urkunden, I, 698.
Vidualitium, s. Witthum.
Vieh, wenn es nach der Uebergabe krank befunden wird, I, 646.
Viehsterben, in wiefern es bei Pachtungen ein Remissionsgrund, II, 1012.
Viehtriebgerechtigkeit, II, 1047.
Vindikation, s. Eigenthumsklage, Reivindikation.
Vindikationsklage, I, 361, 362.
Vitalität bei Neugebornen, I, 80.
Vitalitien-Vertrag, I, 745.
Vocation des Pfarrers, IV, 259.
Vollmachten, der Ehefrau für ihre Männer, II, 185; III, 71; — vermuthete, 188; — stillschweigend ertheilte, 190.
Vollmachtsaufträge. Begriff, II, 161. Wie solche geschlossen werden, 162. Wer solche zu übernehmen schuldig, 165. Was Gegenstand sein könne, 165. Welche Aufträge nicht übernommen werden sollen, 166. Wer Aufträge machen und übernehmen könne, 167. Wirkungen des Vollmachtsvertrages. I. Rechte zwischen dem Machtgeber und Bevollmächtigten. a) Befugniß zu substituiren, 169. b) Pflicht des Bevollmächtigten, die Vorschrift des Machtgebers genau zu befolgen, 171; c) Grad des Versehens, 171; wofür der Bevollmächtigte haften muß, 171; d) Rechenschaft, zu welcher der Bevollmächtigte dem Machtgeber verpflichtet ist, 172. e) Pflichten des Machtgebers gegen den Bevollmächtigten zur Schadloshaltung, 174. In wiefern der Bevollmächtigte Zinsen, 175; oder Belohnungen fordern könne, 176. Zufälliger Schaden des Bevollmächtigten, 177. Pflicht des Machtgebers, den Bevollmächtigten von den gegen Andere übernommenen Verbindlichkeiten zu befreien, 177. — II. Rechte zwischen dem Machtgeber und einem Dritten, a) überhaupt, 178; b) besonders wenn Jemand mit dem Bevollmächtigten und ein Anderer mit dem Machtgeber selbst gehandelt hat, 178; c) wenn der Bevollmächkigte die Grenzen seines Auftrags überschritten hat, 179. III. Verhältniß zwischen dem Bevollmächtigten und dem Dritten, II, 195. — Aufhebung der Vollmachtsverträge, 1) durch Aufkündigung u.

Widerruf, 197 ff.; stillschweigender, 201; 2) durch den Tod, 201; 3) durch eingetretene Unfähigkeit, 203; 4) durch entstandenen Konkurs, 204. — Mehrere Bevollmächtigte, 204; mehrere Machtgeber, 206.
Vorausbezahlung bei Alimenten, II, 381.
Vorbehalt, Begriff, II, 345; — bei Zahlungen, 410.
Vorbehaltenes Vermögen der Ehefrau, III, 73, 76 ff.; — Rechte der Frau in solchem, 77.
Vorbeifahren, wie dessen muthwillige Hinderung zu bestrafen, IV, 1086.
Vorfluth, Vorfluthssachen, I, 398 ff.
Vorkaufsrecht, Begriff, persönliches, dingliches, II, 890. Fälle, wo dessen Ausübung stattfindet, 892. Verhältnisse mehrerer Vorkaufsberechtigten untereinander, II, 894. In wiefern es cessibel, 895; oder vererblich, 895. Begebung des Vorkaufsrechts, 895. Obliegenheiten des Berechtigten, 896; — des Verpflichteten, 898; Bekanntmachung, 898. — Befugnisse des Berechtigten nach der Uebergabe an einen Dritten bei dem persönlichen Vorkaufsrechte, 901; bei dem dinglichen Rückforderungsrecht, 902. Verlust d. Rückforderungsrechts, 905. Vorkaufsrecht unter Nachbaren aufgehoben, 906; — der Miteigenthümer, 513.
Vormund, Begriff, I, 88. Wer es zu werden fähig u. verpflichtet sei, IV, 720. Verhältniß mehrerer Vormünder zu einander, 722. Bestellung eines Vormundes auf Zeit, 723. Personen, die zur Uebernehmung von Vormundschaften unfähig sind; 1) in Ansehung aller, 723; 2) in Ansehung gewisser Vormundschaften, 724. Personen, welche zur Uebernehmung von Vormundschaften einer besonderen Erlaubniß bedürfen, 727. Was solche Personen, wenn ihnen eine Vormundschaft angetragen wird, zu beobachten haben, 728. Personen, welche vorzüglich zu Vormündern bestellt werden müssen: 1) von Aeltern ernannte oder in einem Testamente bestellte, 729; 2) Mütter, 731; 3) Verwandte, 732; 4) Zunftgenossen, 733. Was Rechtens, wenn eine zur Vormundschaft berufene Person dieselbe ablehnt, 733. Personen, die sich von Uebernehmung einer Vormundschaft entschuldigen können, 734. — Verpflichtung des Vormundes, 736; Bestätigung, 736. Protutoren, 736. — Rechte und Pflichten der Vormünder, IV, 737. Allgemeine Grundsätze, 737. Verhältnisse zwischen dem Vormunde und der Obrigkeit, 738; zwischen dem Vormunde und dem Pflegebefohlenen, 738. Vergütigungen und Belohnungen, welche d. Vormunde zukommen, 742. Vertretungsverbindlichkeit d. Vormünder gegen die Pflegebefohlenen, 743; — der vormundschaftlichen Gerichte, 748. — In wiefern sie von der obrigkeitlichen Aufsicht entbunden werden können, 802.
Vormundschaft, Begriff, I, 87. Allgemeine Grundsätze, IV, 700. Vormünder sind zu bestellen: 1) den Unmündigen oder Minderjährigen, 706; 2) den Wahn- und Blödsinnigen, 706; 3) den Verschwendern, 707; 4) den Taubstummen, 707; 5) den Abwesenden, 707. Wem die Bevormundung zukomme, 713. Wer auf Bevormundung anzutragen verpflichtet, 717. — Aufhebung der Vormundschaften. I. Von Seiten der Pflegebefohlenen: 1) durch erreichte Volljährigkeit, 805; 2) durch Majorennitätserklärung, 808; 3) in Ansehung der Einkünfte nach zurückgelegtem 20. Jahre, 810; 4) durch Verheirathung der Pflegebefohlenen, 811; besonders bei Verheirathung an einen Kaufmann, 815. Erbverträge bei Verheirathung einer Pflegebefohlenen, 816; besonders wo Gemeinschaft der Güter stattfindet, 817. Verheirathung einer Pflegebefohlenen zur linken Hand, 820. Verheirathung eines männlichen Pflegebefohlenen, 820. 5) Anstellung bürgerlicher Gewerbe, 821. 6) Adoption, 822. 7) Wiederherstellung der Wahn- u. Blödsinnigen, 822. 8) Durch Wiederherstellung der Taubstummen, 822. 9) Durch Todeserklärung d. Abwesenden, 823. 10) Durch Besserung d. Verschwenders, 828. 11) Durch d. natürlichen Tod des Pflegebefohlenen, 828. Nach Endigung der Vormundschaft ist a) Schluß = Rechnung zu legen, 828; b) das Vermögen auszuantworten, 831; c) der Vormund gerichtlich zu quittiren, 831. II. Endigung der Vormundschaft von Seiten des Vormundes: 1) durch den Tod desselben, 833; 2) durch Entlassung, 835; 3) durch Remotion, 836; 4) durch eintretende Gründe zur Exkusation, 839; 5) durch eintretende Unfähigkeit, 839; 6) durch Wiederverheirathung der zur Vor-

münderin bestellt gewesene Mutter, 839. Pflichten eines entlassenen Vormundes bis zur erfolgten Bestellung eines Andern, 840.
Vorsatz, I, 132; — bei Verbrechen und Vergehen, IV, 921.
Vorschützung unwahrer Entschuldigungsgründe von Zeugen, Sachverständigen und Geschworenen, wie sie zu bestrafen, IV, 972.
Votum, I, 195.

Waagen, ungestempelte, wie deren Gebrauch zu bestrafen, IV, 1091.
Waaren, statt baaren Geldes bei Darlehnen, I, 764; — deren Verpfändung ohne Uebergabe, II, 829 ff.
Waarenbezeichnung, falsche, wie sie zu bestrafen, IV, 1060.
Waarenvergiftung, wie sie zu bestrafen, IV, 1071.
Wäsche, was darunter zu verstehen, I, 99.
Waffen in Stöcken und Röhren, wie deren Feilhaltung oder Führung zu bestrafen, IV, 1087.
Wahl, bei alternativen Verbindlichkeiten, gebührt dem Schuldner, I, 265; bei Käufen dem Käufer, 605.
Wahnsinn, dessen Verursachung, wie sie zu bestrafen, IV, 1013, 1015.
Wahnsinnige, Begriff, I, 85.
Waldhütung, Schonungen bei, II, 1064.
Waldstreuberechtigung, deren Begriff u. Ausübung, II, 1073, 1075 ff.
Wandelklage, s. actio redhibitoria.
Wandelpön, I, 246.
Wandschränke, deren Einrichtung in einer gemeinschaftlichen Mauer, I, 411.
Wappen, königliches, wie dessen eigenmächtiger Gebrauch zu bestrafen, IV, 1083.
Wasserbaue an öffentlichen Flüssen dürfen nicht ohne polizeiliche Genehmigung unternommen werden, I, 397.
Wasserbauten, wie deren Zerstörung zu bestrafen, IV, 1069.
Wassereinfall=Geld, wann es dem Stollner gebühre, IV, 660.
Wasserhebungsmaschinen beim Bergbau, deren Verhältniß, IV, 665.
Wasserleitungen, I, 397; IV, 517; — wie deren Zerstörung zu bestrafen, IV, 1069.
Wasserschlotten, beim Bergbau, IV, 663.
Wechsel, Begriff, III, 863. I. Wechselfähigkeit, 860. II. Gezogene Wechsel. 1) Erfordernisse eines solchen, 863. 2) Verpflichtung des Ausstellers, 869. 3) Indossament, 869. 4) Präsentation zur Annahme, 873. 5) Annahme (Akzeptation), 874. 6) Regreß auf Sicherstellung, a) wegen nicht erhaltener Annahme, 878; b) wegen Unsicherheit des Akzeptanten, 879. 7) Erfüllung der Wechselverbindlichkeit. a) Zahlungstag, 880; b) Zahlung, 882. 8) Regreß Mangels Zahlung, 886. 9) Intervention. a) Ehrenannahme, 892; b) Ehrenzahlung, 893. 10) Vervielfältigung eines Wechsels. a) Wechselduplikat, 895; b) Wechselkopien, 896. 11) Abhanden gekommene Wechsel, 897. 12) Falsche Wechsel, 898. 13) Wechselverjährung, 898. 14) Klagrecht des Wechselgläubigers, 900. 15) Ausländische Gesetzgebung, 904. 16) Protest, 905. 17) Ort und Zeit für die Präsentation u. andere im Wechselverkehr vorkommende Handlungen. 908. 18) Mangelhafte Unterschriften, 910. II. Eigene Wechsel, 910.
Wechselforderungen, dafür kann ein Unterpfandsrecht bestellt werden, II, 749.
Wechselklagen, wo sie angebracht werden können, III, 857.
Wechselrecht, III, 854 ff.
Wechselseitiges Testament, II, 119, 150.
Wege, s. Land= und Heerstraßen; — wie deren Zerstörung zu bestrafen, IV, 1069.
Wegegerechtigkeit, II, 1047.
Wehre, s. Wasserbaue; — wie deren Zerstörung zu bestrafen, IV, 1069.
Weiberlehn, II, 682.
Weidefrevel in Forsten, wie sie zu ahnden, II, 1067.
Weidegerechtigkeit, II, 1051.
Weihnachtsgeschenke des Gesindes, was davon Rechtens, III, 482.
Weinberge, wie deren unterlassene Schließung zu bestrafen, IV, 1089.
Weißzeug, Begriff, I, 99.
Wellerwände, I, 416.
Werfen von Steinen ꝛc. gegen fremde Häuser ꝛc., IV, 1086; — auf Menschen, 1088.
Werk, verdungenes, I, 819.
Werkmeister, gedungene, I, 818.
Werkschuh, Begriff, I, 410.
Werth, Begriff, I, 118, 119; — außerordentlicher, 119.
Westpreußisches Landrecht, I, 5, 10.
Wetten, I, 735.
Widerruf der Erbeserklärung, I, 495; der Schenkungen, 864; — der Substitution bei Vollmachtsaufträgen, II,

201; — einer Assignation, 441; — eines Testaments, 138, 143; — einer Vollmacht, 197.
Widerstand gegen die Staatsgewalt, wie er zu bestrafen, IV, 960.
Wiedereinsetzung, s. Restitution.
Wiederkauf, I, 666, — wird, wenn er wucherlich, als Pfandkontrakt beurtheilt, 670.
Wiederkaufsrecht, nicht cessibel, I, 669.
Wiesen, deren Behütung, II, 1054 ff.; — muß der Pächter in Cultur halten, 1002.
Wilddiebstahl, IV, 1063.
Wildschaden, I, 450.
Willenserklärungen. Erfordernisse rechtsgültiger, I, 143. Gegenstände, 143. Persönliche Fähigkeit, 155. Freiheit des Willens, 158. Ernster Wille, 163. Gewisser Wille, 164. — Stillschweigende Willensäußerung, 164. Vermuthete Willenserklärungen, 165. Auslegung der Willenserklärungen, 166. Irrthum, 167. Betrug, 170. Form der Willenserklärungen, 173. Wirkung, 173. S. Bedingung, Bewegungsgrund, Beschreibung, Zweck, Zeit.
Willkür bricht Stadtrecht &c., I, 2.
Windbrüche sind nicht zum Lagerholze zu rechnen, II, 1074.
Windmühlen, I, 96; IV, 590; — in wiefern ihnen durch Anpflanzungen oder Bauten der Wind benommen werden darf, 591.
Winkel zwischen Häusern, I, 408.
Wirthschaftsbeamte, in wiefern sie als Hausoffizianten anzusehen, oder nicht, III, 509.
Wirthschaftsjahr, bei Landgütern, I, 366; bei anderen Gegenständen, II, 947.
Witthum, I, 738; III, 134; — nicht cessibel, I, 691.
Wittwenkassen, I, 747; — wie deren unerlaubte Errichtung zu bestrafen, IV, 1084.
Woche, Begriff, I, 140.
Wochenmarktverkehr, dessen Gegenstände, III, 753.
Wohnsitz, Begriff, I, 38.
Wolfsjagden, I, 452.
Wucher, IV, 1057.
Wucherliche Zinsen können zurückgefordert werden, I, 790; IV, 884.

Zählgelder, I, 8.
Zäune, was davon Rechtens, I, 412, 415; — müssen im Stande gehalten werden, von dem Nießbraucher, II, 940, und von dem Pächter, 1001.
Zahlung, Begriff, II, 374. Wem gültig gezahlt werden könne, 374. Wer gültig zahlen könne, 376. Wo zu zahlen sei, 380. Wann zu zahlen, 380. Abschlags- u. Stückzahlungen, 381; bei Wechseln, III, 884. Vorausbezahlung bei Alimenten, II, 381. Folgen der Zögerung bei Zahlungen, 382. Was als Zahlung angenommen werden müsse, 385. Münzsorte, 385; Papiergeld, 386; Gold, I, 782; fremde Münzsorten, II, 390. S. Quittungen, Rückgabe d. Instruments. — Wirkungen d. Zahlungen, 406. Vorbehaltalt bei Zahlungen, s. Vorbehalt, Rückforderung einer Zahlung, Condictionen.
Zechen, s. Bergwerksregal.
Zehnten, Grundsätze, IV, 338. Erwerbung des Zehntrechts, 339. Umfang desselben, 339. Erlöschung des Zehntrechtes, 340. Großzehnten, 341. Vom Neulande, 343. Art der Entrichtung des Großzehnten, 343. Kleinzehnten, 344. Blutzehnten, 345. Abschaffung des Personalzehnten, 345. Sackzehnten, 345. Geldzehnten 347.
Zeit, s. Termin, Dies.
Zeit der Erfüllung, bei Verträgen überhaupt, I, 248; — bei Verbindlichkeiten überhaupt, II, 370; bei Käufen hinsichtlich der Uebergabe, I, 621; hinsichtlich d. Kaufgelderzahlung, 651; bei Rückzahlung eines Darlehns, 778; bei Wechseln, III, 881; bei einem verdungenen Werke, I, 819; bei Entrichtung der Legate, II, 82.
Zeitrechnung, I, 139, 646.
Zerstückelung des Grundbesitzes, I, 117, 150, 391; III, 668.
Zeuge, zugeschnittene, gehören zur Garderobe, I, 99.
Zeugniß, falsches, wie es zu bestrafen, IV, 980.
Ziegen dürfen nicht in Waldungen gehütet werden, II, 1058.
Zinsen, Begriff, I, 790; — bei Darlehnen, 790 ff.; — bei Käufen, 625, 636, 654; — wiederkäufliche, 672; — kaufmännische, III, 850; — vorbedungene, dafür haftet die Hypothek, II, 870; — ultra alterum tantum, I, 806. — Verjährung der vorbedungenen, 805.
Zinsen u. Abgaben der Unterthanen, III, 639. Allgemeine Grundsätze, 639. Naturalabgaben, 639. Geldzinsen, 640. Beitreibung der Zinsen, 641.

Erlaß an Zinsen, 641. Ablösung d. Zinsen, s. Ablösung.
Zinsgüter, II, 734.
Zögerung, s. Mora.
Zögerungszinsen, I, 798; — dafür haftet die Hypothek nicht, II, 871.
Zolldefraudation, IV, 538. Wem das Erkenntniß darüber gebühre, 539.
Zollgerechtigkeit. Begriff, IV, 529. Grundsätze von Verleihung und Erwerbung der Zollgerechtigkeit, 530. Veränderungen in den Abgaben, 530. Zollbefreiungen, 536. Aufhebung d. Binnenabgaben vom Handel, insbesondere a) der Binnenzölle, 536; b) der Kommunal- und Privatabgaben vom Handel und von der Konsumtion, 537; c) Beides mit Entschädigung in besond. Fällen, 537. Nebenzölle, 537. Pflichten der Reisenden, den Zoll nicht zu verfahren, 537. Pflichten der Zollberechtigten, 538, 539.
Zucht, elterliche, III, 283.
Zuckersiedereien, deren Anlegung, III, 741.
Zünfte, s. Handwerker und Innungen.
Zufall, I, 130. — Uebernahme desselben, 260, 284, 307.
Zunftzwang aufgehoben, III, 731.
Zurechnung der Handlungen, I, 129, 307; — bei Verbrechen, IV, 936.
Zurückbehaltungsrecht, II, 883; — der Werkmeister, I, 824; — des Verwahrers, II, 235; — des Verwalters, 254.
Zurücknahme eines Testaments, II, 138.
Zusammentreffen mehrerer Verbrechen, IV, 945.
Zuschlag bei Subhastationen, dessen Wirkung, I, 677.
Zuwachsrecht, s. Testamente.
Zuwüchse, I, 101, 104.
Zwang bei Willenserklärungen, I, 158; bei Verbrechen, IV, 937.
Zwangsgerechtigkeit, s. Bann- u. Zwangsgerechtigkeit.
Zwangskurs, II, 386.
Zweck, bei Willenserklärungen, I, 188; — bei Verträgen, 248; — bei Schenkungen, 855; — bei Testamenten, II, 21; — bei Vermächtnissen, 126; — zum Besten d. gemeinen Wesens, 127.
Zweikampf, s. Duell.
Zweiseitige Verbindlichkeiten sind cessibel, I, 690.
Zwillinge, deren Rechte, I, 83.
Zwitter, deren Rechte, I, 83.

Druck von J. Draeger in Berlin, Adlerstr. 9.

Kolibri 360 GmbH
Ferdinand-Jühlke-Straße 7
99095 Erfurt, Deutschland
produktsicherheit@kolibri360.de